Dortmund
Düsseldorf
Kassel
Leipzig
Cologne
Bonn
Erfurt
Dresde
lle
ALLEMAGNE
Francfort sur-le-Main
Prague
èves
Mayence
Wurzbourg
REPUBLIQUE TCHEQUE
Mannheim
arrebruck
Nuremberg
Karlsruhe
Stuttgart
Ratisbonne
ourg
le Rhin
Alsace
Linz
Vienne
Fribourg
Munich
Salzbourg
Constance
Bâle
Zurich
Innsbruck
AUTRICHE
HONGRIE
Berne
LIECHTENSTEIN
ne
SUISSE
SLOVENIE
ix
S ALPES
Ljubljana
Zagreb
CROATIE
Milan
Venise
Turin
BOSNIE-HERZEGOVINE
Gênes
SAINT-MARIN
la Mer Adriatique
MONACO
ice
Florence
ITALIE
Bastia
née
Ajaccio
Corse
Rome

Découvertes – Cadet
Band 2

von
Gérard Alamargot, Reutlingen; Birgit Bruckmayer, München; Isabelle Darras, Pont-de-Vaux; Léo Koesten, Versailles; Dieter Kunert, Toulouse; Inge Mühlmann, Recklinghausen; Andreas Nieweler, Detmold; Sabine Prudent, Berlin; Marceline Putnai, Maulévrier Sainte-Gertrude

Weitere Mitarbeit
Martina Angele, Konstanz; Michette Eyser, Leonberg; Heiko Glückher, Freiburg; Ursula Kiefer, Hüfingen; Ulrike Molter-Bocquillon, Mazaugues; Hansjörg Rappenecker, Freiburg; Brigitte Wagner, Ballrechten-Dottingen

Zusatzmaterialien für Schülerinnen und Schüler zu diesem Band

Cahier d'activités, Klett-Nr. 522013 Grammatisches Beiheft, Klett-Nr. 522012 Lernsoftware, CD-ROM, Klett-Nr. 522073 Vokabellernheft, Klett-Nr. 522076 Verbenlernheft, Klett-Nr. 522042	CD für Schüler und Lehrer mit Lektionstexten, Ausspracheübungen, Gedichten, Liedern, Klett-Nr. 522016 Weitere Zusatzmaterialien unter www. klett.de

1. Auflage 1 9 8 7 6 | 2016 15 14 13

Alle Drucke dieser Auflage können im Unterricht nebeneinander benutzt werden, sie sind untereinander unverändert. Die letzte Zahl bezeichnet das Jahr dieses Druckes.
Internetadresse: http://www.klett.de

Redaktion: Marguerite Pélissier; Stefan Zörlein

Gestaltung: Satzkiste GbR, Stuttgart
Layout: Christian Dekelver, Weinstadt
Umschlaggestaltung: Christian Dekelver, Weinstadt
Zeichnungen: François Davot, Troyes; Christian Dekelver, Weinstadt; Helga Merkle, Albershausen
Reproduktion: Meyle + Müller, Medienmanagement, Pforzheim
Druck: Stürtz GmbH, Würzburg
Printed in Germany
ISBN 978-3-12-522011-9

Découvertes

Cadet

2

für den schulischen Französischunterricht

von
Gérard Alamargot
Birgit Bruckmayer
Isabelle Darras
Léo Koesten
Dieter Kunert
Inge Mühlmann
Andreas Nieweler
Sabine Prudent
Marceline Putnai

Ernst Klett Verlag
Stuttgart · Leipzig

INHALTSVERZEICHNIS

INHALTSVERZEICHNIS

INHALTSVERZEICHNIS

Symbole

Auf der **Schüler-CD** findest du die Lektionstexte sowie Hörverstehenstexte. Die kleinen Zahlen beim CD-Symbol verweisen auf die Track-Nummern der CD.

Auf der **Lehrer-CD** gibt es zusätzliche Hörverstehensaufgaben zur Vertiefung.

Schriftliche Übung: Diese Aufgaben solltest du schriftlich in deinem Heft erledigen.

Partnerarbeit: Hier arbeitest du in der Regel mit deinem Sitznachbarn zusammen.

Gruppenarbeit: Bei diesen Aufgaben arbeitest du im Team mit mehreren Klassenkameraden zusammen.

⟨⟨ ⟩⟩ **Fakultativ:** Zusätzliche Übungen, Erklärungen oder Texte zur Vertiefung.

Der Delfin weist auf spezielle Übungsformen hin, die dir wieder begegnen, wenn du dich auf die internationale **DELF**-Prüfung vorbereiten möchtest.

Bei diesem Symbol handelt es sich um Übungen, die mit einem **Spiel** verbunden sind.

Die Bienen-Aufgabe solltest du immer schriftlich bearbeiten. Dabei entstehen Seiten, die du im *Dossier* deines Französisch-**Portfolios** sammeln kannst.

G Der Buchstabe **G** und die nachfolgende Zahl verweist auf das entsprechende Grammatikkapitel im **Grammatischen Beiheft**. Dort kannst du die ausführliche Erklärung nachschlagen.

→ Cda An diesen Stellen können passende Aufgaben im *Cahier d'activités* bearbeitet werden.

Die Angebote in *Découvertes* sind nicht obligatorisch abzuarbeiten.
Die Auswahl der Texte und Übungen richtet sich nach den Schwerpunkten des schulinternen Curriculums.

Wörter lernen, aussprechen, nachschlagen

Die neuen Wörter, die dir in *Découvertes – Cadet* Band 2 begegnen, werden im ***Vocabulaire*** ab Seite 122 erklärt. Sie erscheinen dort in der Reihenfolge, in der sie im Buch auftreten. Achte besonders auf die **Beispiele und Hinweise** in der rechten Spalte.

Kleine **Tipps zum Wörterlernen** findest du im *Vocabulaire* zu Beginn jeder *Leçon*. Probiere sie aus und finde heraus, welche Tipps dir beim Lernen und Behalten der Wörter helfen.

Die richtige **Aussprache** der Wörter und Sätze kannst du auf der Schüler-CD und natürlich bei deinem Französischlehrer oder deiner Französischlehrerin hören. Auch die Lautschrift kann dir dabei helfen, ein Wort richtig auszusprechen.
Die wichtigsten Lautzeichen werden auf Seite 121 erklärt.

Wenn du ein Wort **nachschlagen** willst, kannst du die französisch-deutsche *Liste des mots* oder die deutsch-französische Wortliste am Ende des Buches benutzen. Diese Listen sind alphabetisch geordnet.
Wenn du eine **Übungsanweisung** nicht verstehst, kannst du auf den Seiten 172 – 173 nachschlagen.

Quiz

DÉPART

1 *Corrige.*

Emma Carbonne habite à Marmoutier. Elle a deux frères et une sœur: Victor et Manon. Elle a aussi un chat: Théo.

2 *Conjugue ces verbes au présent.*

[ɛtʀ]

[avwaʀ]

3 *Qu'est-ce que c'est?*

4 *Lis et complète.*

5 et 15 font: ?

15 *Complète.*

Olivier aime faire ? musique, ? roller et ? escalade.

16 *Vrai ou faux? Corrige.*

bon ≠ mauvais
à droite ≠ à gauche
une réponse ≠ un problème

17 *Qu'est-ce que c'est?*

18 *Lis en français.*

66, 55, 44, 3, 13, 18

19 *Trouve les 6 pièces de l'appartement et donne les articles.*

salle à – cui – trée – bains – sine – salle de – bre – en – cham – manger – W.-C.

Spielanleitung

- Spielt in Gruppen von 2 bis 4 Spielern mit Spielsteinen und einem Würfel.
- Der Spieler, der die höchste Augenzahl würfelt, beginnt.
- Würfelt nun der Reihe nach im Uhrzeigersinn: jeder Mitspieler würfelt und zieht seine Figur entsprechend der gewürfelten Augenzahl weiter. Das Feld, auf dem er ankommt, gibt die Aufgabe vor, die er lösen muss.
- Für richtige Lösungen gibt es folgende Punktzahlen: oranges Feld: **1** Punkt – grünes Feld: **2** Punkte – rotes Feld: **3** Punkte – braunes Feld: **4** Punkte
- Wenn ihr euch nicht sicher seid, ob die Antwort richtig ist, dann darf ein Spieler (am besten im Wechsel) auf den Seiten 173–174 nachschlagen.
- Wenn der erste Spieler das Feld *Arrivée* erreicht hat, erhält er zusätzlich 3 Punkte und das Spiel ist beendet. Gesamtsieger ist der Spieler mit der höchsten Punktzahl.

20 *Donne l'heure officielle.*

17:40

22:08

21 *Qu'est-ce que c'est?*

22 *Répète.*

Quelle chance!

23 *Complète.*

– Pourquoi est-ce que tu ne bouges pas?
– ? je rêve!

24 *Comment sont ces boules?*

Il y a une boule jaune, une boule …

25 *Lis et complète.*

14 et 53 font: ?

…uel est leur métier?

…e sont des hommes …u des femmes. …s travaillent dans un …tudio ou au théâtre, …t ils jouent des rôles.

6

Répète.

Quelle chance!

7

Que dit le garçon?

8

Complète.

9

Trouve les contraires.

peu ≠
grand ≠
blanc ≠

10

Il est quelle heure?

11

Réponds aux questions.

- Tu t'appelles comment?
- Tu as quel âge?

12

Qu'est-ce que c'est?

Le chat, le chien et l'oiseau, ce sont des ?.

13

Qu'est-ce que c'est?

14

Vrai ou faux? Corrige.

en haut ≠ en bas
aujourd'hui ≠ demain
contre ≠ dans

…

…u'est-ce que c'est?

C'est un sport: on prend une corde et un casque et on grimpe.

27

Fais les choses suivantes.

– Dessine très vite une bouteille.
– Va près de la porte.

28

Complète.

Voici des … d'anniversaire.
Ce sont …

29

Traduis.

Je sais jouer du piano. Mais je veux aussi jouer de la guitare.

30

Répète.

Quelle horreur!

Retourne à la case 25.

ARRIVÉE

LEÇON 1

Vacances en Ardèche

1

le Pont d'Arc

2

les activités dans le centre de vacances

3

le canoë

4

le vélo

5

le cirque

6

le tir à l'arc

Bogen Schießen

Regardez les photos.

01 **a** *Ecoutez les scènes.*
Quelle scène va avec quelle photo?

b *C'est où? Qu'est-ce qu'on peut faire là-bas?*
Comment est-ce que vous trouvez les activités?
Qu'est-ce que vous aimez faire?
Vous avez envie d'aller là-bas? Pourquoi (pas)?

Rendez-vous à Aubenas!

Salut,

C'est l'été et tu attends les vacances. Tu as envie de vacances sans parents? Nous avons la solution! Rendez-vous à Aubenas, en Ardèche. Nous attendons ton arrivée au centre de vacances. Ici, tu peux faire du tennis, du tir à l'arc, du théâtre …

A Aubenas, on ne perd pas son temps! On peut rencontrer des copains, faire du sport et faire des découvertes. Pour avoir des informations, tu peux téléphoner ou écrire un e-mail: nos moniteurs répondent à tes questions.

Alors, à bientôt peut-être!

Je reste toujours trois semaines au centre de vacances. Je voudrais rester quatre semaines, mais ma mère répond toujours non!

Marc, 10 ans, Paris

A Aubenas, c'est super. Alors, qu'est-ce que vous attendez? Ne perdez pas de temps! Répondez vite!

Sophie, 11 ans, Fontainebleau

J'attends l'été pour aller au centre. Là-bas, c'est génial. Je trouve toujours des copains. Après les vacances, j'écris et ils répondent toujours!

Julien, 12 ans, Nancy

On répond, Estelle?

a *Cherchez dans le texte les verbes* ***attendre, répondre, perdre****.*
Notez les formes des 3 verbes et complétez les conjugaisons.

b *Complétez.*

1. ***Le père:*** Estelle, regarde l'annonce.
   Est-ce que nous (répondre)?
2. ***Estelle:*** Aller au centre de vacances?
   Ah non, merci. Là-bas, ils ne (attendre) pas une fille comme moi.
3. ***Son père:*** Mais pourquoi pas?
4. ***Estelle:*** Papa, tu (perdre) ton temps.
   Je n'aime pas être dans un groupe, c'est tout.
5. ***Son père:*** Ecoute Estelle, on (attendre) maman et on parle des vacances.
6. ***Estelle:*** D'accord, j' (attendre).
   Mais vous ne (répondre) pas à l'annonce parce que je ne suis pas d'accord.

01

Un coup de téléphone

1 Ce sont les vacances pour Estelle, mais ses parents travaillent. Elle ne peut pas rester seule à la maison. Alors, elle va au centre de vacances d'Aubenas. Elle est maintenant là-bas depuis peu de temps et elle compte déjà les jours. Aujourd'hui, elle téléphone à sa mère.

2 *Estelle:* Allô, maman, c'est Estelle.

Sa mère: Bonjour, Estelle. Alors, comment ça va? Tu as des copines?

Estelle: Bof! Dans ma chambre, il y a deux filles. Elles sont drôles. Elles disent quelque chose, et les autres rigolent toujours. Mais moi, je ne suis pas intéressante.

Sa mère: Mais qu'est-ce que tu dis, Estelle! Ce n'est pas vrai, tu entends? Et puis attends un peu, ça va changer! Elles ont quel âge, tes copines?

Estelle: Elles ont 12 ans comme moi. Il y a d'abord Léa. Elle est grande et sportive. Elle fait toujours la bise aux monos et elle change de vêtements quatre fois dans la journée. Elle est bête. Souvent je parle, mais elle ne répond pas!

Sa mère: Ah bon? C'est bizarre, ça! Et l'autre fille?

CdA ←

3 *Estelle:* L'autre fille, c'est le contraire. Elle est sympa. Le soir, dans la chambre, elle raconte toujours des histoires très drôles. C'est déjà une grande actrice! Elle est de Paris, du quartier Bastille.

Sa mère: Et qu'est-ce que vous faites comme activités? Raconte!

Estelle: Nous faisons de la vidéo pendant une semaine, puis nous changeons d'activité. Nous apprenons aussi un sketch en anglais. Mais je trouve que mon rôle n'est pas facile. Maman, écoute, je ne veux plus rester. Je perds mon temps ici. Tu sais, les autres ne comprennent rien.

4 *Sa mère:* Mais Estelle, tu n'es pas seule là-bas. Et l'autre fille, l'actrice, elle est sympa avec toi, non?

Estelle: Oui. Elle est dans le groupe vidéo avec moi et elle fait déjà de la vidéo à son collège. Mais attends: elle arrive avec Léa! … Une minute! *(aux deux filles)*: … Comment? … Qu'est-ce que vous dites? Mais c'est grave! *(à sa mère)*: Maman, elle ne trouve plus son portable! C'est l'horreur! Je ne peux pas continuer à téléphoner. Je vais chercher avec elle. Au revoir, maman!

Sa mère: Au revoir, Estelle. A bientôt.

Estelle (aux deux filles): Attendez, je vais chercher avec vous … Dis, ton numéro, c'est le 06 62 97 75 … et après?

1 A propos du texte

a *Vrai ou faux? Corrigez.*

1. Estelle est à Aubenas parce qu'elle ne veut pas rester avec sa sœur à la maison.
2. Estelle n'aime pas être au centre de vacances.
3. Léa est monitrice.
4. Estelle parle et Léa répond toujours.
5. L'autre fille travaille comme actrice dans un théâtre du quartier Bastille.
6. Estelle trouve que son rôle dans le sketch est facile.
7. Estelle veut quitter le centre.
8. Léa ne trouve plus son portable.

b *Qui est l'autre fille dans la chambre d'Estelle et de Léa?*

05

2 Jeu de sons: Ecoutez, on n'entend rien.

Ils dis**ent**: Bonsoir[1]!
C'est le soir, tout est noir!
Et ils attend**ent**.
Ils attend**ent**, ils attend**ent**.

Et elles, qu'est-ce qu'elles font? (2x)

Elles n'entend**ent** pas.
Elles ne comprenn**ent** pas.
Elles ne répond**ent** pas.
Elles ne chang**ent** pas, voilà.
Et ils perd**ent** leur temps.
Très souvent, très souvent.
Ils ne sont pas contents!

Ecoutez encore une fois et répétez. Puis formez deux groupes et chantez le rap.

3 Mais que fait Emma? (G 1)

Complétez avec les formes suivantes:

entend réponds (2x) attendent entendez perdons attends répond attendons attendez

1. A Paris, les copains ? un coup de téléphone d'Emma.
2. Malika: «J'écris beaucoup de SMS à Emma, mais elle ne ? plus.
3. Alors j'écris: Pourquoi est-ce que tu ne ? pas? ?, s'il te plaît!
4. Et puis j'? … Pas de réponse!
5. Alors je téléphone à Emma. Bizarre! Est-ce qu'elle n'? pas?
6. Victor arrive. Il écrit aussi un SMS et nous ? ensemble une réponse, mais nous ? notre temps.»
7. La mère de Malika dit: «Emma est en vacances, vous ? ? Elle a peut-être peu de temps, vous ? encore un peu.»

---

1 **Bonsoir!** [bõswaʀ] Guten Abend!

4 En français

Qu'est-ce qu'ils disent? Regardez le dessin et lisez les phrases.
Pour chaque numéro, écrivez les phrases en français dans votre cahier.

1. Adrien möchte, dass Olivier eine andere Rolle (über)nimmt.
2. Olivier will die Rolle nicht wechseln.
3. Romain und Julie verstehen den Sketch nicht.
4. Emma sagt, dass Adrien und Romain nicht gut Englisch verstehen.
5. «Was sagst du, Emma?»
6. Julie und Estelle wechseln jetzt die Kleidung.
7. Louise möchte, dass Léa und Estelle den Text auswendig lernen.
8. «Was sagen Sie, M. Blanc?»
9. «Ich sage, dass ihr jetzt die Szene wechselt.»

5 Je ne fais pas de …

ne … pas de

Posez des questions à tour de rôle et répondez par des phrases complètes.

Exemple: faire du dessin

– Est-ce que tu fais du dessin? → – Oui, je fais du dessin.
– Non, je **ne** fais **pas de** dessin.

faire du tir à l'arc faire du canoë faire du vélo …	avoir un portable porter un casque écrire un journal attendre un coup de téléphone	savoir des chansons en français regarder des films d'horreur lire des livres en anglais …

07

6 Ecouter: Son numéro, c'est le … (→ *vocabulaire*, S. 126, G 3)

Ecoutez les scènes et notez les numéros de téléphone dans votre cahier.

1. Sophie 2. Léa 3. Olivier 4. Adrien

7 Un coup de téléphone

on dit …

So fängt man ein Telefongespräch an:	Allô? … / Bonjour, … / C'est moi … / Je suis un copain/une copine de …
So sagt man, mit wem man sprechen möchte:	Je voudrais parler à … / Est-ce que je peux parler à …, s'il vous plaît? Est-ce que … est là?
So sagt man, worum es geht:	Je téléphone pour avoir des informations sur … J'appelle parce que je voudrais poser une question.
So sagt man, dass man nicht versteht:	Qu'est-ce que tu dis?/Qu'est-ce que vous dites? Pardon, je ne comprends pas/je n'entends pas bien.
So gibt man seine Handy- oder Telefonnummer an:	Mon numéro de portable/de téléphone, c'est le … Le numéro de téléphone de mes parents, c'est le …
So beendet man ein Telefongespräch:	Alors, merci et au revoir! A bientôt! A plus[1]! A demain! Salut!

Tu veux appeler un copain ou une copine en France, mais il ou elle n'est pas là. Sa mère répond. Vous parlez en français. Tu donnes ton numéro de portable à sa mère, mais elle ne comprend pas tout de suite. Travaillez à deux. Ecrivez le dialogue, puis jouez la scène en classe.

02

8 Ecouter: Deux garçons discutent.

a *Ecoutez le texte une première fois.*

Qui parle bien l'anglais?

b *Lisez les questions, puis écoutez le texte encore une fois.*

1. Comment est-ce qu'Adrien trouve les filles?
2. Romain aime bien Estelle. Qu'est-ce qu'il dit d'elle?
3. Tout à coup, Adrien a une idée. Qu'est-ce que c'est?

---

1 A plus! [aplys] Bis später!

11

Bonjour d'Aubenas!

1 Emma ne trouve plus son portable. Elle ne peut pas envoyer de SMS, alors elle envoie une carte postale à sa copine Malika.

Aubenas, le 6 juillet 2008

Chère Malika,

Ici, c'est cool! Pas de notes, pas de devoirs. Je suis contente d'être ici. Demain, nous commençons le tir à l'arc. Aujourd'hui, ma copine Estelle et moi, nous achetons des souvenirs. Au village, on vend des choses super, alors j'achète un petit cadeau pour toi. Mais je ne trouve plus mon portable! C'est grave!

Fais une bise aux copains,

Emma

Malika Messadi
30 rue de Charonne
75011 Paris

2 Le 9 juillet. Emma envoie un SMS à Malika:

Estelle a trouvé mon portable, enfin!
J'envoie des photos.
Sur la première photo, c'est elle!

3 Jeudi 21 juillet. La mère d'Estelle appelle sa fille.

Estelle: Allô?
Sa mère: Oui, c'est moi. Tu ne téléphones plus depuis quatre jours, alors j'appelle!
Estelle: Pardon, maman. Mais hier, nous avons joué un sketch en anglais. *Very funny!* Même les monos ont rigolé. Et j'ai fait aussi du tir à l'arc!
Sa mère: Super! Ecoute, samedi, c'est le départ. Est-ce que tu as préparé tes affaires?
Estelle: Samedi? Déjà? Oh! Ça a passé vite! Maman, l'année prochaine je veux encore passer mes vacances ici.
Sa mère: Ah bon? Mais pourquoi pas?

1 A propos du texte

a *Quels mots vont ensemble? Regardez le texte et notez les expressions.*

être content	passer	des souvenirs	ses affaires
acheter	commencer	un sketch	ses vacances
jouer	envoyer	le tir à l'arc	son portable
préparer	trouver	d'être ici	des photos

Exemple:

être content d'être ici
acheter des …

b *Quelle expression est dans quelle partie du texte B?*
Faites une liste dans votre cahier.

1 la carte postale	2 le SMS	3 le coup de téléphone
Je suis contente d'être ici.		
…		

2 Qu'est-ce qu'on fait? (G 4, 5)

Faites 9 phrases. Utilisez les verbes et les pronoms donnés.

Exemple: J'achète des cartes postales.
Nous ….

acheter	*(je, nous, elles)*
commencer	*(on, nous, vous)*
envoyer	*(tu, nous, ils)*

3 Jeu de mots: Les saisons* et les vacances

14 **a** *Apprenez le texte par cœur.*

Qui est-ce?
En hiver*, j'attends le printemps*.
Au printemps, je suis tout blanc.
En été, je suis content.
En automne*, j'ai des enfants.

b *Faites des dialogues.*

Exemple: – C'est quand, ton anniversaire?
– C'est le **24 mars**.
– Ah bon, c'est **au printemps**.

Info

En France*, il y a

– les vacances d'été (les grandes vacances),
– les vacances de la Toussaint* (les vacances d'automne),
– les vacances de Noël*,
– les vacances d'hiver,
– les vacances de printemps.

c *Quand est-ce que les vacances de la Toussaint commencent en France? Cherchez l'information sur Internet.*

4 Au collège, Emma raconte ses vacances. (G 6, 7)

a *Faites les phrases.*

J'	avoir	fait	du tir à l'arc.
Nous		fait	du canoë.
J'		joué	au tennis.
Nous		joué	un sketch en anglais.
Les moniteurs		rigolé.	
Le temps		passé	très vite.
Et toi? Est-ce que tu		passé	des bonnes vacances?

b *Qu'est-ce que vous avez fait pendant vos vacances? Racontez.*

Exemple: Pendant mes vacances, **j'ai joué** avec mes copains.

faire	visiter
jouer	commencer
rencontrer	(...)

5 Ecrire: Une carte postale

Regardez la carte postale d'Emma à la page 16. Puis, écrivez une carte postale en français. Vous êtes en vacances. Racontez:

- Où est-ce que vous êtes?
- Avec qui?
- Comment est-ce que vous passez vos journées?

6 Sich leichter verständigen können

Stratégie

Was könnt ihr tun, wenn euch im Gespräch ein wichtiges französisches Wort fehlt? Ihr könnt z. B. das Wort umschreiben. Dafür gibt es mehrere Möglichkeiten:

1. C'est un **animal**. Il fait «Meuh!»	Ah bon, c'est une vache!	**Oberbegriff**
2. C'est une machine. C'est un peu comme un vélo. Ça peut aller très vite.	Ah bon, c'est une moto!	**Vergleich**
3. Le soir, on va au lit pour faire ça. Et souvent, on rêve.	Ah bon, tu veux dire «dormir».	**Erläuterung**
4. C'est le contraire de «beaucoup de».	Ah bon, tu veux dire «peu de».	**Gegenteil**

Erklärt die folgenden Wörter auf Französisch:

abfahren / eine Reisetasche / eine Stechmücke / eine Fahrkarte / ein Wohnmobil

Du kannst …

1. … dich am Telefon vorstellen und sagen, wen du sprechen möchtest.	Bonjour, … Je voudrais …
2. … sagen, dass du anrufst, um Informationen über das Ferienzentrum zu bekommen.	J'appelle pour …
3. … sagen, dass du etwas nicht verstehst.	Pardon, monsieur/madame, …
4. … jemanden bitten zu warten.	S'il vous plaît, … une minute.
5. … deine Telefonnummer angeben: 0 75 91-69 84 21	Mon numéro … c'est le …
6. … die Jahreszeiten und die Monate benennen (Januar, das ist im Winter.)	…
7. … erzählen, was du in den Ferien gemacht hast (Fahrrad fahren, Klettern und Kanu fahren).	J'ai fait …
8. … eine Postkarte an einen Freund/eine Freundin schreiben. Wie geht die Anrede?	… Victor, … Amélie,
9. … ein unbekanntes Wort umschreiben („ein Wolf").	C'est un … C'est comme … Ça fait …

Grammatik auf einen Blick

1 Regelmäßige Verben auf *-dre* (G 1)

attendre		ebenso:
j'	**attends**	enten**dre**
tu	**attends**	répon**dre**
il/elle/on	**attend**	per**dre**
nous	**attendons**	ven**dre**
vous	**attendez**	
ils/elles	**attendent**	

Complétez avec le verbe attendre.

1. Il est 9 heures. Sophie et Clément ? le bus.
2. Sophie: «Nous ? déjà depuis 20 minutes et le bus n'arrive pas!»
3. Clément: «C'est vrai. On ? encore 5 minutes, d'accord?»
4. Une femme passe: «Vous ? le bus? Il n'arrive pas. Il y a un bouchon!»
5. Clément «Oh, zut! Julie, tu ? encore? Moi, je vais à la maison.»
6. Sophie: «Non je n'? plus. Je ne veux pas ? seule. Je vais avec toi.»

Du kannst nachschlagen. Die Lösungen findest du auf Seite 174.

2 *dire qc à qn* (G 2)

dire	
je	**dis**
tu	**dis**
il/elle/on	**dit**
nous	**disons**
vous	**dites**
ils/elles	**disent**

Traduisez.

1. Verzeihung, was sagen Sie?
2. Ich? Ich sage nichts!
3. Die Schüler sagen Guten Tag zu ihrem Lehrer.
4. Louis sagt «Salut».
5. Wir sagen „Auf Wiedersehen".
6. Und du? Warum sagst du nichts?

3 *acheter qc, appeler qn, envoyer qc à qn* (G 4, 5)

acheter	
j'	ach**è**te
tu	ach**è**tes
il/elle/on	ach**è**te
nous	achetons
vous	achetez
ils/elles	ach**è**tent

appeler	
j'	appe**ll**e
tu	appe**ll**es
il/elle/on	appe**ll**e
nous	appelons
vous	appelez
ils/elles	appe**ll**ent

envoyer	
j'	envo**i**e
tu	envo**i**es
il/elle/on	envo**i**e
nous	envoyons
vous	envoyez
ils/elles	envo**i**ent

commencer à faire qc: je commence, nous commen**ç**ons, ils/elles commencent

Mettez les verbes à la bonne forme.

1. Julie: «Viens, Marine, nous (appeler) Nicolas.»
2. Marine: «Non. Moi, je (ne pas appeler).»
3. Alors, elles (ne pas appeler).
4. Elles (envoyer) un SMS à Nicolas.
5. Elles écrivent: «Grande fête samedi après-midi. Nous (commencer) à 4 heures.»
6. Nicolas (acheter) une carte postale.
7. Il (envoyer) la carte à Marine et Julie.
8. Marine et Julie lisent la carte et (commencer) à rigoler.

4 Das *Passé composé* (mit *avoir*) (G 6, 7)

Regelmäßige Verben auf *-er*:

J'	ai	regardé	la télé.
Tu	as	regardé	la télé.
Il/elle/on	a	regardé	la télé.
Nous	avons	regardé	la télé.
Vous	avez	regardé	la télé.
Ils/elles	ont	regardé	la télé.

Mettez les verbes au passé composé.

1. Hier, nous (visiter) la ville.
2. Marc et Luc (chercher) des souvenirs.
3. Salut Marc! Vous (trouver) des souvenirs?
4. Oui! Et nous (acheter) des cadeaux super!
5. Et toi, tu (acheter) quelque chose?
6. Non, je (visiter) le musée.

Des vacances de rêve!

1

à la campagne: dans le Languedoc

2

à la mer: en Corse

3

à la montagne: dans les Alpes

4

en ville: à Strasbourg

Où est-ce que tu veux passer des vacances de rêve?

Qu'est-ce qu'on peut faire là-bas?

la planche à voile

les promenades

la natation la plongée

les villes et les monuments

Fais une page de publicité avec des photos, des dessins et des petits textes.

LEÇON 2

De retour à Paris

1 *le Palais de la Découverte*

2 *les Champs-Elysées*

3 *Le Parc de la Villette et la Géode*

4 *la Joconde*

Qu'est-ce que vous savez déjà sur Paris?

Regardez les photos et trouvez les bonnes réponses:

Où est-ce qu'on peut …
– faire des promenades et aller dans des grands magasins?
– rencontrer la Joconde?
– regarder des films dans un cinéma bizarre?
– regarder, apprendre et comprendre des choses intéressantes?

Bonjour les amis!

C'est la fin des vacances. Bientôt, le collège va commencer. Emma est de retour à Paris. Elle est contente de retrouver sa famille et ses amis. Elle a beaucoup de choses à raconter …

A Aubenas, Emma a rencontré beaucoup de copains et de copines. Ils ont fait beaucoup de choses ensemble: du tir à l'arc, du canoë … Ils ont appris un sketch en anglais. Emma a perdu son portable, mais elle a eu de la chance: Ses copines ont cherché avec elle et Estelle a retrouvé le portable. Alors, Emma a pris une photo d'Estelle et elle a envoyé un SMS à Malika. … Enfin, Emma a quitté ses amis d'Aubenas. Elle a dit au revoir à Estelle, aux moniteurs et à ses copains et copines. Tout de suite après son retour, elle a écrit un SMS à Estelle et sa copine a répondu.

a *Trouvez dans le texte les formes du passé composé. Notez les formes dans votre cahier et notez aussi l'infinitif des verbes.*

Exemple:

Passé composé	Infinitif
Emma a rencontré Ils ont …	rencontrer

b – *Comment est-ce qu'on forme le passé composé? Répondez en allemand.*
– *Regardez le participe passé des verbes* ***répondre*** *et* ***perdre****.*
Trouvez le participe passé des verbes ***attendre*** *et* ***entendre****.*
– *Trouvez aussi le participe passé des verbes* ***prendre*** *et* ***comprendre****.*

c *Vous êtes Emma. Racontez vos vacances.*

Exemple: J'ai rencontré beaucoup de copains.
Nous avons …

19

Quitter Paris?

1 Un soir, chez les Carbonne. Valentin, Emma et Manon mettent la table. Mme Carbonne regarde son mari. Les parents ont attendu le bon moment pour parler à leurs enfants. Mais, d'abord, les enfants racontent leur journée avec Malika et sa mère.

Manon: On a passé une journée super à la Villette. On a eu beaucoup de chance avec le temps. Et vous, papa, maman, qu'est-ce que vous avez fait aujourd'hui?

2 *M. Carbonne:* J'ai travaillé et ta mère aussi.
Emma: Papa, maman, vous êtes bizarres, je trouve.
M. Carbonne: C'est vrai. Voilà ... J'ai trouvé un très bon travail chez Airbus.
Valentin: Super, papa! Tu vas faire des avions! C'est où, Airbus? En banlieue?
M. Carbonne: Non ... Hum ... C'est à ... Toulouse.

3 *Emma:* Quoi? Déménager à Toulouse? Et toi, maman, tu ne dis rien?
Mme Carbonne: Ecoute, pour moi, ce n'est pas facile. Nous avons beaucoup discuté. Toulouse, c'est une chance pour votre père. D'abord, papa va chercher une maison, peut-être même avec un jardin.

Emma: Comment? Vous n'avez pas d'appartement?
Mme Carbonne: Pas encore. A Toulouse, c'est un problème. Nous avons mis une annonce. D'abord, ton père va peut-être habiter dans un camping-car. Après, je vais chercher un travail là-bas.
Emma: Quelle horreur! Papa va avoir froid. Moi, je ne veux pas déménager.

4 Mille questions tournent maintenant dans la tête d'Emma: Qu'est-ce qu'ils ont dit? Est-ce qu'elle a bien compris? Toulouse est à combien de kilomètres de Paris? A 700 kilomètres? Est-ce que papa va trouver un appartement? Elle n'a pas du tout envie de quitter Paris. Et elle n'a pas non plus envie de quitter ses amis. Elle met sa tête dans ses mains et reste un moment sans bouger.

Cherchez Toulouse sur la carte au début de votre livre.

1 A propos du texte

Répondez.

1. Est-ce que M. et Mme Carbonne ont parlé tout de suite aux enfants?
2. Où est-ce que les enfants ont passé la journée?
3. Pourquoi est-ce que les parents veulent déménager à Toulouse?
4. Qu'est-ce qu'on fait chez Airbus?
5. Où est-ce que M. Carbonne va peut-être habiter d'abord? Pourquoi?
6. Pourquoi est-ce qu'Emma ne veut pas déménager?
7. Toulouse est à combien de kilomètres de Paris?

2 Chère Estelle, ... (G 6–8)

Dans un e-mail à Estelle, Emma raconte. Mettez les verbes au passé composé.

1. Bonjour de Paris! Aujourd'hui, nous (visiter) la Villette.
2. On (faire) une promenade dans le parc.
3. Puis, nous (regarder) le film «La planète blanche» à la Géode.
4. J'aime beaucoup Paris. Mais j'ai un problème:
   Mon père (trouver) un travail à Toulouse. On va déménager!
5. Hier, nous (discuter) avec nos parents.
6. Je (avoir) envie de crier. Je ne veux pas quitter mes amis!
7. Et mes parents, qu'est-ce qu'ils (répondre)?
   «D'abord le travail, et après les copains!» C'est fou!
8. Et toi, ça va? Est-ce que tu (avoir) des photos d'autres copines?

3 Malika raconte. (G 6–8)

Le soir, le père de Malika demande à sa fille et à sa femme: «Qu'est-ce que vous avez fait aujourd'hui?» Alors, Malika raconte.

D'abord
puis **après**
enfin **tout à coup**
alors ...

Exemple: téléphoner à Emma
→ D'abord, nous avons téléphoné à Emma.

1. prendre	le métro à la Villette
2. faire	une promenade dans le parc
3. avoir	envie d'aller au cinéma
4. perdre	Valentin
5. attendre	devant le cinéma
6. retrouver	Valentin à l'entrée
7. avoir	une idée
8. écrire	un SMS à Estelle
9. envoyer	une photo de la Géode à Estelle

4 La semaine des copains à Paris (G 6–8)

a *Qu'est-ce que les amis d'Emma ont fait pendant la semaine? Racontez. Utilisez le passé composé.*

Lundi 27 août

jouer de la guitare
apprendre une chanson

Mardi 28 août

jouer au tennis
perdre le match

Mercredi 29 août

écrire une carte postale
regarder des photos

Jeudi 30 août

avoir rendez-vous avec Emma / prendre des photos dans un jardin

Vendredi 31 août

attendre son père
visiter le Palais de la Découverte

Le week-end

faire une promenade
acheter un livre

b *Et vous, qu'est-ce que vous avez fait pendant la semaine? Faites une page pour votre Portfolio.*

5 Jeu de sons

03 **a** *Ecoutez le poème.*

b *Trouvez les mots qui riment. Faites une liste dans votre cahier. Puis, écrivez deux ou trois petits poèmes.*

[ɛ̃]	[ɛt]	[ɑ̃]	[õ]
rien	Paulette	pendant	station
…	…	…	…

bête, souvent, assiette, main, jardin, tête, fête, maintenant, la Villette, prochain, solution, temps, attention, restaurant, avion, question, télévision, moment, voisin, vêtement, train, fin

6 Qu'est-ce que tu mets, aujourd'hui? (G 9)

a *Findet ihr heraus, was das Verb* ***mettre*** *in den folgenden Ausdrücken jeweils bedeutet?*

mettre
- une annonce dans le journal
- le journal à la poubelle
- 5 heures pour aller à Toulouse
- un pantalon bleu
- la table
- son enfant au lit

b *Faites six phrases au présent. Commencez comme ça:*

1. Les parents d'Emma …
2. Pourquoi est-ce que tu …?
3. Nous …
4. Aujourd'hui, je …
5. Est-ce que vous …, les enfants?
6. La mère …

c *Mettez les phrases de la partie b au passé composé.*

23

7 Ecouter: Combien de kilomètres et combien d'heures? (→ *Vocabulaire* S. 129, G 10)

a *Ecoutez bien les nombres et complétez.*

1. En voiture, Toulouse est à ? km de Paris. On met ? ou ? heures pour aller de Paris à Toulouse en voiture.
2. En train, Toulouse est à ? km de Paris. On met ? heures pour aller de Paris à Toulouse en train.

3. A Toulouse, on fait l'Airbus A-?.
4. L'Airbus A-? peut faire ? km à l'heure.

b *Ein Schüler/eine Schülerin zeichnet einen Kreidestrich an die Tafel. Die anderen schätzen, wie viele Zentimeter der Strich misst. Dann wird der Strich nachgemessen. Wer hat gewonnen?*

8 J'aime beaucoup … je n'aime pas du tout …

on dit …

So kannst du Neigungen ausdrücken.

– J'aime bien le/la/les … Et toi?
– J'aime faire … Et toi?
– J'aime beaucoup faire … Et toi?

– Moi aussi, j'aime bien le/la/les …
– Moi, j'aime aussi faire …
– Moi aussi.

So kannst du Abneigungen ausdrücken.

– Je **n'**aime **pas** le/la/les … Et toi?
– Je **n'**aime **pas** faire … Et toi?
– Je **n'**aime **pas du tout** faire … Et toi?

– Moi, je **n'**aime **pas non plus** le/la/les …
– Moi, je **n'**aime **pas non plus** faire …
– Moi **non plus**.

Faites 4 dialogues. Utilisez les mots à droite.

prendre l'avion
aller au collège
faire du sport

le camping
les centres de vacances
les promenades …

24 Toulouse, c'est super!

Avant la lecture, faites l'exercice **6 a** *à la page 30.*

Toulouse

1 Emma ne veut pas du tout déménager. Elle cherche des arguments pour rester à Paris:

Emma: Paris, c'est super, c'est la capitale, il y a tout: des musées, des cinémas …

Manon: Et il y a aussi la Villette, à Paris!

Mme Carbonne: Mais à Toulouse, on peut aussi aller au cinéma! En plus, il fait chaud et beau. Il fait trente degrés en été et il y a du soleil même en hiver! A Paris, il pleut souvent!

M. Carbonne: Tu sais, Emma, quand mes parents ont quitté l'Italie, je n'ai pas du tout compris. Après, j'ai été content en France. Tu vois, changer de ville, c'est bien aussi.

Emma: Ce n'est pas du tout la même chose!

le canal du Midi

2 *Valentin:* Tu as vu, papa, j'ai trouvé des photos de Toulouse et de la région sur Internet.

Mme Carbonne: Regarde, Emma, la montagne n'est pas loin. On peut faire du ski ou de l'escalade! Tu adores ça, non?

Manon: Tu as entendu, Emma? On peut faire du ski!

Emma: Mais vous ne comprenez rien! Et Malika?

Manon: Malika va visiter la ville pendant les vacances.

un concert à Toulouse

3 *M. Carbonne:* Ecoutez, je n'ai pas encore signé. Au printemps, vous passez les vacances dans notre maison ou bien dans mon camping-car. D'accord?

Emma: Valentin, je peux voir les photos …?

1 A propos du texte

Vrai ou faux? Corrigez.

1. Emma cherche des arguments pour quitter Paris.
2. A Paris, il y a toujours du soleil.
3. Les grand-parents d'Emma ont quitté l'Italie.
4. M. Carbonne a été d'accord tout de suite.
5. Emma aime faire du ski.
6. Quand on habite à Toulouse, la montagne est loin.
7. M. Carbonne a déjà signé.
8. Emma regarde les photos sur Internet.

2 L'histoire de Mario Carboni (G 11)

M. Carbonne raconte l'histoire de sa famille. Mettez les phrases au passé composé.

a
1. L'histoire de la famille Carbonne (commencer) en Italie.
2. Un jour, Mario Carboni, votre grand-père, (perdre) son travail.
3. Il (chercher) dans sa région.
4. Il (être) dans beaucoup de villes.
5. Il (mettre) des annonces dans le journal.
6. Il (écrire) à des amis.
7. Il (voir) beaucoup d'hommes sans travail.
8. Un jour, à la radio, il (entendre): En France, on cherche des hommes pour faire des voitures.

b
1. Quitter l'Italie (ne pas être) drôle.
2. Nous, ses enfants, nous (ne pas comprendre) pourquoi aller en France.
3. Nous (ne jamais avoir envie) de quitter notre village et nos copains.
4. Mais nous (ne pas commencer) à discuter.
5. Nous (ne jamais oublier) l'Italie et nos amis.
6. Vous voyez, l'histoire de notre famille (ne pas commencer) à Paris.

3 Communiquer: Tu as déjà ...?

Travaillez à deux. Faites des dialogues.

– Est-ce que tu as déjà ... ?

– Oui, j'ai déjà ...
– Non, je n'ai pas encore ...

faire tes devoirs
appeler tes copains
répondre à tes e-mails
mettre la table
préparer tes affaires ...

4 La météo[1]

on dit ...

Il fait beau (temps).	**Il y a** du soleil.	**Il fait** chaud.	**Il fait** 30°C (30 degrés).
mauvais (temps).	**Il n'y a pas de** soleil. Il va pleuvoir./Il pleut.	froid.	5°C (5 degrés).

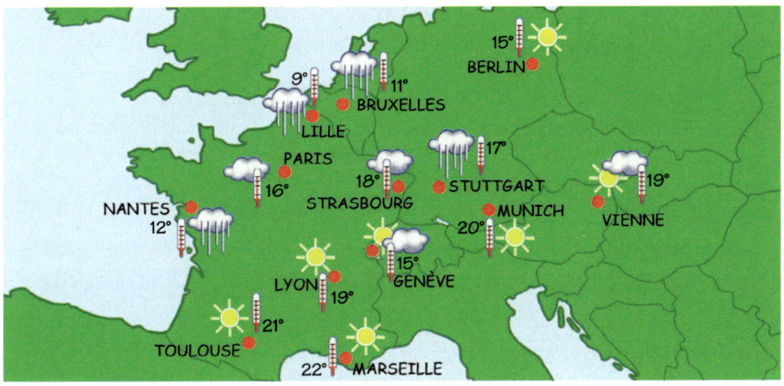

Regardez la carte et jouez à deux. Devinez.

Exemple:
– Aujourd'hui, chez moi, il fait beau, il y a du soleil. Il fait 15 degrés. Je vais faire du roller!
– Tu es à Berlin!

Continuez.

1 la météo [lameteo] die Wettervorhersage

5 Ecouter: On prend un parapluie ou pas?

04

a *Répondez après la première écoute:*

Pourquoi est-ce qu'Emma et Manon écoutent la météo?

b *Ecoutez le texte encore une fois. Vrai ou faux? Corrigez. Ecrivez les phrases correctes dans votre cahier.*

1. On entend la météo pour le 23 septembre.
2. A Toulouse, il va faire beau.
3. A Paris, il va faire 22°C et il va pleuvoir.
4. Emma veut prendre un parapluie.
5. Manon veut mettre le parapluie dans son sac à dos[1].
6. Emma a peur: Manon va peut-être oublier son sac à dos à la maison.

c ***Projet:*** *Notez le temps chez vous pendant une semaine. Et pour Toulouse, que dit la météo? Cherchez sur Internet. Faites une affiche.*

6 Unbekannte Wörter erschließen

Stratégie

Viele unbekannte Wörter könnt ihr selber erschließen. Denkt zum Beispiel an:

– eure **Muttersprache** oder an Fremdwörter, die ihr kennt,
– andere **Fremdsprachen**, z. B. Englisch
– andere französische Wörter aus der gleichen **Wortfamilie**
– den **Zusammenhang** des Textes (Kontext): Welche Bedeutung könnte man erwarten?

In der Tabelle seht ihr Beispiele aus dem Text A «Quitter Paris?».

unbekanntes Wort	*Fremdwort/ Muttersprache*	*weitere Sprache*	*Wortfamilie*	*Kontext*
un moment	ein Moment	**E:** a moment		
un travail			travailler	
un jardin		**E:** a garden		une maison avec …

a *Versucht mithilfe der Strategie einige der neuen Wörter im Lektionstext B zu verstehen.*

b *Lest den Text im Album S. 33 und wendet die Stratégie erneut an.*

1 un sac à dos [ɛ̃sakado] ein Rucksack

Du kannst …

1. … erzählen, was du gemacht hast: Zuerst habe ich ein Foto geschickt. Danach habe ich eine E-Mail geschrieben. Schließlich habe ich einen Spaziergang gemacht.	…, j'ai … Après, … …, j'ai …
2. … fragen, ob jemand schon etwas gemacht hat: Hast du deine Hausaufgaben schon angefangen?	Tu as … tes devoirs?
3. … antworten, dass du etwas noch nicht angefangen hast: Ich habe meine Hausaufgaben noch nicht angefangen.	Je n'ai … commencé …
4. … sagen, dass man 5 Stunden braucht, um von Paris nach Toulouse zu fahren.	On … pour aller de Paris à Toulouse.
5. … sagen, dass du etwas gar nicht magst: Ich mag Museen überhaupt nicht.	Je n'aime …
6. … antworten: „Ich auch nicht."	Moi …
7. … sagen, dass das Wetter schön/schlecht ist.	Il fait …/Il fait …
8. … sagen, dass es warm/kalt ist.	Il fait …/…
9. … sagen, dass es regnet/dass es regnen wird.	Il …/Il va …

Grammatik auf einen Blick

1 Das *Passé composé* (mit *avoir*) (G 6–9)

Verben auf *-er*		**Verben auf *-dre***	
retrouv**er**:	J'ai retrouv**é** …	enten**dre**:	J'ai enten**du** …
déménag**er**:	J'ai déménag**é** …	atten**dre**:	J'ai atten**du** …
envoy**er**:	J'ai envoy**é** …	per**dre**:	J'ai per**du** …
sign**er**:	J'ai sign**é** …	répon**dre**:	J'ai répon**du** …
ador**er**:	J'ai ador**é** …	ven**dre**:	J'ai ven**du** …

Unregelmäßige Verben			
avoir:	J'ai eu …	faire:	J'ai fait …
être:	J'ai été …	mettre:	J'ai mis …
dire:	J'ai dit …	prendre:	J'ai pris …
écrire:	J'ai écrit …	voir:	J'ai vu …

Weitere unregelmäßige Verben findest du in deinem Grammatischen Beiheft.

Du kannst nachschlagen.
Die Lösungen findest du auf Seite 174.

2 Die Verneinung (G 11)

ne/n' … pas du tout	Il **ne** parle **pas du tout**. Il **n'**a **pas du tout** parlé.
ne/n' … pas encore	Elle **ne** commence **pas encore**. Elle **n'**a **pas encore** commencé.

a *Ecrivez le contraire:*

1. Ils aiment beaucoup Toulouse.
2. Ils ont beaucoup rêvé de Toulouse.
3. Ils quittent déjà Paris.
4. Ils ont déjà visité Toulouse.

Moi non plus. **ne/n'… pas non plus**	Je **ne** regarde **pas non plus** la télé.

b *Ecrivez en français:*

1. ***Amandine:*** Ich mag keine Flugzeuge.
2. ***Un autre chat:*** Ich mag Flugzeuge auch nicht.
3. ***Amandine:*** Und ich mag keine dummen Mäuse.
4. ***Un autre chat:*** Ich auch nicht.

3 Das Verb *voir* (G 12)

Complétez.

1. Dans un bus, à Paris: «Chers amis, vous avez ? les Champs-Elysées et maintenant, vous ? la Seine.
2. Ici nous ? même la tour Eiffel.»
3. ***Un touriste:*** Tu ? quelque chose, toi?
4. ***Une touriste:*** Non, je ne ? rien.
5. Les autres ne ? pas non plus la tour Eiffel.
6. Zut! On ne ? rien parce qu'il pleut.

voir

je	vois
tu	vois
il/elle/on	voit
nous	voyons
vous	voyez
ils/elles	voient

Passé composé: J'ai vu …

4 Das Verb *mettre* (G 9)

Traduisez:

1. Ziehst du ein grünes Hemd an?
2. Wir setzen eine Anzeige in die Zeitung.
3. Emma legt ihren Kopf in ihre Hände.
4. Deckt ihr den Tisch, Kinder?
5. Ich werfe das Papier in den Mülleimer.
6. Die Mutter hat ihr Kind ins Bett gebracht.
7. Sie brauchen eine Stunde, um ihre Hausaufgaben zu machen.

mettre

je	mets
tu	mets
il/elle/on	met
nous	mettons
vous	mettez
ils/elles	mettent

Passé composé: j'ai mis …

Visitez la Villette!

Cité des Sciences et de l'Industrie

cité des sciences & de l'industrie

Parc de la Villette,
30 avenue Corentin
Cariou
A.P. 75930 Paris cedex 19
75019 Paris
☎ 01 40 05 80 00
Fax 01 40 05 72 22
Ⓜ Porte de la Villette
Bus 75, 139, 150, 152, PC

Ouverture: 10h–18h, Dimanche: 10h–19h
Fermeture: Lundi, 01/05, 25/12

Située dans le parc de la Villette, la Cité présente un panorama complet des sciences et techniques: communication, astronomie, informatique etc. à travers des expositions, des rencontres, des conférences et des jeux interactifs. Le parc de la Villette offre également des spectacles (cirque, théâtre, danse). On y trouve aussi un planétarium, un aquarium, un cinéma avec des films en relief, une médiathèque, des jardins et un vrai sous-marin à visiter, l'Argonaute. Voir également la Cité des enfants (3–12 ans), la Géode avec son écran hémisphérique de 1000 m^2 et le «cinaxe» (salle de simulation).

a *Wendet die Stratégie von S. 30 an.*

b *Erklärt auf Deutsch: Was ist die «Argonaute»?*

c *Erklärt einem Bekannten auf Deutsch, was der «Parc de la Villette» ist und was man dort erleben kann.*

www **d** *Welche Filme laufen aktuell in der **Géode**? Sucht die Information im Internet.*

LEÇON 3

Paris – Toulouse

1

la ville «rose» et la Garonne

2

Notre-Dame et la Seine

3

le Capitole

4

la Cité de l'Espace

5

le canal du Midi

6

le Centre Pompidou

a *Voici des photos de Paris et de Toulouse.*
Dites pour chaque photo: c'est à Paris ou à Toulouse?
Le plan de Toulouse à la fin de votre livre peut vous aider.

05 **b** *Hört den Dialog und vergleicht die Aussprache des Mannes mit der von Frau Carbonne. Was fällt euch auf? Antwortet auf Deutsch.*

Un e-mail de M. Carbonne

de roberto.carbonne@wanadoo.fr
à famillecarbonne@yahoo.fr

Bonjour de Toulouse,
Voilà, je sors de chez Airbus. Je suis content, mes collègues sont sympas et j'aime bien mon travail. J'envoie un petit e-mail, après, je rentre dans mon camping-car. Bien sûr, le camping-car n'est pas grand, mais ça va. Je dors toujours au «premier étage».
Et le matin, je mets cinq minutes pour comprendre que je ne suis pas à la maison!
Et vous, les enfants, quand est-ce que vous venez à Toulouse? C'est bientôt les vacances! Vous pouvez venir en train. Des trains pour Toulouse partent de Paris trois fois par jour. Pour dormir dans le camping-car: pas de problème. Vous dormez en bas, il y a trois lits.
Annie, tu n'as pas de vacances et tu ne pars pas tout de suite, je sais. Mais tu viens bientôt pour un week-end, d'accord?
Ce soir, nous sortons, mes collègues et moi. Nous allons manger au restaurant. Ils viennent en vélo à 8 heures, puis on part ensemble!
Bises,
Papa

a *Une semaine après. Trouvez les phrases.*

1. 9 heures. M. Carbonne est dans son lit. **Il**
2. Alors, **il**
3. Roberto, **tu**
4. Oh, non, **je** ne
5. **Vous**
6. Oui. Il y a un concert sur la place. **Nous**
7. Les autres prennent la voiture. **Ils**
8. Mais **Albert et Thomas** ne
9. **Ils**

dorment déjà.
dort déjà. Deux collègues arrivent.
partent dans une heure.
partez en vélo?
partons tout de suite.
sors avec nous, ce soir?
sort de son camping-car.
viennent pas.
viens pas. Je n'ai pas envie.

b *Jouez à deux avec un dé. Lisez l'exemple. Inventez une phrase, votre partenaire corrige. Puis, changez de rôle. Utilisez les pronoms personnels dans l'ordre.*

 = **venir**
 = **venir**
 = **sortir**
 = **dormir**
 = **partir**
 = **freie Wahl** des Verbs

Exemple:  Nous venons demain avec nos vélos.

30 Une fête pour Emma!

1 Fin novembre, M. Carbonne a enfin trouvé une grande maison dans la banlieue de Toulouse. Il a organisé le déménagement. Alors, samedi dernier, Malika a fait une grande fête avant le départ d'Emma. Elle a invité leurs copains.

2 Emma est arrivée la première. Elle est entrée et elle a accompagné Malika dans la cuisine pour faire des crêpes. Les crêpes de Malika sont tombées sur son joli pantalon blanc. Alors Emma a continué. Bientôt, il y a eu assez de crêpes pour le repas.

3 Mais les autres ne sont pas venus. Bizarre! Les filles sont restées seules à table. Alors, elles sont retournées dans la cuisine, puis, elles sont descendues dans la rue, un peu tristes.

4 Tout à coup, quand elles sont sorties, elles ont entendu une guitare, puis elles ont vu Christian, Thomas et Victor. Quelle surprise! Les garçons ont chanté pour Emma. Super! Elle a dit merci et elle a fait une bise à ses amis. Puis les copains ont arrêté de chanter. Ils sont montés chez Malika, ils ont mangé les crêpes et parlé un peu du départ d'Emma.

5 Thomas est sorti et il est revenu avec un très joli poème pour Emma. Puis, ils ont dansé et fait des jeux: Emma a perdu au jeu de cartes, mais elle a bien rigolé. Quand les garçons sont partis, Emma et Malika ont encore parlé un petit moment du collège et raconté des bons souvenirs. Tout à coup, elles ont regardé l'heure: 1h30 déjà! Emma n'a pas voulu rentrer à la maison. Elle a dormi chez Malika.

1 A propos du texte

Trouvez le bon ordre, puis écrivez le texte dans votre cahier. Commencez comme ça:

Malika a préparé une fête pour le départ d'Emma. …

1. Après, les amis ont dansé et fait des jeux.
2. **Malika a préparé une fête pour le départ d'Emma.**
3. D'abord, les filles sont restées seules à table.
4. Emma est arrivée la première.
5. Thomas est allé chercher un poème pour Emma.
6. Emma est restée chez Malika pour dormir.
7. Les garçons ne sont pas entrés tout de suite. Ils ont chanté dans la rue.
8. Puis, ils sont montés et ils ont mangé les crêpes.

2 On fête le départ.

un bon gâteau des bon**s** gâteaux	**une** bon**ne** crêpe des bonn**es** crêpes

Mettez les adjectifs à la forme correcte.

1. M. Carbonne a déjà trouvé un travail ? à Toulouse.
2. Il a aussi trouvé une ? maison.
3. M. et Mme Carbonne sont ?.
4. Ils vont faire un ? déménagement.
5. Alors Malika a eu une ? idée:
6. Elle a préparé une ? fête avant le départ d'Emma.
7. Avec Emma, elle a fait des ? crêpes pour leurs copains.

intéressant
joli
content
grand
bon
grand
bon

3 La maison du verbe *être* (G 15, 16)

a *Trouvez les phrases correctes et écrivez-les dans votre cahier.*

1. Emma et les garçons
2. Les garçons
3. Thomas
4. Emma
5. Emma et Malika

est sorti**i** pour aller chercher un poème.
ne sont pas all**ées** au lit tout de suite.
est rest**ée** chez Malika pour dormir.
ne sont pas mont**és** tout de suite.
sont ven**us** chez Malika pour fêter le départ.

b *Schaut euch Übung 2 noch einmal an und vergleicht die Endungen der Adjektive mit den Endungen des Participe passé der Verben. Was stellt ihr fest?*

c *Prägt euch die Verben ein, die im Passé composé mit être konjugiert werden.*

aller
arriver
descendre
entrer
monter
partir
rentrer
rester
retourner
sortir
tomber
venir
revenir
+ être

4 Le journal de M. Carbonne (G 16)

Le soir, M. Carbonne est souvent seul. Quand il ne peut pas téléphoner à sa famille, il écrit son journal.

Ecrivez les phrases au passé composé.

le 15/10: Zut! Mon portable (tomber) quand je (entrer) dans mon camping-car. Je ne peux plus appeler Annie et les enfants.
le 16/10: Des actrices de cinéma (arriver) à Toulouse.
Quand elles (descendre) de leur voiture, j'ai fait des photos pour les enfants.
Une des stars (rester) encore 2 jours à Toulouse et elle (venir) visiter Airbus.
le 20/10: Hier, mes collègues et moi, nous (aller) ensemble au restaurant.
le 22/10: Aujourd'hui, il pleut beaucoup. Après le travail, je (ne pas sortir).
le 24/10: Le soleil (revenir). Avec des amis, nous (partir) en vélo.
Quand je (rentrer), je (monter) tout de suite dans mon lit pour dormir.

5 Communiquer: Le week-end dernier

Travaillez à deux.

Vous téléphonez à un copain ou à une copine français(e) et vous parlez de votre week-end.
Les mots donnés peuvent vous aider.

Hier,
Samedi dernier,
Dimanche dernier,
Le week-end dernier,
La semaine dernière,

aller, partir, sortir, rester, …
+ **être**

faire, visiter, jouer, discuter, …
+ **avoir**

Exemple:
– Qu'est-ce que tu as fait, le week-end dernier?
– Le week-end dernier, je suis allé(e) … et nous avons …
J'ai … Et toi?
– Moi, j'ai bien rigolé. Je suis parti(e) …
– (…)

6 J'ai passé une bonne journée!

Vous avez passé une bonne journée.
Choisissez un sujet et racontez en français.

une fête
un après-midi en ville
un samedi avec les copains
un dimanche en famille
…

7 Jeu de sons

35 **a** *Ecoutez et trouvez les intrus. Quand un mot ne va pas dans le groupe, tapez dans vos mains.*

b *Könnt ihr herausfinden, wann man ‚g' [g] oder [ʒ] ausspricht? Ein Tipp: Achtet auf den Buchstaben, der auf ‚g' folgt. Welche Buchstabenfolge spricht man [ɲ] aus?*

G	[g]	[ʒ]	[ɲ]
	un **gâ**teau	nous bou**geo**ns	une li**gne**
	une **go**mme	une straté**gie**	si**gne**r
	un ar**gu**ment	un **gy**mnase	une monta**gne**
	un de**gr**é	un â**ge**	accompa**gne**r

36 **c** *Ecoutez et trouvez les intrus. Quand un mot ne va pas dans le groupe, tapez sur la table.*

d *Könnt ihr herausfinden, wann man ‚c' [k] oder [s] ausspricht? Ein Tipp: Achtet auf den Buchstaben, der auf ‚c' folgt. Wie spricht man „ç" aus?*

C	[k]		[s]	
	un **ca**noë	dis**cu**ter	fran**ça**is	un **ci**néma
	le **co**ntraire	une **cr**êpe	un gar**ço**n	un **ce**ntre

37 **e** *Folgende Wörter habt ihr noch nicht gelernt. Ihr könnt aber herausfinden, wie man sie ausspricht. Hört anschließend die Wörter.*

tu re**ço**is – **Céci**le – re**çu** – un **ce**ntime – un méde**ci**n – Bla**gn**ac – un **ga**ra**ge** – nous re**ce**vons

06

8 Ecouter: Repas de quartier

a *Ecoutez et répondez. Qui mange aux repas de quartier?*

b *Ecoutez encore une fois la première partie. Qu'est-ce que vous savez sur les repas de quartier?*

c *Ecoutez le dialogue encore une fois. Ecrivez trois mots prononcés différemment à Paris et à Toulouse. (… anders ausgesprochen …)*

38

Ce n'est qu'un au revoir!

1 Mme Carbonne a regardé les horaires et acheté les billets de train. Aujourd'hui, le reste de la famille doit prendre le train pour Toulouse. Le train part à 11h34, Gare Montparnasse, voie 9.

Gare Montparnasse. 11h25 …

Christian: Allez, Victor! Tu es en retard comme toujours!

Emma: Vous ne devez pas m'oublier, hein?

Malika: Mais, non. Qu'est-ce que tu racontes? On t'aime. On reste amis pour toujours!

Emma: Je vais vous écrire et vous envoyer des photos de Toulouse.

Copains: Ce n'est qu'un au revoir, Emma!

2 Une semaine après, à Toulouse …

Emma : Je n'ai pas d'amis ici. En plus, avec leur accent, je ne comprends rien!

Mme Carbonne: Tu nous énerves avec tes idées noires! Tu ne reçois pas de nouvelles de tes copains! C'est ça, non? Tu es triste?

Emma: Toulouse ne m'intéresse pas! Je suis désolée! C'est nul, ici!

Valentin: Toi, tu es nulle! Tu n'es pas drôle! Tu fais toujours la tête.

3 Un samedi matin, M. Carbonne revient de la poste. Mais qu'est-ce qu'il a dans ses mains?

Emma: C'est vrai? J'ai reçu quelque chose de Paris?

M. Carbonne: Oui, il y a un paquet pour toi.

4

Salut les amis, Toulouse, le 18 décembre

J'ai été super contente de recevoir votre paquet. Merci à la maman de Malika pour les gâteaux. Merci à Victor pour le rap. Le CD est génial. J'écoute les chansons dix fois par jour! Maintenant, j'ai retrouvé le moral. En plus, au collège, j'ai rencontré une fille sympa. Elle s'appelle Cécile. Demain, je vais faire du vélo avec elle au bord de la Garonne. Et avant, nous recevons la visite de nos voisins.

Mille bises.

Emma

1 A propos du texte

Répondez par des phrases complètes.

1. Qu'est-ce que Mme Carbonne a acheté à la gare? Pourquoi?
2. Quand et où est-ce que le train part?
3. Qu'est-ce qu'Emma veut envoyer à ses copains?
4. Pourquoi est-ce qu'Emma énerve sa famille à Toulouse?
5. Qu'est-ce qu'il y a dans le paquet?
6. Qui est Cécile?
7. Qu'est-ce qu'Emma et Cécile vont faire?
8. Pourquoi est-ce qu'Emma a enfin retrouvé le moral?

2 Qu'est-ce qu'ils doivent faire? (G 17, 18)

devoir
recevoir

a *Complétez les phrases avec les verbes donnés au* ***présent****.*

1. «Christian, tu viens avec nous?» «Non, je ? accompagner ma mère.»
2. Thomas ne vient pas non plus. Il ? faire ses devoirs.
3. Les Carbonne préparent un bon repas. Ils ? des amis ce soir.
4. «Vous avez des problèmes avec Internet?» «Oui, nous ne ? plus d'e-mails.»
5. «Il est onze heures, les enfants. Vous ? aller au lit.»
6. Emma n'envoie plus de SMS à Malika. Malika ne ? plus de SMS.

b *Mettez les phrases au* ***passé composé****.*

1. Emma a une surprise.
   Elle reçoit un paquet de Paris.
2. Victor arrive en retard.
   Il doit attendre un autre bus.
3. M. Carbonne ne trouve pas d'appartement.
   Il doit habiter dans un camping-car.
4. «Pourquoi est-ce que tu ne viens pas?»
   «Je reçois la visite de mes amis.»

3 Jeu de mots: Ulm – Stuttgart – Paris

a *Trouvez les phrases et écrivez le texte.*

1. On va d'Ulm	les billets de train.
2. On regarde	dans le train.
3. On achète	à Paris en train.
4. On attend	les horaires.
5. On monte	le train pour Stuttgart.
6. On part	de train à Stuttgart.
7. On change	d'Ulm à 8h15, voie 2.
8. On arrive	du train: Bonjour Paris!
9. On descend	enfin à Paris à 16h38.

《 》 **b** *Malika a pris le train pour Toulouse. Ecrivez un petit texte de 9 phrases. Utilisez les expressions de la partie* ***a****.*

Commencez comme ça:

Malika **est allée** de Paris à Toulouse en train.
Elle **a …**

Voici quelques informations:
départ: 13h36, voie 9
arrivée: 18h38
Elle ne doit pas changer de train.

4 En français: A la gare

Du bist mit deiner Familie am Bahnhof. Ein französischer Tourist spricht euch an. Er möchte wissen, auf welchem Gleis und zu welcher Uhrzeit der Zug nach Karlsruhe abfährt. Du antwortest.

5 Chez les Carbonne (G 19)

Complétez avec ***me, te, nous, vous****.*

1

– Tu ? donnes tes devoirs d'allemand, Cécile?
– Oui, et toi, tu ? donnes tes devoirs de français.

2

– Vous voulez manger, les filles?
Je ? fais des crêpes, d'accord?
– Oh, oui! Tu ? appelles quand on peut manger?

3

– Valentin, tu peux ? aider un peu, maman et moi, dans la cuisine? Valentin! Tu ? entends?

4

– Oui papa, je ? entends. Je regarde le foot à la télé. Ça ? intéresse beaucoup. Je ne peux pas ? aider.

6 Dialogues à la gare (G 19, 20)

Regardez les dessins et trouvez les bons pronoms.
Pour chaque phrase, mettez le pronom à la bonne place.

me te nous vous

1. – Nous ? cherchons ? depuis une heure, mon petit.
   Maintenant, tu ? ne ? quittes plus!
   – Ouah, ouah!

2. – Tu ? vas ? téléphoner papa, hein?
   – Oui, je ? vais ? appeler demain.

3. – Ne ? bousculez ? pas comme ça, monsieur!
   – Oh, je suis désolé. Je ? demande ? pardon, monsieur!

4. – Tu ne ? veux pas ? dire au revoir?
   – Si, mamie! Et je ? vais ? écrire bientôt.

7 Ce n'est pas grave.

on dit …

Freude	Ärger	Ablehnung	Bedauern	Trost
C'est bien. C'est génial! Quelle surprise! Je suis content(e).	Tu n'es pas drôle! Tu m'énerves! Tu fais toujours la tête! Je suis en colère!	Quelle horreur! C'est nul! Ah, non! Pas ça! Ça ne m'intéresse pas.	Pardon, madame/ mademoiselle/ monsieur! Je suis désolé(e).	Tu es triste? Ça va aller. Ce n'est rien. Ça ne fait rien. Ce n'est pas grave.

a *Choisissez un dessin et inventez un dialogue. Utilisez les expressions de «On dit …»*

b *Présentez votre dialogue en classe. Les autres devinent: C'est quel dessin?*

8 Emma et Cécile (G 6–9, 15–16)

Racontez l'histoire d'Emma et de Cécile au passé composé.

1

Pendant une semaine, Emma …
– rester dans sa chambre
– ne plus parler à Valentin et Manon
– faire la tête/ne pas sortir

2

Pendant quinze jours, Emma …
– rester seule dans la cour du collège
– ne pas comprendre l'accent
– ne plus aimer le collège

3

Un jour, une fille sympa …
– arriver
– parler à Emma
– inviter Emma

4

– visiter Toulouse
– trouver une amie
– retrouver le moral

9 Männliches oder weibliches Nomen?

Stratégie

Folgende Hinweise können euch helfen. Sie gelten zwar nicht immer, aber häufig:

männlich sind meistens Nomen, die
– auf ***-age*** *(un village)*
– auf Konsonant *(un bloc, un lit)*
– auf ***-ment*** *(un appartement)* enden.

weiblich sind meistens Nomen, die
– auf ***-rie***, ***-ité***, ***-lle***, *(librairie, activité, salle)*
– auf ***-ette***, ***-ise***, ***-ure*** *(croquette, bise, nature)*
– auf ***-tion*** *(station)* enden.

a *Folgende Nomen habt ihr schon gelernt. Sind sie männlich oder weiblich?*

chat, attention, sac, voiture, vêtement, publicité, carton, chemise, étage, nouvelle, assiette

b *Folgende Nomen sind neu. Was vermutet ihr: Sind sie männlich oder weiblich?*

boulangerie | lait | bêtise | garage | peinture | recette | reportage | résultat

Du kannst …

1. … erzählen, dass du letzten Samstag ins Kino gegangen bist.	Samedi dernier, je suis …
2. … sagen, wann du weggegangen und wann du zurückgekommen bist (15.15–18.30).	Je suis …
3. … sagen, um welche Uhrzeit und auf welchem Gleis der Zug nach Paris abfährt (14.33, Gleis 11)	Le train pour Paris …
4. … sagen, dass du dich sehr freust.	Je suis très …
5. … sagen, dass dir jemand auf die Nerven geht.	Ta copine m'…
6. … sagen, dass du zu spät kommst und dass es dir leidtut.	Je suis en retard, je suis …
7. … jemanden trösten: Das ist nicht schlimm.	Ce n'est …
8. … sagen, dass dich etwas sehr interessiert.	Ça … beaucoup.

Grammatik auf einen Blick

1

	dormir	***partir***	***venir*** (G 13, 14)
je	dors	pars	viens
tu	dors	pars	viens
il/elle/on	dort	part	vient
nous	dormons	partons	venons
vous	dormez	partez	venez
ils/elles	dorment	partent	viennent

*Das Verb **sortir** (ausgehen) wird genauso konjugiert wie **partir** und **dormir**!*

Traduisez.

1. Heute Abend gehen wir aus.
2. Und du, gehst du auch aus?
3. Nein, ich gehe nicht aus.
4. Mein Freund kommt zu mir.
5. Der letzte Bus fährt um 11 Uhr ab.
6. Kommt ihr zu Malikas Fest?
7. Ja, wir kommen.
8. Christian, kommst du auch?
9. Thomas und Victor kommen nicht.
10. Die Mädchen schlafen bei Malika.
11. Ihr schlaft zuhause.

2 Das *Passé composé* mit *être* (G 15, 16)

je **suis** allé	je **suis** allée
tu **es** allé	tu **es** allée
il **est** allé	elle **est** allée
nous **sommes** allés	nous **sommes** allées
vous **êtes** allés	vous **êtes** allées
ils **sont** allés	elles **sont** allées
Luc et Marie **sont** allés	

*Verben, die das Passé composé mit **être** bilden, findest du auf Seite 37.*

a *Mettez les participes passés à la bonne forme.*

1. En automne, M. Carbonne est parti? à Toulouse.
2. Pendant les vacances, Emma, Manon et Valentin sont parti? à Toulouse.
3. Mme Carbonne n'est pas parti? avec les enfants.
4. Paulette et Amandine ne sont pas non plus parti? .

b *Mettez les verbes au passé composé.*

1. Malika (rester) à Paris.
2. Vendredi, Julie et elle (sortir) ensemble.
3. Victor (retourner) chez ses grands-parents.
4. Samedi, les Bajot (arriver) à Marmoutier.
5. Marc et Isabelle (revenir) aussi.
6. Isabelle (ne pas rentrer) avec les autres.
7. Elle (rester) encore un jour.
8. Elle (partir) lundi.

3 ***devoir*** ***recevoir*** (G 17, 18) *Complétez.*

	devoir	recevoir
je	dois	reçois
tu	dois	reçois
il/elle/on	doit	reçoit
nous	devons	recevons
vous	devez	recevez
ils/elles	doivent	reçoivent

Passé composé: j'ai dû … j'ai reçu …

1. Nous ? partir dans 5 minutes.
2. Et toi, tu ne ? pas partir?
3. Si, mais je ? d'abord préparer mes affaires.
4. Les grands-parents de Pierre ? déménager.
5. **Hier**, nos voisins ? chercher leur chat.
6. **Samedi dernier**, mon frère ? 36 e-mails!
7. Moi, je ne ? jamais d'e-mails.
8. Et vous? Vous ? beaucoup d'e-mails?
9. Chère tante! J'? ton paquet **hier**. Merci beaucoup!

4 **Die Objektpronomen *me, te, nous, vous*** (G 19, 20)

bejahter Satz

– Tu **me** comprends?
– Oui, je **te** comprends.

– Tu **m'**entends?
– Oui, je **t'**entends.

– Luc va **vous** inviter à sa fête?
– Oui, il va **nous** inviter.

verneinter Satz

– Non, je ne **te** comprends pas.

– Non, je ne **t'**entends pas.

– Non, il ne va pas **nous** inviter.

Traduisez:

1. Ich vergesse dich nicht.
2. Ich werde dir eine Postkarte schreiben.
3. Die Jungs gehen euch auf die Nerven?
4. Ja, sie rempeln uns an!

Du kannst nachschlagen. Die Lösungen findest du auf den Seiten 174–175.

Toulouse, capitale des avions

a *Un ami allemand veut avoir des informations sur l'Airbus. Notez ses questions, cherchez les réponses dans le texte et notez-les.*

Der Airbus A380:
Gewicht (in Tonnen):
Anzahl der Passagier-Plätze:
Bauort:
Anzahl der Beschäftigten:
Testdauer:
Höhe:
Zwei Nachteile:

L'Airbus A380, un projet européen

L'Airbus A380 a 800 places, il est haut comme une maison de 8 étages et pèse 560 tonnes. C'est un avion énorme. Le premier prototype de l'avion est sorti de chez Airbus en janvier 2005. On fait les différentes parties de l'avion dans 4 pays différents. En France, en Allemagne, en Espagne et en Angleterre, 50.000 hommes et femmes travaillent chez Airbus. A Toulouse, on met ensemble les différentes parties de l'avion et on organise les tests. On a testé l'avion pendant 20 mois. Quand on travaille ensemble à un très grand projet, ce n'est pas facile et souvent, on perd beaucoup de temps. La production est aussi très chère. Mais l'Airbus A380 reste un grand projet très intéressant.

www **b** *Kennt ihr eine der deutschen Städte, die an der Herstellung der Airbus-Flugzeuge beteiligt sind? Sucht Informationen dazu im Internet.*

Les fêtes en France

Le soir du 24 décembre, on fait le **réveillon**[2]. On mange en famille la dinde[3] et la bûche[4]. A minuit, le père Noël passe et le 25 décembre, on reçoit des cadeaux.

Pour la **Fête des Rois**, un dimanche début janvier, on mange le gâteau des Rois. Quand on trouve la fève[6] dans le gâteau, on est le roi.

Le **1er avril** est le jour des farces[7]. Attention: un copain peut vous coller un poisson[8] d'avril dans le dos[9]!

Le jour de **Pâques**[10], les enfants cherchent des œufs[11] en chocolat dans la maison ou dans le jardin.

Le 14 juillet, c'est la Fête nationale française. On joue alors la «Marseillaise» et il y a des feux d'artifice[12].

08

1. *Ecoutez les 3 scènes. Quelles sont ces fêtes?*
2. *Quelles fêtes est-ce qu'il n'y a pas en Allemagne?*
3. *Qu'est-ce que tu fais le 1er avril? Raconte.*

---

1 Noël (m.) [nɔɛl] Weihnachten – **2** le **réveillon** de Noël [ləʀevɛjõ] das Fest am Heiligabend – **3** une **dinde** [yndɛ̃d] ein Truthahn – **4** la **bûche** [labyʃ] Weihnachtstorte in Form eines Holzscheits – **5** un **roi** [ɛ̃ʀwa] ein König – **6** une **fève** [ynfɛv] eine dicke Bohne *(Heute wird auch oft eine Porzellanfigur im Kuchen versteckt.)* – **7** une **farce** [ynfaʀs] ein Streich – **8** un **poisson** [ɛ̃pwasõ] ein Fisch – **9** le **dos** [lədo] der Rücken – **10 Pâques** (m.) [pak] Ostern – **11** des **œufs** (m.) [dezø] Eier – **12** un **feu d'artifice** [ɛ̃fødaʀtifis] ein Feuerwerk

1 A propos du vocabulaire

*Lisez le texte. Vous connaissez **le contraire** de beaucoup de mots de cette histoire. Maintenant, écrivez un autre texte et employez le plus de contraires possibles.*

Ce soir, il fait **mauvais**. Il **pleut** et il fait **froid**.
Je porte une chemise **noire** et un pantalon **noir**. J'ai **perdu** mon chat.
Il est **loin** de moi. Je **continue à** lire mon livre. Je **reste** dans mon lit. Je suis **un peu triste**.
Maintenant, **j'envoie** des SMS **à** mes copains.

Commencez comme ça: Ce matin, il fait beau. …

2 La machine à phrases

Utilisez les mots donnés et écrivez dix phrases dans votre cahier.
N'utilisez pas deux fois les mêmes mots.

vous	appeler qn	une question	Emma
une star	répondre **à** qn	une information	ses copains
un chien	recevoir qc de qn	des souvenirs	son père
tu	raconter qc **à** qn	un SMS	son professeur
nous	inviter qn	un poème	sa mère
les voisins	envoyer qc **à** qn	un cadeau	des voisines
les Carbonne	donner qc **à** qn	sa journée	Cécile
je	dire qc **à** qn	la bise	des amis
Estelle	demander qc **à** qn	bonjour	les Carbonne
des enfants	faire qc	un pantalon	ses élèves
…	mettre qc	une blague	une collègue
	…	…	…

3 Emma téléphone à Estelle. (G 6–8, 15, 16)

Racontez au passé composé.

Emma: Alors, Estelle, qu'est-ce que tu (faire), ce matin?

Estelle: Moi, je (aller) chez Léa, tu sais, notre copine d'Aubenas? Je (entrer) dans sa maison, une très grande maison blanche et vide. Elle me (dire): «Attends, les autres vont arriver.» Bientôt, des animaux bizarres avec des vêtements à la mode (arriver). Ils (faire) la bise à Léa, ils me (dire) bonjour aussi, puis, ils (monter) au premier étage avec Léa. Je (entendre) Léa rigoler. Puis: silence. Alors, je (monter) moi aussi pour aller voir. Je (rencontrer) l'un des animaux dans une très grande pièce, mais il (sortir) sans un mot. Je (chercher) Léa. Puis, je (vouloir) partir. Mais je (ne plus trouver) la porte. Alors je (avoir) très peur, je (crier), et je (tomber) … sur mon lit!!!!

Emma: Ah bon, tu as rêvé!!! Bizarre, ce rêve, non?

LEÇON 4

Vivre à Toulouse

Les promenades au bord de la Garonne

Un match de rugby

A Toulouse, on adore le cassoulet.

Vous avez passé un week-end chez des amis à Toulouse. Racontez. Ecrivez un petit texte (5–7 phrases).

45 Après le match

Dimanche après-midi, Cécile et Emma vont au stade de Blagnac. Il y a un match de rugby. Les deux filles veulent voir jouer Fabien, le frère de Cécile.
L'équipe de Fabien, le B.S.C.R., va jouer contre l'équipe du collège Mermoz de Toulouse. Pendant le match, il y a une ambiance super. Tout le monde crie et bouge.
A la fin, l'équipe de Fabien gagne. Les joueurs du B.S.C.R. sont les stars de la journée.

Après le match, Cécile et Emma veulent aller voir Fabien. Elles le cherchent, mais elles ne le voient pas tout de suite. Il est où? Ah, le voilà. Beaucoup de fans l'attendent. Ils ont des affiches du club et Fabien les signe.
Quand Fabien voit Emma, il prend une affiche, la signe et la donne à Emma. Emma dit merci. Fabien la regarde, puis il prend aussi son ballon de rugby et le signe pour Emma.

*Fabien et Nicolas, deux joueurs du **B**lagnac **S**porting Club de **R**ugby*

a *Traduisez.* Cécile regarde le match. Emma **le** regarde aussi.
L'ambiance est bonne. Les filles **la** trouvent super.
Voilà **les joueurs**. Les fans **les** adorent.
Les fans ont **des affiches**. Les joueurs **les** signent.

b *Wofür stehen **le, la, l'** und **les**? An welcher Stelle stehen sie im Satz?*

c *Complétez les phrases.*

1. Cécile attend Emma devant le stade. Bientôt, elle ? voit devant l'entrée.
2. Cécile trouve l'ambiance du match super. Emma ? adore aussi.
3. C'est un bon match. L'équipe de Fabien ? gagne.
4. Les fans adorent **les joueurs**. Ils ? attendent après le match.
5. Fabien signe **une affiche et un ballon**. Il ? donne à Emma.
6. Fabien trouve Emma sympa. Il ? regarde.

d *Regardez l'exemple, puis répondez.*

Exemple: – Est-ce que Cécile invite Emma à un match de foot?
– Non, elle **ne l'**invite **pas** à un match de foot.

1. – Est-ce que les filles voient Fabien tout de suite? – Non, …
2. – Est-ce que les fans attendent Emma? – Non, …
3. – Est-ce que Fabien signe l'affiche pour Cécile? – Non, …
4 – Est-ce que les autres joueurs signent aussi **les ballons?** – Non, …

47 Bienvenue à Blagnac!

1 Les Carbonne habitent maintenant 10 rue des Pyrénées, à Blagnac, dans la banlieue de Toulouse. Leur maison a trois chambres pour les enfants, un petit jardin et un garage. Les Carbonne ont eu le coup de foudre pour la maison. Ils connaissent déjà leurs voisins, les Marini, et ils les trouvent très sympas. Les Marini sont Italiens et vivent en France depuis trente ans déjà.

2 Aujourd'hui, après le travail, M. Carbonne a rendez-vous avec Manon. Il va la chercher à l'école. Quand il arrive, il est un peu tard. Elle l'attend déjà à la sortie. Ils vont dans un magasin pour acheter des étagères. Puis, ils rentrent.
A la maison, Mme Carbonne a refait la peinture de la porte d'entrée. Les couleurs plaisent à Manon.

Mme Carbonne: Attention à la peinture!
Manon: Oh, maman, c'est cool, la couleur!
M. Carbonne: On ne reconnaît plus la maison!
Mme Carbonne: Alors, ça te plaît?
M. Carbonne: Euh … oui, mais une porte bleue avec des murs jaunes, dans la ville rose …
Manon: Arrête, papa. Tu ne connais rien à la mode!

→ CdA

3 Peu après, Valentin arrive du collège, le collège Henri Guillaumet. Il est en colère parce que ses copains l'énervent. Il ne les aime pas du tout. Il monte tout de suite dans sa chambre. Mais son père le voit et il l'appelle:

M. Carbonne: Ben alors, Valentin, tu ne dis plus bonjour? Tu fais la tête?
Valentin: Toulouse, c'est nul! Je n'ai pas d'amis ici.
Mme Carbonne: C'est normal, Valentin. Nous vivons à Blagnac depuis un mois, c'est tout. Attends un peu. Tu vas trouver des copains.
Valentin: Des copains comme ça, non merci! Ils imitent mon accent de Paris et en classe aujourd'hui, ils n'ont pas voulu m'aider.
Manon: Ils sont bêtes. Mais tu vas bientôt trouver un copain dans ta classe. Regarde, moi, j'ai une copine maintenant. Elle s'appelle Samira. Dis, maman, est-ce que je peux aller chez Samira maintenant?
Mme Carbonne: Mais oui …

1 A propos du texte

Qui est-ce ou qu'est-ce que c'est?

Exemple: Les Carbonne **les** connaissent déjà; ils sont leurs voisins.
→ Ce sont **les Marini**.

1. Les Carbonne **la** trouvent grande et super. Ils ont eu le coup de foudre.
2. Il arrive en retard. Manon **le** voit enfin devant l'école.
3. M. Carbonne **l'**accompagne pour acheter des étagères.
4. Mme Carbonne **la** refait.
5. Ses copains **l'**énervent.
6. Valentin ne **les** trouve pas sympas parce qu'ils n'ont pas voulu l'aider.
7. Manon veut aller **la** voir, c'est sa copine.

2 Communiquer: Les voilà!

Travaillez à deux.

Exemples:
– Où sont mes livres? – Les voilà!
– Où est Amélie? – La voilà!

mon ballon	mes affaires
ma peinture	mon équipe
Olivier	mon billet de train
mes cartes postales	mes vêtements
Adrien et Julie	mon dessert
ma montre	mon assiette

3 Après le déménagement (G 21)

*Après le déménagement, il y a encore beaucoup de choses à faire. Faites des dialogues. Utilisez les pronoms objets **le, la, les**.*

a *Exemple:*

– Il y a des cartons vides! Je **les** mets où? Dans l'entrée?
– Oui, tu **les** mets dans l'entrée!

b *Exemple:*

– Il y a des cartons vides! Je **les** mets où? Dans l'entrée?
– Non, tu ne **les** mets pas dans l'entrée! Tu **peux les** mettre …

une grande assiette bleue	poser	dans la chambre de …
l'affiche de rugby	mettre	dans la cuisine
l'ordinateur d'Emma	porter	dans la salle à manger
des livres de cuisine		sur les étagères
l'avion de Valentin	pouvoir	là-bas
…		…

4 Jeu de mots

a *Traduisez:*
1. Manon a fait un dessin, mais il n'est pas joli, alors elle le **re**fait.
2. Emma a **re**trouvé son portable.
3. Manon a passé un moment chez Samira. Maintenant, elle **re**vient.

b *Vous ne connaissez pas encore les verbes des phrases suivantes, mais vous pouvez les comprendre. Traduisez les phrases.*

Samedi, chez les Carbonne.
1. M. Carbonne refait du sport.
2. Valentin veut repartir à Paris.
3. Il remonte dans sa chambre.
4. Manon relit une BD géniale.
5. Mme Carbonne recommence à lire les annonces.
6. Emma va revoir un film super avec Cécile.
7. Amandine remange des croquettes.
8. Samira rappelle Manon au téléphone.

5 Un collègue de M. Carbonne raconte. (G 22–24)

a *M. Larose répond à des questions pour le journal du collège Henri Guillaumet. Complétez avec les verbes* ***plaire, connaître*** *et* ***vivre*** *au présent.*

Le journal: Depuis quand est-ce que vous (vivre) dans notre ville?
M. Larose: Je (vivre) ici depuis dix ans déjà, mais les parents de ma femme (vivre) depuis toujours à Blagnac. La ville nous (plaire) bien.
Le journal: Et pourquoi est-ce que vous travaillez chez Airbus?
M. Larose: J'ai toujours aimé les avions et les Airbus me (plaire) beaucoup.
Le journal: Vous (connaître) Henri Guillaumet?
M. Larose: Mais oui, je (connaître) bien l'histoire du grand pilote[1] français.

Saint-Exupéry (à gauche) et Guillaumet, deux pilotes français.

b *Complétez avec les verbes* ***plaire, connaître*** *et* ***vivre*** *au passé composé.*

M. Larose: Guillaumet (vivre) à Toulouse. Là, il a travaillé pour une grande ligne française. Il (connaître) d'autres pilotes comme Mermoz ou Saint-Exupéry[2]. Guillaumet a fait son premier vol[3] à l'âge de 14 ans! Cela (ne pas plaire) au propriétaire de l'avion!
Le journal: Mais reparlons un peu de vous. Avant Toulouse, vous (vivre) où?
M. Larose: Nous (vivre) à Paris et en Allemagne. L'Allemagne nous (plaire), bien sûr!

1 **un pilote** [ɛ̃pilɔt] ein Pilot – 2 **Saint-Exupéry** [sɛ̃tɛgzypeʀi] frz. Pilot und Schriftsteller – 3 **un vol** [ɛ̃vɔl] ein Flug

50 Des surprises

1 Un soir, Valentin et Manon entrent dans la salle de séjour où leur mère les attend déjà. M. Carbonne est là aussi. Mme Carbonne, qui a reçu un coup de téléphone dans l'après-midi, est très contente. Elle a eu une bonne nouvelle.

Mme Carbonne: Et maintenant, écoutez la surprise. Vous connaissez les bus de la SEMVAT?

M. Carbonne: Tu veux dire les bus rouges et blancs qu'on voit partout à Toulouse?

Mme Carbonne: C'est ça. Eh bien, la SEMVAT cherche un conducteur ou une conductrice pour la ligne 66 qui passe devant le collège Guillaumet. J'ai rendez-vous demain.

M. Carbonne: Alors, après, on fait un tour en bus avec toi! D'accord?

M. Carbonne est très content du travail que sa femme va peut-être avoir. Et Manon trouve ça génial aussi.

→ CdA *Manon:* Dis, maman, le bus, ça va être gratuit pour nous maintenant?

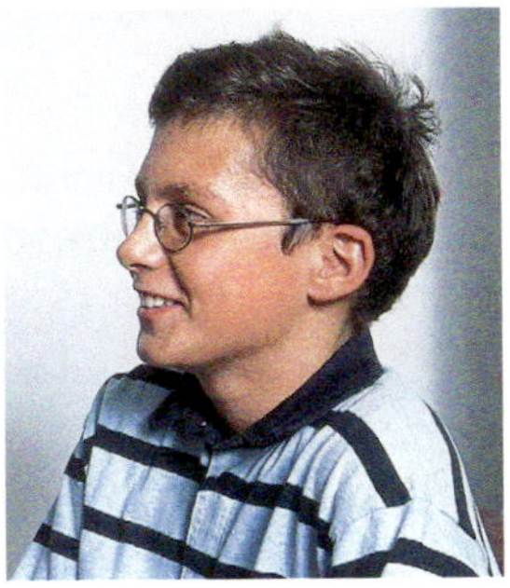

2 *Mme Carbonne:* Tiens, où est Emma?

Valentin: Je l'ai vue tout à l'heure devant le collège.

M. Carbonne: Ah, la voilà enfin!

Emma: Salut maman, salut papa! Salut, petit frère!

M. Carbonne: On peut savoir pourquoi tu arrives maintenant?

Emma: Euh … j'ai discuté avec Cécile, son frère Fabien et un autre copain, puis nous avons écouté des CD à Odyssud.

Mme Carbonne: Odyssud? C'est un magasin?

Emma: Quoi, vous ne connaissez pas Odyssud, la médiathèque qui est à côté du collège? C'est super! Ensuite Fabien et Cécile m'ont accompagnée à l'arrêt de bus.

Valentin qui les a vus devant le collège dit pour rigoler: «Il est sympa, Fabien? Tu vas le revoir?»

Emma: Tu es bête, Valentin!

M. Carbonne: Eh bien, tu vois, Valentin, Emma a aussi trouvé des copains et des copines ici.

Valentin: Emma est amoureuse!

1 A propos du texte

Répondez.

1. Où est-ce que Mme Carbonne attend les enfants?
2. Pourquoi est-ce qu'elle est contente?
3. Comment est-ce qu'on appelle le métier de Mme Carbonne?
4. Où est-ce qu'Emma est allée après le collège?
5. Est-ce que c'est loin du collège?
6. Qu'est-ce qu'elle a fait là-bas?
7. Pourquoi est-ce qu'Emma trouve que Valentin est bête?

2 A Blagnac

Trouvez les phrases.

1. Cécile a un frère
2. Nicolas est un joueur de rugby
3. Le collège Guillaumet est le collège
4. La ligne 66 est le bus
5. Odyssud est le nom de la médiathèque

où vont Emma et Valentin.
qui est à côté du collège Guillaumet.
que Valentin et Emma **prennent** le matin.
qui s'appelle Fabien.
qu'on **voit** souvent avec Fabien.

3 Les Carbonne à Toulouse (G 25)

a *Reliez les phrases avec **qui**.*

Exemple: Dans sa classe, Valentin est un nouveau. **Il** vient de Paris.
→ Dans sa classe, Valentin est un nouveau **qui** vient de Paris.

1. Mme Carbonne va avoir un travail. **Il** plaît à sa famille.
2. M. Carbonne cherche Emma. **Emma** est encore avec ses copains.
3. Emma parle avec Valentin. **Il** a envie de rigoler.

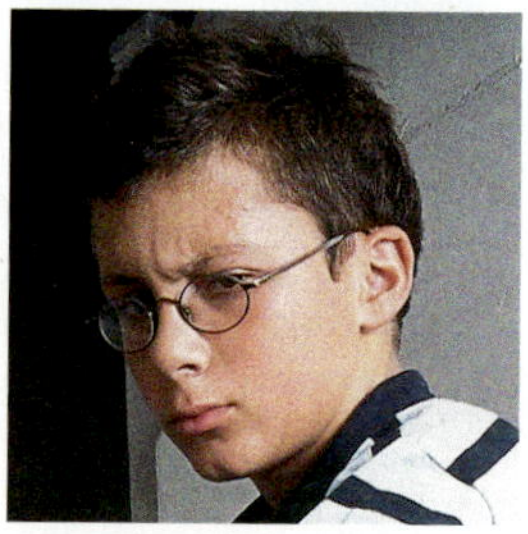

b *Reliez les phrases avec **que**.*

1. Le rugby est un sport. On **l'**aime bien en France.
2. A la SEMVAT, il y a des bus rouges et blancs. Tout le monde **les** connaît.
3. Emma va à la médiathèque. Fabien et Cécile **la** connaissent bien.

c *Reliez les phrases avec **où**.*

1. Valentin habite dans une maison. **Dans la maison**, il y a 3 chambres pour les enfants.
2. Il va au collège Henri Guillaumet. **Au collège,** il n'a pas encore trouvé d'amis.
3. Il veut bien aller au stade de Blagnac. **Au stade,** Fabien joue au rugby.

d *Trouvez la règle: Quand est-ce qu'on utilise qui, que, où?*

4 Petites devinettes[1] (G 25)

a *Faites des devinettes avec* **qui, que** *et* **où***.*

Exemples:

– garçon/jouer/rugby → C'est un garçon **qui** joue au rugby.
→ C'est Fabien.

– pièce/ famille /regarder la télé → C'est une pièce **où** la famille regarde la télé.
→ C'est la salle de séjour.

– couleur/Mme Carbonne/aimer → C'est une couleur **que** Mme Carbonne aime.
→ C'est le bleu.

1. famille/habiter/à côté/Carbonne
2. stade/on/regarder/matchs de rugby
3. petite ville/être/dans la banlieue de Toulouse
4. médiathèque/Emma/adorer
5. rue/Carbonne/habiter
6. couleurs/bus de Toulouse/porter
7. fille/avoir invité/Manon
8. accent/copains de Valentin/imiter

b *Inventez trois autres devinettes avec* **qui, que** *et* **où***.*

5 10 rue des Pyrénées (G 26)

a *Complétez. Attention à l'accord du participe passé!*

Exemple: – Où est-ce que tu as mis ma robe, chéri?
– Je **l'**ai mis**e** sur le lit.

1. – Valentin, est-ce que tu a pris l'affiche du B.S.C.R.?
   – Non, je ne **l'**ai pas pris ___ !
2. – Valentin, est-ce que tu as vu mes cahiers de français?
   – Oui, je **les** ai vu ___ hier dans ta chambre.
3. – Emma, est-ce que tu as vu mes BD?
   – Non, je ne **les** ai pas vu ___ .
4. – Chérie, où est-ce que tu as mis le téléphone?
   – Je **l'**ai mis ___ dans la cuisine.

1 **une devinette** [yndəvinɛt] ein Rätsel

b *Complétez.*

Exemple: Où est la robe **que** Mme Carbonne a cherché**e**?

1. Où est l'affiche **que** Fabien a donné à Emma?
2. Où sont les cahiers **que** Valentin a vu dans la chambre d'Emma?
3. Où sont les BD **que** Manon a cherché ?
4. Où est le téléphone **que** M. Carbonne a cherché ?

6 Einen Lesetext erschließen

Diese Strategie kann euch dabei helfen, selbstständig mit einem Lesetext umzugehen.

Stratégie

1. Lest den Titel und betrachtet die Bilder. Findet heraus, was das **Thema** ist.
2. Sammelt alles, **was ihr** zu dem Thema **schon wisst**.
3. **Lest den Text ganz durch.** Haltet euch nicht an unbekannten Wörtern auf. Fragt euch anschließend noch einmal: worum geht es?
4. Notiert **die unbekannten Wörter**, die ihr **erschließen** könnt (→ S. 30).
5. **Fasst** den Inhalt der einzelnen Abschnitte in wenigen Worten **zusammen**.

a *Lest den folgenden Text zu zweit.*
Wendet die Stratégie an und macht auf Französisch Notizen zu jedem der Punkte 1–5.

Promenade le long du canal

Vous avez entre 11 et 14 ans? Vous aimez pédaler et vous voulez rencontrer des jeunes de votre âge?
Alors participez à la prochaine sortie de notre club!

Du 22 au 25 avril, vous allez partir à la découverte de notre région et du canal du Midi. Entre Toulouse et Carcassonne, vous allez traverser des jolies villes et des petits villages et faire un tour en bateau sur le canal. La nuit, vous allez dormir dans des auberges de jeunesse. Quatre jours et cent kilomètres de petits chemins que vous n'allez jamais oublier!

Attention, les champions: l'esprit de groupe est très important pour nous. C'est pourquoi nous respectons le rythme personnel de chacun.

Alors, allez-y, contactez-nous.
Tel.: 05 34 22 16 16.

b *Erklärt auf Französisch, worum es in dem Text geht.*

52 Le premier rendez-vous

1 Depuis leur rencontre au stade, Fabien pense beaucoup à Emma.
Il trouve cette fille très mignonne et très sympa. Il la voit souvent avec des copines dans la cour du collège. Mais de quoi est-ce qu'elles parlent?

2 Vendredi matin, au CDI, Fabien regarde les programmes de cinéma sur Internet quand Emma arrive.

Emma: Salut, Fabien. Alors, Cécile n'est pas là?

Fabien: Non, ça ne va pas très bien. Elle a mal à la tête.

Emma: Oh, la pauvre! Je vais l'appeler cet après-midi … euh … et toi, qu'est-ce que tu as?

Fabien: Moi? J'ai reçu le ballon de rugby sur la tête! Mais ce n'est pas grave. Demain, mes copains vont jouer sans moi.

Emma: Ah! Tant mieux! Et, … qu'est-ce que tu vas faire ce week-end?

Fabien: Je vais peut-être aller à Odyssud pour écouter le nouvel album de Zebda, ou aller au cinéma, je ne sais pas encore. A propos, tu connais le nouveau film avec Audrey Tautou? Je la trouve géniale.

Emma: Oui, je l'ai vue dans «Amélie», sur DVD. Je la trouve belle.

Fabien: C'est vrai. On peut aller au cinéma ensemble. Ça te dit? Demain après-midi, par exemple?

Emma: Euh … Je ne sais pas … peut-être …

Fabien: Alors, rendez-vous demain à 15 heures devant le Rex, d'accord?

→ CdA

3 Samedi, dans la chambre d'Emma …

Mme Carbonne: Ton père et moi, nous trouvons que tu sors un peu trop le week-end. C'est d'abord le rugby avec Cécile, puis Odyssud avec les copains et maintenant le cinéma avec Fabien. Tu n'as que 13 ans, Emma, et tu ne travailles pas assez bien à l'école.

Emma: Le travail, toujours le travail! Vous êtes trop vieux pour me comprendre!

Mme Carbonne: Et quelles notes est-ce que tu as ce trimestre, ma chérie?

Sortir ou travailler! C'est une vieille histoire! Mais Emma connaît bien sa mère et elle trouve tout de suite les mots:

Emma: Oui, je sais, elles ne sont pas très bonnes. Mais avec le déménagement, sans mes amis, dans une nouvelle école, ce n'est pas facile! Tu sais, j'ai rencontré Cécile, Fabien et Nicolas. Ces nouveaux amis sont très importants pour moi, tu comprends?

Mme Carbonne: Bien sûr, ma chérie, mais l'école, c'est aussi important pour ton avenir.

Emma: Même Valentin a des problèmes!

Mme Carbonne: Oui, je sais … Et quel film est-ce que vous voulez voir?

Emma: Oh, maman, tu es un amour!

1 A propos du texte

Vrai ou faux? Corrigez.

1. Fabien trouve qu'Emma est bête.
2. Cécile ne va pas très bien.
3. Samedi, Fabien ne va pas jouer au rugby.
4. Emma a déjà vu «Amélie» au cinéma.
5. Dimanche après-midi, Fabien et Emma veulent aller au cinéma.
6. Emma ne travaille pas assez bien à l'école.
7. Samedi, elle doit rester à la maison.

2 Tout nouveau, tout beau![1] (G 29)

Samira visite la chambre de sa nouvelle amie Manon. Elle regarde tout.

Regardez le dessin et racontez. Utilisez pour chaque objet un des adjectifs

beau ,

nouveau  *ou*

vieux .

Exemple:

Manon: Regarde, Samira.
Voici un **vieil** e-mail,
mon **nouveau** pantalon,
ma **belle** robe, …

3 Communiquer: Un cadeau d'anniversaire (G 27, 28)

Emma et Cécile cherchent ensemble un cadeau pour Fabien. Faites des dialogues:

Exemple:

Emma: Tiens, regarde **ce** sac à dos.
Cécile: **Quel** sac à dos?
Emma: **Ce** *grand* sac à dos.

ce/cet	cette
ces	

quel	quelle
quels	quelles

un *(grand)* **sac à dos**
une **BD** *(bizarre)*
des *(jolis)* **souvenirs**
un **livre** *(de poèmes)*
une *(nouvelle)* **vidéo**
un **avion** *(jaune)*
un **animal** *(mignon)*
des *(beaux)* **rollers**
un **ballon** *(de rugby)*
un **album** *(de chansons)*
une **chemise** *(cool)*
des **photos** *(drôles)*

1 **Tout nouveau, tout beau!** Alles Neue hat seinen Reiz.

4 Aujourd'hui, je suis ...

on dit ...

So kannst du deine Stimmungslage ausdrücken:

Unbehagen

Je suis triste.
J'ai des problèmes.
Je vais mal.
J'ai des idées noires.
J'ai peur.

Ärger

Je suis en colère.
Je fais la tête.
Je trouve ça nul.

Freude

Je vais (très) bien.
Je suis content(e).

Liebe

Je suis amoureux (amoureuse) de ...
J'ai (eu) le coup de foudre pour ...

a *Faites six phrases. Utilisez* ***parce que*** *et* ***quand****.*

Exemples: Je suis triste parce que ...
Je vais très bien quand ...
Les après-midi à l'école, je trouve ça ... parce que ...

b *Faites une page pour votre journal. Dites quand vous allez bien et quand vous n'allez pas bien. Dites aussi pourquoi. Pensez à vos activités, à votre famille, à vos amis ...*

55

5 Jeu de sons

a *Ecoutez. Vous entendez le son* [o] *ou le son* [ɔ]*?*

Faites le geste qui correspond.

[o]

[ɔ]

b *Lest die verschiedenen Wörter. Welche verschiedenen Schreibweisen des Lautes* [o] *gibt es auf Französisch?*

[o]

nouveau – vélo – animaux – sac à dos – drôle – Paulette –

c *Arbeitet zu zweit. Findet weitere Beispiele für jede Schreibweise von* [o].

6 En français

Le 11 février, au collège, Emma voit cette affiche:

a *Le soir, Emma téléphone à Cécile. Elle l'invite à aller à la fête avec elle. Jouez le rôle d'Emma et expliquez le texte de l'affiche en français.*

b *Cécile invite aussi son frère Fabien. Fabien pose des questions sur la fête et Cécile répond. Fabien est d'accord. Faites le dialogue.*

Kennt ihr die Deutsche Schule in Toulouse?

Kommt zu unserem großen Fest!
Erlebt einen deutsch-französischen Nachmittag voller Überraschungen!

Wer: Jedermann
Wann: Am Samstag, dem 12. Februar, ab 14 Uhr
Wo: An der Deutschen Schule Toulouse Lycée International Victor Hugo in Colomiers, Boulevard Victor Hugo.

Auf dem Programm:
Sketche, Musik, Spiele, Begegnungen und viele andere Überraschungen!

11
7 Ecouter: Sur la ligne 66

a *Regardez le plan et cherchez:*

Le collège Guillaumet – La station «Guyenne» – La station «Aérospatiale»

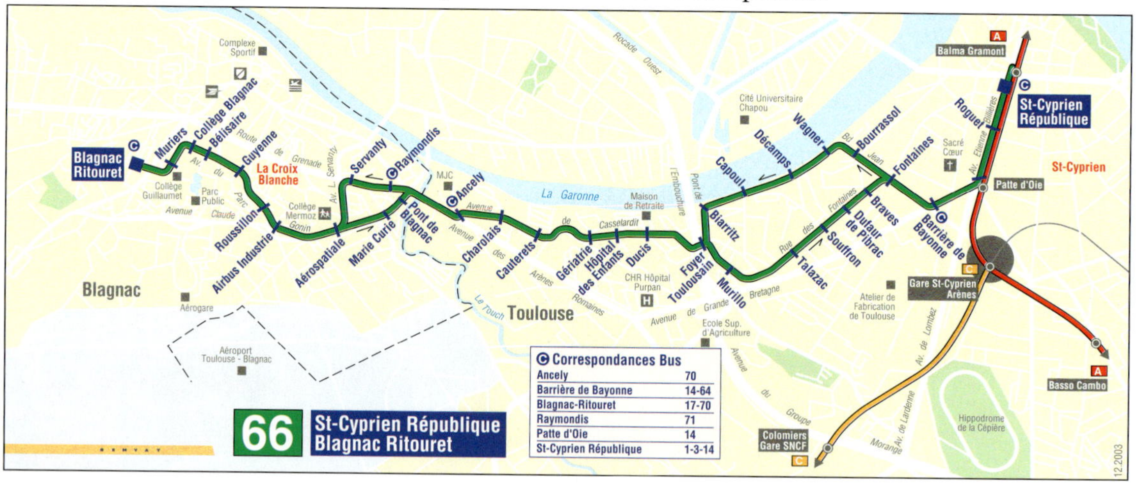

b *Ecoutez maintenant la scène **1**, puis répondez aux questions suivantes:*

1. Il est quelle heure, quand la scène commence?
2. Où sont Emma et Cécile?
3. Est-ce que Cécile va prendre le bus à «Guyenne» ou à «Aérospatiale»?
4. Qu'est-ce que les filles veulent regarder?

c *Ecoutez la scène **2** et expliquez:*

1. Où est-ce que le monsieur veut aller?
2. Le monsieur a deux problèmes. Expliquez.
3. Est-ce que le monsieur achète un billet?

Du kannst …

1. … jemanden fragen, ob er die neue CD von Zebda kennt. — Tu connais le … ?
2. … sagen, dass du sie super findest. — Je …
3. … sagen, dass etwas sehr wichtig für dich ist (Musik). — La musique, c'est …
4. … jemanden fragen, ob er einen Jungen kennt, der Sylvain heißt. — Tu connais …?
5. … jemanden einladen. — Je t'…
6. … jemanden fragen, welchen Film er sehen will. — Quel …?
7. … sagen, dass du Kopfweh hast. — J'ai mal …
8. … sagen, dass es dir gut geht, wenn du in Ferien bist. — Je vais bien …

Grammatik auf einen Blick

le, la, les: wie der bestimmte Artikel!!

le	l'	la
les		

1 Die Objektpronomen *le, la, les* (G 21)

a Tu vois **Fabien**? – Oui, je **le** vois. / Non, je **ne le** vois **pas**.

1. Tu **appelles** **ton père**? – Oui, je ? appelle. / Non, je …
2. Tu cherches **ta sœur**? – Oui, je ? cherche. / Non, je …
3. Tu attends **tes copains?** – Oui, je ? attends. / Non, je …

b Tu veux attendre **les joueurs**? – Oui, je veux **les** attendre.
– Non, je **ne** veux **pas** **les** attendre.

1. Tu peux appeler **Fabien**? – Oui … / Non, …
2. Ils vont gagner **le match**? – Oui … / Non, …
3. Tu veux lire **la BD**? – Oui … / Non, …

2 *connaître*, *vivre*, *plaire* (G 22–24)

	connaître	*vivre*	*plaire*
je	connais	vis	plais
tu	connais	vis	plais
il/elle/on	connaît	vit	plaît
nous	connaissons	vivons	plaisons
vous	connaissez	vivez	plaisez
ils/elles	connaissent	vivent	plaisent
Passé composé:	j'ai connu	j'ai vécu	j'ai plu

Traduisez:

1. Meine Großeltern leben in Paris.
2. Aber sie haben auch in Blagnac gelebt.
3. Ich kenne Blagnac nicht.
4. Mein Großvater hat Guillaumet gekannt.
5. Die Flugzeuge von Airbus gefallen mir sehr.

Du kannst nachschlagen. Die Lösungen findest du auf S. 175.

3 Die Relativpronomen *qui, que, où* (G 25)

Voici une ville **qui** est super.	**Subjekt**	→	La ville est super.
Voici une ville **que** j'aime.	**direktes Objekt**	→	J'aime la ville.
C'est la ville **où** j'habite.	**Ortsbestimmung**	→	J'habite dans cette ville.

Complétez les phrases avec ***qui, que, où.***

1. Tu veux connaître une médiathèque ? n'est pas loin de chez toi?
2. Tu veux connaître une médiathèque ? tu trouves des copains?
3. Tu veux écouter des CD ? tu ne peux pas écouter chez toi?
4. Tu veux regarder des films ? tu ne vas jamais oublier?
5. Tu veux avoir des informations ? vont t'aider?
6. Tu cherches un centre ? tu peux passer des bons moments?
7. Viens à Odyssud, une médiathèque ? tu vas adorer!

ODYSSUD BLAGNAC

4 Die Adjektive *vieux, nouveau, beau* (G 29)

	Singular:		
m.	beau	nouveau	vieux
	bel	**nouvel**	**vieil**
f.	belle	nouvelle	vieille
	Plural:		
m.	beaux	nouveaux	vieux
f.	belles	nouvelles	vieilles

1. un pantalon
2. des voitures
3. des voisins
4. une actrice
5. un avion
6. des oiseaux
7. un ordinateur
8. un homme
9. des amis

un be**l**‿**a**cteur
L'acteur est beau.

un viei**l**‿**h**omme
L'homme est vieux.

un nouve**l**‿**a**mi
L'ami est nouveau.

5 Die Demonstrativbegleiter *ce, cet, cette, ces* (G 27)

1. J'aime bien ? chansons.
2. Est-ce que tu comprends ? question?
3. Est-ce que tu comprends ? argument?
4. Je ne connais pas ? livre.
5. ? poèmes vont te plaire.

	m.	*f.*
Sg.	**ce/cet**	**cette**
Pl.	**ces**	

6 Das Fragewort *quel* (G 28)

1. ? joueurs est-ce que tu trouves bien?
2. ? photos des joueurs est-ce que tu as déjà?
3. ? match est-ce que tu veux regarder?
4. ? équipe va gagner?

	m.	*f.*
Sg.	**quel**	**quelle**
Pl.	**quels**	**quelles**

Du kannst nachschlagen. Die Lösungen findest du auf S. 175.

Le rugby: un sport qui a beaucoup de fans!

En France, on est fou de rugby. On joue même dans les collèges et les lycées. En avril 2007, il y avait en France plus de 63 000 élèves qui pratiquaient le rugby.

On a inventé le rugby dans la ville de Rugby, en Angleterre. Le premier club français date de 1872.

Il existe plusieurs sortes de rugby. La variante la plus populaire, en France, est le rugby à 15, c'est-à-dire avec deux équipes de 15 joueurs.

On joue au rugby avec les pieds et les mains et avec un ballon ovale. Un match de rugby a deux parties (deux «mi-temps») de quarante minutes chacune. L'équipe qui a le plus de points a gagné. Pour avoir des points, on marque des buts[1] ou des essais[2]. Pour jouer, il faut avoir des muscles et être rapide. Il faut aussi avoir une bonne stratégie.

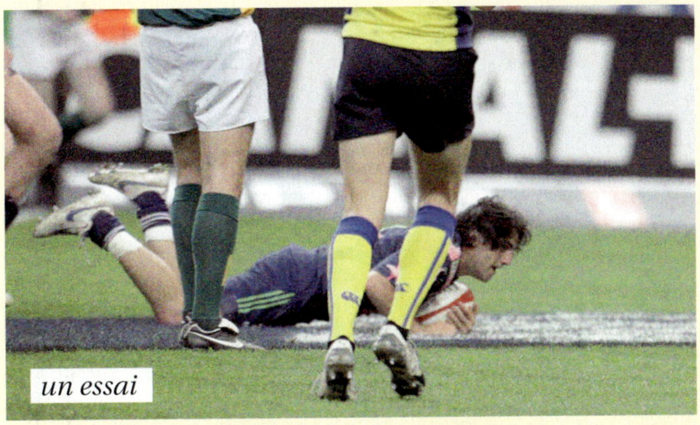

un essai

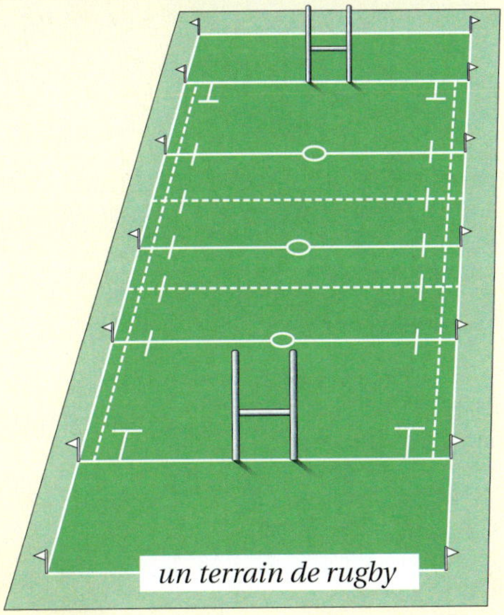

un terrain de rugby

a *Wendet die Stratégie von Seite 58 an.*

b *Erklärt auf Deutsch ein paar wesentliche Unterschiede zwischen Rugby und Fußball.*

Projet: *Bildet Gruppen und sucht Informationen zum Thema Rugby. Sucht dazu im Internet die «Fédération Française de Rugby».*

1. *Welche Spielarten des Rugby gibt es? Wodurch unterscheiden sie sich?*
2. *Welche französischen Rugby- Mannschaften gibt es? Welche sind zurzeit führend?*
3. *Welches sind die wichtigsten Spielregeln?*

Fasst eure Informationen zusammen und gestaltet Rugby-Plakate.

FFR

1 un but [ɛ̃byt] ein Tor; **marquer un but** ein Tor schießen – **2 un essai** [ɛ̃nesɛ] ein „Versuch" (eine Art zu punkten)

LEÇON 5

La classe fait de la vidéo.

le collège

le CDI

la cantine

Ecoutez l'interview d'Adeline, qui est en 4e B, puis répondez:

13 **a** *L'interview, c'est le matin ou l'après-midi?*

b *Qu'est-ce que vous savez déjà sur le collège en France?*

Le projet de la 4ᵉ B

La 4ᵉ B du collège Henri Guillaumet prépare un projet: «A la découverte d'un autre pays». Les élèves veulent tourner une vidéo et l'envoyer à un collège de Dakar, au Sénégal.

Grégory: Tu penses qu'une vidéo sur la vie au collège peut plaire aux élèves de Dakar?

Emma: Oh oui, je suis sûre que ça va leur plaire!

Cécile: Mais on doit aussi parler de Toulouse. On va demander à la prof.

Grégory: D'accord, je lui demande. Vous ne voulez pas aussi montrer aux élèves de Dakar la journée d'un élève d'ici?

Emma: Si, bien sûr! On peut leur montrer par exemple la journée de Cécile.

Cécile: Cécile Chapuis, la star! Waouh! Ben, pourquoi pas?

Grégory: Ça fait trois vidéos alors. Et qui tourne la vidéo sur Cécile? Marco?

Cécile: Il n'est pas là, aujourd'hui. Il est malade. Je lui téléphone ce soir.

Grégory: D'accord, tu lui expliques notre idée. Bon, alors, on y va!

a *Schreibt die Sätze aus dem Text heraus, in denen **lui** und **leur** vorkommen. Schreibt darunter jeweils den Ausdruck, der durch **lui** und **leur** ersetzt wurde.*

Ça va **leur** plaire.
Ça va plaire **aux élèves** de Dakar …
…

b *Für welche Ergänzungen stehen **lui** und **leur**? Wie kann man diese beiden Wörtchen übersetzen?*

c *An welcher Stelle stehen **lui** und **leur** im Satz?*

d *Imaginez les réponses de Cécile. Utilisez **lui** ou **leur**.*

Grégory:
1. Est-ce que tu téléphones ce soir **à Marco**?
2. Est-ce que la prof donne la nouvelle caméra **à Emma**?
3. Est-ce que tu écris un e-mail **aux élèves de Dakar**?
4. Toi comme star, ça plaît **aux autres filles**?

60 Une journée de Cécile (I)

1 Comme chaque mardi matin, la 4e B est en cours. Mais aujourd'hui, Emma, Cécile et Marco ont une surprise pour tous les élèves: ils leur montrent enfin la vidéo. Elle n'est pas longue, mais toutes les scènes sont intéressantes. Vous êtes prêts? Regardez!

Bonjour, je m'appelle Cécile Chapuis et j'ai 13 ans. J'habite à Toulouse. Je suis une élève de la 4e B du collège Henri Guillaumet et je vais vous présenter une journée de ma vie.

2 Je vous présente toute ma famille: mes parents et mon frère, Fabien. Nous sommes en train de prendre le petit-déjeuner:

Fabien: Cécile, il est déjà 7 heures et quart! On doit partir, vite!

Cécile: Oui, j'arrive … Oh là là, la journée commence bien!

3 Zut! La prof de maths est malade! On doit aller en salle de permanence. Oh, regardez, le pion est en train de dormir! Il a dû lire Goethe toute la nuit. Il apprend l'allemand.

Qui aime les choux de Bruxelles?

4 Enfin, c'est l'heure de la cantine. Aujourd'hui, il y a un gratin de nouilles avec des choux de Bruxelles. Tout le monde déteste les choux de Bruxelles sauf Olivier qui est Belge!

Emma: Alors Cécile, tu peux lui donner tes choux?

Olivier: Bonne idée! Et moi, je lui donne mon dessert!

Cécile: D'accord. Un chou à la crème contre vingt choux de Bruxelles!

1 A propos du texte

Trouvez les phrases correctes.

1. La surprise d'Emma et de ses copains, c'est …
   des photos réussies. | des photos de Cécile. | leur nouvelle vidéo.
2. La vidéo raconte une journée de …
   Cécile Dupuis. | Cécile Chapuis. | Grégory.
3. Cécile présente …
   la vie au collège. | toute sa vie. | une journée de sa vie.
4. A 7 heures et quart, la famille de Cécile prend …
   son dessert. | son petit-déjeuner. | son repas de midi.
5. La prof de maths est malade et les élèves doivent aller …
   en salle de permanence. | dans la cour. | à la maison.
6. Le pion est en train de …
   lire un livre de Goethe. | dormir. | apprendre les maths.
7. A la cantine, il y a …
   un gratin de nouilles. | des choux de Kassel. | des croquettes.
8. Les choux de Bruxelles, tout le monde les …
   adore. | déteste. | mange au dessert.

2 Un mail de la 4e B pour Dakar (G 31)

*Complétez le texte avec **tout, toute, tous, toutes**.*
Notez les expressions comme dans l'exemple.

tous les cours
tou…

de
à

Chers amis de Dakar,

La vie au collège n'est pas toujours facile: ? **les cours** ne sont pas toujours intéressants et souvent, le matin, ? **la classe** dort encore. Mais c'est bien d'être ? **le temps** avec les copains et les copines. A midi, ? **le monde** mange à la cantine. Les repas sont bons, sauf quand il y a des choux de Bruxelles! Mais ce n'est pas ? **les jours**! Une fois par semaine, on travaille au CDI, mais là-bas, ? **les ordinateurs** sont vieux. ? **les semaines**, c'est la même chose: On passe ? **la journée** au collège. ? **ces heures** à travailler! Et on doit faire encore ? **les devoirs** à la maison en plus! Avec ? **nos activités**, c'est beaucoup! Mais le samedi à une heure, ? **l'école** est vide! C'est le week-end!

Amicalement*.

Les élèves du collège Henri Guillaumet

3 Qu'est-ce que tu fais, alors? (G 30)

Qu'est-ce que vous faites, dans ces situations?
Lisez les phrases et trouvez les solutions.
*Utilisez **lui** et **leur**.*

Exemple: – Tu n'as pas de nouvelles de tes vieilles copines. Qu'est-ce que tu fais?
– Je **leur** écris un e-mail.
Je peux **leur** écrire un e-mail.

1. Tu n'as pas de nouvelles de tes vieilles copines.	envoyer une lettre **à** quelqu'un
2. Ton amie est en colère contre toi.	présenter mes amis **à** quelqu'un
3. Ton petit frère ne veut pas dormir.	écrire un e-mail **à** quelqu'un
4. Tes grands-parents sont malades.	donner la main **à** quelqu'un
5. Ton copain n'est pas au rendez-vous.	montrer des photos **à** qn
6. Il y a des nouveaux dans ta classe.	expliquer la solution **à** quelqu'un
7. Ta petite sœur veut traverser la rue.	poser des questions **à** quelqu'un
8. Tes copains ne savent pas faire un devoir.	écrire un SMS **à** quelqu'un
9. Ta copine veut voir tes photos de vacances.	raconter une histoire **à** quelqu'un

4 Fabien est triste. (G 30)

Cécile veut aider son frère. Alors, elle lui donne des idées. Faites des dialogues.

a *Exemple:*

Cécile: Envoie un SMS à Emma.
Fabien: Non, je **ne lui** envoie **pas** de SMS.

b *Exemple:*

Cécile: Envoie un SMS à Emma.
Fabien: Je **lui** ai déjà envoyé un SMS.
Cécile: Mais non, tu **ne lui** as **pas** encore envoyé de SMS!

5 Communiquer: Tu lui écris? (G 21, 30)

Faites des dialogues. Exemples:

– Tu écris à ta tante?
– Oui, je **lui** écris cet après-midi.

– Tu invites tes amis?
– Oui, je **les** invite cet après-midi.

écrire qc **à qn** → ta tante
inviter **qn** → tes amis
téléphoner **à qn** → Mme Bertaud
parler **à qn** → tes voisins
attendre **qn** → ton père
répondre **à qn** → ta sœur
appeler **qn** → ton vieux copain
revoir **qn** → Fabien
dire au revoir **à qn** → propriétaires
aider **qn** → tes parents
poser des questions **à qn** → ton professeur

6 En français

Du bist mit deinen Eltern in Frankreich. In der Zeitung wird über eine neue Ausstellung berichtet.

Du erzählst deinen Eltern auf Deutsch, worum es in dem Artikel geht. (Was, wann, wo?)

Coup de foudre:
Nouvelle exposition au *Musée du Quai Branly* à Paris «Le Sénégal hier et aujourd'hui».
Cette très belle exposition montre la vie de tous les jours dans ce pays et vous invite à découvrir différentes facettes d'une culture encore trop peu connue chez nous.
Chaque jour, une série de rencontres avec des musiciens, des acteurs et des danseurs du Sénégal accompagne cette exposition.
Ouverture tous les jours de 10h à 18h30 sauf le lundi.

7 Jeu de sons

64 **a** *Ecoutez, puis lisez les mots à droite: Dans quels mots* ***«ui»*** *se prononce* [i]*?*

b *Ecrivez 4 phrases. Utilisez au moins 10 mots avec* ***«ui»****. Lisez vos phrases devant la classe.*

[ɥi] ou [i]?

j**ui**llet grat**ui**t q**ui** je s**ui**s ens**ui**te
aujourd'h**ui** q**ui**tter c**ui**sine parapl**ui**e
g**ui**tare p**ui**s min**ui**t tout de s**ui**te éq**ui**pe
s**ui**vant h**ui**t G**ui**llaumet dep**ui**s q**ui** est-ce

65 ## 8 Ecouter: Les petites chéries de Jérémie

a *Après la première écoute, répondez aux questions.*

1. La 4e B est dans quel cours?
2. Que sont les petites chéries de Jérémie?
3. Où est-ce qu'elles sont, d'abord?

b *Après la deuxième écoute, répondez aux questions.*

1. Pourquoi est-ce que les élèves n'ont pas envie de travailler?
2. Pourquoi est-ce qu'Olivier crie?
3. Comment est-ce qu'Emma et Cécile trouvent les souris de Jérémie?
4. Est-ce que la prof a vu les souris pendant le cours de maths?
5. Est-ce que Jérémie a des problèmes avec la prof?

66

Une journée de Cécile (II)

1 Voici la suite de la vidéo de la 4e B.
A 13h30, après la récréation de midi, les élèves retournent en cours.

Là, nous sommes en cours de sciences de la vie et de la terre. On dit aussi SVT. Aujourd'hui, Adeline fait un exposé sur les araignées. Elle nous montre des photos:

Adeline: Il y a très peu d'araignées dangereuses. Toutes les araignées sont importantes dans la nature. Pourquoi? Réfléchissons un moment à cette question.

Jérémie: Madame! Et cette grosse araignée sur votre table, elle est dangereuse?

La prof: Ecoute, Jérémie, j'en ai marre de toutes tes bêtises!

2 *Marco:* Ouf, c'est la récré! On vient de sortir du cours de géo sur l'Afrique.

Cécile: Jérémie, qu'est-ce que tu fais après les cours?

Jérémie: Moi? Aujourd'hui, je vais acheter des souris …

Adeline: Beurk! Je déteste les souris!

Jérémie: Oui, on sait, toi, tu adores les araignées …

3 Après mon cours de piano, je continue à jouer chez moi pendant une petite heure.

Mme Chapuis: Cécile, finis d'abord tes devoirs et mets la table, s'il te plaît!

Cecile: Je peux choisir? Je fais mes devoirs et Fabien met la table!

Mme Chapuis: Non, c'est ton tour aujourd'hui!

Cécile: Quelle vie de chien!

C'est la fin du film. Les élèves rient et applaudissent. La prof applaudit aussi.
Elle dit: «Bravo! Vous avez bien réussi à montrer la vie chez nous. Et je suis sûre qu'à Dakar, les élèves vont rire aussi!»

14 **1 A propos du texte**

Corrigez les phrases.

1. A 14 heures, les élèves sont en cours de sciences de la ville et de la terre.
2. Adeline montre des photos d'araignées aux élèves de Dakar.
3. Toutes les araignées ont des tantes dans la nature.
4. La prof adore les bêtises de Jérémie.
5. Avant le cours de géo, c'est la récréation.
6. Après les cours, Jérémie va acheter des araignées.
7. Le soir, Fabien met la table.
8. Après le film, la prof n'est pas contente.

2 Jeu de mots

a *Faites dans votre cahier un filet à mots sur «le collège». Trouvez sept mots dans le texte A et cinq mots dans le texte B. Quels autres mots est-ce que vous connaissez encore?*

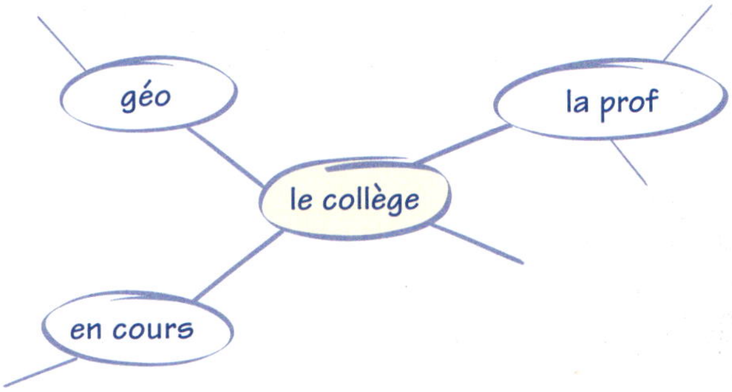

b *Le collège en France n'est pas comme le «Gymnasium» en Allemagne. Expliquez trois différences. Pensez aux questions Qui? Que? Où?*

3 Qu'est-ce qu'il choisit? (G 32)

a *Prenez un dé et jouez. Faites 8 phrases avec le verbe choisir.*

choisir	un livre un pantalon un cadeau …

1 = je **2** = tu **3** = il/elle/on **4** = nous **5** = vous **6** = ils/elles

b *Mettez les verbes à la bonne forme.*

1. Le professeur de maths a beaucoup (réfléchir) pour trouver un devoir génial.
2. Il pense: Le problème de mathématiques que je (choisir) n'est pas facile.
3. Est-ce que les élèves vont (réussir) à trouver la solution?
4. En cours de maths, tout le monde (réfléchir) au problème.
5. Dix minutes passent. Alors le prof demande: «Vous avez (finir)?»
6. Les élèves répondent: «Non, nous (réfléchir) encore.»
7. Le prof: «Allez, (finir)!»
8. Les élèves disent: «Nous ne trouvons pas la solution. Ça veut dire que vous êtes génial, monsieur.» Et ils (applaudir).

$3^2 - 3^0 = ?$

Voici un problème de maths. Qui trouve la solution?

4 Pour rire (G 33)

a *Trouvez sur cette carte les formes du verbe **rire**. Notez-les avec les pronoms personnels.*

Boris-Christophe de Mérite-Brionsac
– *Inventeur de blagues*[1] –
14 rue de l'Orient
04500 Riez

Voici une blague de ce monsieur:

– Tiens, je te montre une photo de mon nouvel ami.
– Mais c'est une chauve-souris!
– Ah bon? A moi, il a dit qu'il était pilote.

b *Inventez des cartes de visite*[2] *avec les formes des verbes **lire, dire** et **écrire**.*

5 Lire: Une lettre* du Sénégal ...

Dakar-Ville, le 15 janvier

Collège Léopold Sédar Senghor*
12 avenue Pompidou
Dakar-Ville
Sénégal

Chers élèves,

Un grand merci pour la vidéo. Toute la classe connaît bien Cécile, maintenant. Nous avons beaucoup ri quand nous avons vu la scène de l'araignée! Mais qu'est-ce que c'est, des choux de Bruxelles? La journée des élèves est très longue chez vous! Chez nous, c'est différent*. Dans chaque classe, il y a deux groupes, un groupe qui va au collège le matin et l'autre groupe l'après-midi. Chez nous, il fait très chaud, toute l'année. Et chez vous, est-ce qu'il fait froid toute l'année? Au collège, on parle le français, mais à la maison, on parle le wolof*. Et chez vous?

Nous avons préparé un album de photos pour vous avec des photos du Parc national* des oiseaux. Chez nous, tout le monde l'adore! Qu'est-ce qu'on peut visiter à Toulouse? Nous attendons vos réponses.

Salutations cordiales* aux professeurs et à toute la classe.

Mariama
Awa, Samba, Sylvestre, Ousmane, Inys, Aminata, Mamadou, Gilian, Mohammed, Christian, Placide, Aimée

a *Quelles sont les questions de la classe de Dakar? Faites une liste.*

b *Qu'est-ce qu'on apprend sur le Sénégal et sur l'école là-bas?*

---

1 **un inventeur** [ɛ̃nɛ̃vɑ̃tœʀ] ein Erfinder – **une blague** [ynblag] ein Witz – 2 **une carte de visite** eine Visitenkarte

6 … et une lettre au Sénégal

Ecrivez une réponse à la classe de Dakar:
Posez des questions sur la ville de Dakar, sur le pays et sur la vie au Sénégal. Parlez aussi de votre pays et de votre vie au collège. Les mots à droite peuvent vous aider.

Quel est …/Quels sont …?
Comment est …? Combien de …?
Pourquoi …? Combien de temps …?
Est-ce qu'il y a …? …

activités temps problèmes
ordinateur repas élèves âge
école famille animaux ville
village musique filles garçons …

7 Chez les Chapuis (G 34)

a *Qu'est-ce qu'ils sont* ***en train de*** *faire?*

b *Imaginez pour chaque dessin: Qu'est-ce qu'ils* ***viennent de*** *faire?*

c *Imaginez: Qu'est-ce qu'ils* ***vont*** *faire après?*

8 Avant le cours de français (G 21, 30, 34)

Faites des dialogues. Exemple:

– Tu as lu le texte?
– Oui je **viens de** le lire.

– Tu as parlé à Luc?
– Oui, je **viens de** lui parler.

finir tes devoirs	répondre à Julie
lire le texte	écrire à Léa
inviter Nicolas	**parler à Luc**
apprendre le dialogue	téléphoner à Denis
…	…

9 Communiquer: On continue ou on arrête?

Exemple: – On **continue à** jouer?
– D'accord, on **continue à** jouer.
– Non, on **arrête de** jouer.

jouer	discuter	écrire
chanter	chercher	attendre
rêver	réfléchir	écouter …

10 Qui est-ce? (Vocabulaire S. 142)

a *Complétez les phrases avec* **de** *ou* **à** *si nécessaire. Qui est-ce? Répondez.*

1. C'est quelqu'un* qui n'aime pas ? trouver des papiers partout dans la nature. Elle adore ? lire. Sa famille continue ? vivre à Paris. Elle vient ? téléphoner à sa copine qui a déménagé.
2. Il vient de commencer ? travailler à Toulouse. Il a réussi ? trouver une maison. Il a envie ? faire encore autre chose dans sa vie. Il a trois enfants.
3. Elle sait ? faire des exposés. Dans un cours de SVT, elle a réussi ? expliquer la vie des araignées.
4. C'est quelqu'un qui est sportif et qui sait ? jouer au rugby. Souvent, il demande à sa sœur de l'accompagner à des matchs de rugby. Il aime ? aller au cinéma.
5. C'est une personne* qui veut ? être une star un jour. Elle est déjà en train ? présenter sa vie devant la caméra.

b *Travaillez en groupe. Faites des devinettes. Les autres groupes doivent deviner qui c'est.*

11 Einen Text vorstellen

Stratégie

Wie könnt ihr einen Lesetext erschließen und ihn eurer Klasse vorstellen?

a Notizen machen
Notiert die wichtigsten Informationen in einer Tabelle. Schreibt nur **Stichworte** auf, keine ganzen Sätze.

Notiert die **Schlüsselwörter** *(les mots-clés)* **zum Inhalt** des Textes.

Textsorte	*une lettre*
Thema	*merci, la journée au collège*
Gliederung	*deux parties**
Zeit	*janvier*
Ort	*Dakar*
Personen	*les élèves*
Handlung/Aussagen	*la journée des élèves, différent, raconter …*

Die Beispiele in der Tabelle stammen aus dem Brief von S. 74.

b Den Text vorstellen
- Sagt zuerst, was für ein Text es ist, und worum es darin geht.
- Gebt dann mithilfe der Schlüsselwörter den Inhalt sinngemäß wieder.
- Sprecht mit lauter Stimme.
- Lest eure Notizen nicht einfach ab, sondern gebt zusätzliche Erläuterungen. Benutzt einfache Sätze.
- Seht eure Zuhörer an.

Lisez à la page 52 de votre cahier d'activités le texte «La nouvelle ligne de métro». Prenez des notes et présentez ce texte à votre classe.

Du kannst …

1. … sagen, dass du bereit bist.	Je …
2. … sagen, dass du um 7 Uhr frühstückst.	Je prends …
3. … sagen, dass der Lehrer krank ist.	Le professeur …
4. … sagen, dass du sicher bist, dass es wahr ist.	Je suis …
5. … jemanden fragen, was er nach dem Unterricht macht.	…
6. … jemanden fragen, ob er dir das Problem erklären kann.	Est-ce que vous pouvez …
7. … sagen, dass du etwas satt hast. (diese Witze)	J'en ai …
8. … sagen, dass du Spinnen nicht leiden kannst.	Je …
9. … sagen, dass etwas gefährlich ist.	C'est …
10. … sagen, dass du aufhörst zu spielen.	J'arrête …
11. … sagen, dass du weiterliest.	Je …

Grammatik auf einen Blick

1 Die indirekten Objektpronomen *lui* und *leur* (G 30)

Sg.	**lui**
Pl.	**leur**

Qu'est-ce que Fabien **montre à Emma**?	– Il	**lui**	montre la médiathèque.
Qu'est-ce qu'Emma **montre à Valentin**?	– Elle	**lui**	montre son ballon de rugby.
Qu'est-ce que Cécile **montre aux élèves**?	– Elle	**leur**	montre une vidéo.

bejahter Satz

– Tu **lui** expliques ce devoir?
– Oui, je **lui** explique ce devoir.

– Tu peux **lui** montrer le CDI?
– Oui, je peux **lui** montrer le CDI.

verneinter Satz

– Non, je **ne lui** explique **pas** ce devoir.

– Non, je **ne** peux **pas lui** montrer le CDI.

Die Stellung von **lui** und **leur** ist genau wie bei **me, te, nous, vous**, S. 46 und bei **le, la, les**, S. 63!

Traduisez:

1. Ich sage ihnen auf Wiedersehen.
2. Ich habe ihnen meine Adresse gegeben.
3. Sie schreiben ihr eine Karte.
4. Sie stellt ihm keine Fragen.
5. Er wird ihr die Lösung nicht erklären.
6. Sie wird mit ihm sprechen.

2 Der unbestimmte Begleiter *tout* (G 31)

	m.	f.		
Sg.	tout	toute	+ Begleiter	+ Nomen
Pl.	tous	toutes		

Complétez:

1. Emma a perdu **?** **ses CD**.
2. Elle cherche dans **?** **l'appartement**.
3. Elle regarde dans **?** **les pièces**.
4. Elle regarde dans **?** **sa chambre**.
5. Elle cherche dans **?** **les cartons**.
6. Enfin, elle comprend: Mais oui, depuis le week-end dernier, **?** **ses CD** sont chez Cécile!

3 Das Verb *finir* (G 32)

je	**finis**
tu	**finis**
il/elle/on	**finit**
nous	**finissons**
vous	**finissez**
ils/elles	**finissent**

Passé composé: j'ai **fini**

ebenso:

applaud**ir**
chois**ir**
réfléch**ir**
réuss**ir**
…

Trouvez le bon verbe et la bonne forme.

1. Paulette doit préparer un exposé sur l'Afrique. Elle ? .
2. Elle pense : «Zut, je ne ? pas à commencer!»
3. La prof a dit aux élèves: «? un livre intéressant et cherchez des informations.»
4. Enfin, Paulette a une idée. Elle commence à écrire et très vite, elle a ? son travail.
5. Elle présente son exposé à sa classe. Tous les élèves crient «Bravo!» et ils ? .

4 Das Verb *rire* (G 33)

je	**ris**
tu	**ris**
il/elle/on	**rit**
nous	**rions**
vous	**riez**
ils/elles	**rient**

Passé composé: j'ai **ri**

Complétez et mettez les phrases de 2 à 6 dans le bon ordre.

1. Les filles ? .
2. *Les filles:* «Nous ? parce que Marc a raconté une blague.»
3. Le professeur demande: «Pourquoi est-ce que vous ? ?»
4. *Marc:* «Je ne ? pas parce que je ne comprends pas la blague.»
5. Le professeur demande: «Marc, et pourquoi tu ne ? pas?»
6. Le professeur ? .

5 *venir de faire qc/être en train de faire qc* (G 34)

Traduisez.

1. Der Brief ist gerade angekommen.
2. Ich bin gerade dabei, ihn zu lesen.
3. Wir bereiten gerade ein Referat vor.
4. Sven hat gerade eine gute Idee gehabt.

Du kannst nachschlagen. Die Lösungen findest du auf den Seiten 175–176.

Au Sénégal

La capitale du Sénégal, Dakar, est une grande ville moderne avec des magasins, des industries, des musées, des collèges, une université etc. Mais au Sénégal, il y a encore des enfants qui ne vont pas à l'école, surtout à la campagne.

Les parcs nationaux et les réserves naturelles sont très importants pour l'environnement et pour le tourisme. Au Sénégal, il y a deux saisons: la saison sèche et la saison des pluies.

La langue officielle de ce pays est le français parce que le Sénégal a été une colonie française. Mais dans la vie de tous les jours on parle aussi le wolof et beaucoup d'autres langues africaines.

En France, on connaît bien sûr Léopold Sédar Senghor, mais aussi quelques chanteurs du Sénégal comme par exemple Ismaël Lô.

15 *Ecoutez la chanson.*

Quiz – *Cherchez les réponses, par exemple sur Internet.*

- Le yassa au poulet, qu'est-ce que c'est?
- Traduis du wolof en français:
  1. Nan nga def?
  2. jëre-jëf 3. waaw
- Léopold Sédar Senghor a été un chanteur, un poète ou un homme politique?
- Quelle est la ville de France jumelée[1] avec Dakar?
- Cherchez cette ville sur la carte au début de votre livre.

Dakar, la capitale du Sénégal

Dans le parc naturel des oiseaux

Ismael Lô, un chanteur du Sénégal

---

1 **une ville jumelée** (avec une autre ville) […ʒymǝle] eine Partnerstadt

LEÇON 6

A table!

les bananes *(f.)*	la salade
les oranges *(f.)*	le sel et le poivre
le beurre	le sucre
la farine	les tomates *(f.)*
le lait	le chocolat
six œufs *(m.)*	l'eau *(f.)*
	le pain

16 *Paulette a fait les courses.*
Ecoutez, puis trouvez les numéros et les mots qui vont ensemble.

Exemple: Les bananes, c'est le numéro …

Une surprise

Samedi après-midi, dans la cuisine des Chapuis, Cécile et Fabien veulent préparer un gâteau pour l'anniversaire de leur mère. Fabien lit la recette …

Fabien: Est-ce qu'on a encore de la farine et du lait?
Cécile: Oui, on a de la chance, maman a fait les courses hier.
Fabien: Bon … ensuite du sucre, du beurre …
Cécile: Ah non, elle n'aime pas ça!
Fabien: Alors, qu'est-ce qu'on peut mettre dans notre gâteau … du chocolat?
Cécile: Mais elle déteste le chocolat!
Fabien: Bon, ça m'énerve! On va lui faire un gâteau avec de l'eau et de la farine!
Cécile: Fabien, tu es bête, tu sais!
Mme Chapuis: Bonjour, les enfants. Qu'est-ce que vous faites?
Cécile et Fabien: Euh … rien. On range la cuisine.

1. Fabien mange **un** œuf.
2. Il mange aussi **du** pain.

3. Cécile mange **une** tomate.
4. Elle mange aussi **de la** salade.

1. Übersetzt die Sätze 1–2 und 3–4.
Vergleicht die französischen mit den deutschen Sätzen. Was stellt ihr fest?

*2. Man nennt **du**, **de l'**, **de la** in diesen Fällen „Teilungsartikel" (l'article partitif).*
Sucht alle Beispiele aus dem Text heraus und übersetzt die jeweiligen Sätze.

Amandine rêve qu'elle est au restaurant. Qu'est-ce qu'elle prend, au repas?
*Utilisez l'article partitif **du, de l', de la**.*

02

Un menu de fête

1 Demain, c'est dimanche et c'est aussi l'anniversaire de Magalie Chapuis. Elle va avoir 40 ans. Ses enfants veulent lui faire une surprise et lui préparer un repas d'anniversaire.

M. Chapuis: C'est une bonne idée, mais vous ne pensez pas que c'est un peu trop difficile pour vous?

Cécile: Mais non! Regarde, nous commençons par une salade de tomates avec des œufs. Comme plat principal, on a du canard à l'orange avec des pommes de terre. Ensuite, du fromage et une surprise comme dessert.

Fabien: Tu vas voir, ça va être super génial!

M. Chapuis: Euh … bien sûr, mais vous ne préférez pas aller au restaurant?

Cécile: Ah non, papa. On va faire la fête dans le jardin.

Menu

Entrée:
Salade de tomates

Plat principal:
canard à l'orange
pommes de terre

Fromage

Dessert:
Surprise maison

2 Le lendemain, Cécile et son père vont au marché. Ils achètent des fruits et des légumes.

La marchande: C'est à qui, s'il vous plaît? Ah, mademoiselle. Vous désirez?

Cécile: Je voudrais faire une salade de tomates. Quelles tomates est-ce que je peux prendre?

La marchande: Beaucoup de personnes préfèrent les grosses tomates bien rouges. Mais prenez ces petites, là. Vous allez voir, elles sont délicieuses!

Cécile: D'accord, j'en prends deux kilos.

La marchande: Voilà, il y en a deux kilos, mademoiselle. Et avec ça?

Cécile: Des pommes de terre, s'il vous plaît.

La marchande: C'est pour faire des frites?

Cécile: Non, c'est pour mon canard! → CdA

3 ***La marchande:*** Il a faim, votre canard? Et quelles pommes de terre est-ce qu'il préfère?

Cécile: Euh …?

M. Chapuis: Nous voulons faire un canard à l'orange.

La marchande: Ah, bon! Alors, prenez ces pommes de terre-là. C'est pour combien de personnes, votre canard?

Cécile: Pour six personnes.

La marchande: Alors, voilà deux kilos de pommes de terre. Enfin … deux kilos et 200 grammes. Et avec ça?

Cécile: C'est tout, madame, merci.

La marchande: Ça fait huit euros et vingt centimes.

Cécile: Papa, tu paies, s'il te plaît?

1 A propos du texte

Trouvez les fautes. Il y en a onze! Ecrivez le résumé corrigé dans votre cahier. Combien de fautes est-ce que vous trouvez?

Samedi, c'est l'anniversaire de Mme Chapuis. Elle va avoir 35 ans. Ses enfants veulent lui préparer un bon repas. Comme entrée, il y a un gratin à la tomate et comme plat principal, un cassoulet de canard aux pommes de terre.

Les enfants ne veulent pas manger au restaurant. Ils préfèrent manger au bord de la Garonne. Samedi soir, Cécile va au marché avec son frère. Ils achètent des grosses tomates et des pommes de terre pour dix personnes. Cécile paie parce que son père n'a pas d'argent.

Vous avez trouvé toutes les fautes:	Vous avez oublié 1–2 fautes:	Vous avez oublié 3–4 fautes:	Vous avez oublié 5–6 fautes:	Vous avez oublié 7 fautes ou plus:
Bravo! Vous avez **très bien** compris le texte.	Vous avez **bien** compris le texte.	Vous avez **assez bien** compris le texte.	Relisez le texte et **cherchez encore**.	Vous n'avez **pas bien cherché**. Relisez le texte.

2 Valentin doit faire les courses. (G 35)

a *Voici la liste de Mme Carbonne pour Valentin. Qu'est-ce qu'il doit acheter?*

Exemple: Il doit acheter **des** tomates, **de la** salade, …

b *Combien est-ce qu'il doit en acheter?*

Exemple: Il doit acheter **3** tomates, …

a	**b**
tomates	3
salade	un peu
pommes de terre	2 kg
lait	2 bouteilles
beurre	250 g
farine	1 paquet
œufs	6
eau	une bouteille
bananes	4

c *Valentin n'a pas bien regardé la liste. Comparez la liste et le dessin et expliquez.*

Exemples: Il n'a acheté que 2 tomates.
Il doit encore acheter …
Il a acheté trop de …
Il a oublié les …

3 Combien de sel est-ce que j'achète? (G 36)

Imaginez des dialogues.
Exemple: – Combien de sel est-ce que j'achète?
– Tu **en** achètes un paquet.

sel	bananes	un paquet
pain	lait	1kg
tomates	sucre	300 g
eau	oranges	six
salade	beurre	un peu
œufs	farine	5 bouteilles
…		beaucoup …

4 Communiquer: Il y en a encore? (G 36)

Exemples:
– Est-ce qu'il y a encore du poivre?
– Oui, il y **en** a encore.

– Est-ce qu'il y a encore du sel?
– Non, il n'y **en** a plus.

5 Faire les courses.

on dit …

– C'est à qui maintenant?
– C'est à moi./C'est mon tour.
– Bonjour, madame/mademoiselle/monsieur. Vous désirez?
– Bonjour. Je voudrais …, s'il vous plaît.
– D'accord. Vous en voulez combien?
– J'en voudrais (3 kilos/2 bouteilles) …
– Voilà. Et avec ça?
– Je prends aussi …
– C'est tout?
– Oui, c'est tout. Ça fait combien?
– Ça fait (5 euros 30/5 euros et 30 centimes).
– Voilà (10) euros.
– Et voilà (4 euros 70). Merci, madame/mademoiselle/monsieur! Au revoir.
– Au revoir.

Vous faites les courses pour préparer une petite fête. Qu'est-ce que vous achetez? Faites d'abord une liste, puis présentez la scène.

6 Tu as lu l'annonce? (G 4, 37)

Mettez les verbes à la bonne forme.

acheter  **payer** 
envoyer  **préférer** 
répéter* 

Fabien: Hier, j'ai  le journal et j'ai lu une annonce qui peut vous intéresser. Vous me  combien?

Cécile: Arrête, Fabien. On n'  pas tes informations.

Fabien: Vous ne  pas savoir?

Cécile: On te  que non.

Fabien: Eh bien, voilà: au théâtre, on cherche deux filles qui savent chanter et danser.

Cécile: Génial! On leur  une lettre! Ils  combien?

Adeline: Nous  nos nouvelles robes demain!

Fabien: Attends. Tu ne  pas attendre la réponse du théâtre, d'abord?

Cécile: Fabien, nous te  que nous  parler sans toi.

Fabien: Bon, je  vous dire que le théâtre a déjà trouvé les filles. J'ai lu ça ce matin.

Adeline: Comment? , s'il te plaît!

Un gâteau délicieux

04

1 Pendant ce temps, Fabien prépare le gâteau d'anniversaire. Il prend de la farine, des œufs, du beurre et du sucre. A la fin, il ajoute du sel. Dans un gâteau, il faut toujours du sel, mais il en faut très peu. Cinq minutes plus tard, il goûte … Beurk! Quelle catastrophe! Vite, il appelle sa sœur.

Fabien: Allô, Cécile. J'ai mis trop de sel dans le gâteau. Qu'est-ce que je fais, maintenant?
Cécile: Est-ce que tu peux en faire un autre?
Fabien: Non. Je n'ai plus de farine.
Cécile: Mais tu peux en demander aux voisins!
Fabien: Il n'y a personne chez les voisins.
Cécile: Ce n'est pas grave. Je vais acheter un gâteau dans une boulangerie.
Fabien: Super. Et n'oublie pas de prendre du pain … trois baguettes.

2 A midi, toute la famille est à table. Le repas est délicieux. Comme boissons, il y a de l'eau minérale, du jus d'orange et du vin. Maintenant, on arrive au dessert et on va boire du champagne … et du jus de fruit.

Fabien: Tu as compté les bougies, maman?
Mme Chapuis: Pourquoi? Combien est-ce qu'il y en a? Une, deux, trois … trente! Il en manque dix. Vous êtes sympas avec moi, mais j'ai 40 ans aujourd'hui.

Tous: Bon anniversaire! A ta santé, maman!
Mme Chapuis: Vous êtes des amours! Mais maintenant, j'ai soif! Santé!

Et les Chapuis prennent leurs verres et boivent à la santé de Magalie Chapuis.

Cécile: Tu sais, maman, le gâteau, c'est la surprise de Fabien!
Mme Chapuis: Il est très, très bon. … Hmm, il est délicieux! Fabien, tu vas me donner ta recette!
Fabien: Euh, oui, maman, bien sûr.
Papi: Alors, où est-ce que vous avez mis le cadeau pour Magalie?
M. Chapuis: Voilà, ma chérie! Il faut l'ouvrir maintenant!
Mme Chapuis: Oh! Un vélo! C'est bien pour perdre des kilos! Merci!

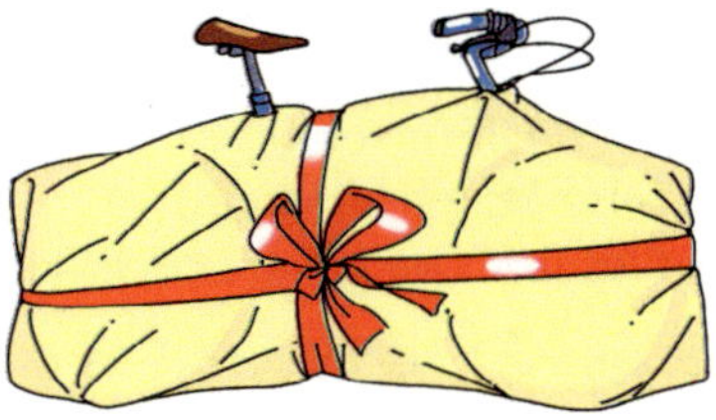

1 A propos du texte

Répondez.

1. Pourquoi est-ce que le gâteau de Fabien n'est pas bon?
2. Quelle est l'idée de Cécile?
3. Qu'est-ce qu'il y a à boire, à table?
4. Qu'est-ce qu'il manque sur le gâteau?
5. Qu'est-ce que Mme Chapuis demande à Fabien?
6. Quel est le cadeau de Mme Chapuis?

2 Manon dit non, non et non! (G 38)

Prenez le rôle de Manon.
*Utilisez: **«ne … rien»** et **«ne … personne»**.*

Exemple: *La mère:* Tu me racontes tout?
→ *Manon:* Non, je ne te raconte rien.

1. Tu me racontes tout?
2. Tu as perdu quelque chose?
3. Tu aimes quelqu'un?
4. Tu as énervé quelqu'un?
5. Tu veux manger quelque chose?
6. Tu veux peut-être voir Samira?

3 Jeu de mots

a *Faites dans votre cahier des filets à mots.*

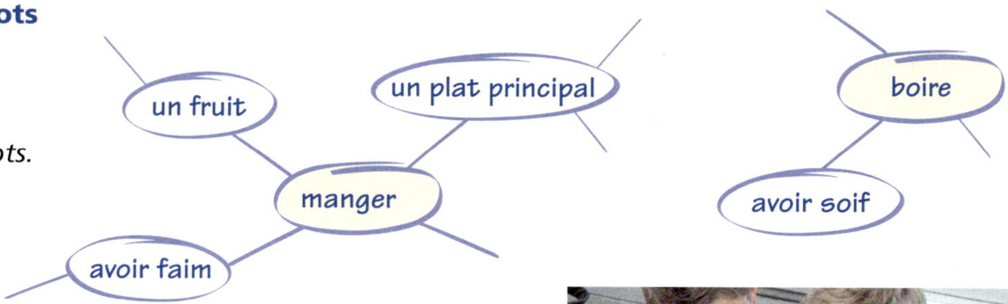

b *Qu'est-ce que vous aimez manger et boire?*
Qu'est-ce que vous détestez?
Notez 5 autres boissons et 5 autres choses à manger.
Cherchez les mots que vous ne connaissez pas dans un dictionnaire.

4 Je mange et je bois. (G 39)

Qu'est-ce que tu manges et qu'est-ce que tu bois?
Ecris un petit texte.
Utilise les mots donnés et les mots de l'exercice 3.

le matin à midi le soir ne … jamais souvent …	je on nous mes frères/ sœurs …	**manger** **boire**	pain …

Exemple: Le matin, je bois du lait et je mange du pain.
A midi, nous …

17 **5 Ecouter: Qu'est-ce qu'il faut pour une «Génoise»?**

Mme Chapuis a demandé la recette de ce délicieux gâteau à Fabien. Le lendemain, Fabien va à la boulangerie …

a *Ecoutez. Qu'est-ce qu'il faut pour faire ce gâteau? Notez.*

b *Ecoutez une deuxième fois. Notez combien il en faut.*

c *Regardez vos notes et expliquez: Qu'est-ce qu'il faut? Combien est-ce qu'il en faut?*

a Quoi?	b Combien?
des …	
…	

6 A table!

on dit …

- A table!
- Il y a (du gratin de nouilles). Tu aimes ça?
- Tu as soif? Tu veux boire (du jus d'orange)?
- Tu reprends (de la salade)?
- Tu veux un peu de (fromage)?
- Tu en veux encore?
- Comme dessert, tu veux (du gâteau) ou tu préfères manger (un fruit)?

- J'arrive! J'ai (très) faim.
- Oui, j'aime bien ça.
- Non merci, je n'aime pas trop ça.
- Non merci, je n'en reprends pas.
- J'en veux bien un peu. J'adore (le fromage).
- Je veux bien. Il est délicieux, (ce fromage).
- Je préfère manger (un fruit)./Merci. Je n'ai plus faim.

Jouez la scène. Vous pouvez choisir d'autres choses à manger et à boire.

7 En français

Ta correspondante française Anne est chez toi. Elle ne parle pas encore bien l'allemand. Ta mère ne parle pas le français. Vous êtes à table. Fais l'interprète pour Anne et ta mère.

8 Au restaurant

Vous êtes chez vos amis à Toulouse. Le soir, vous mangez tous ensemble au restaurant. Regardez la carte.

a *Qu'est-ce que vous allez prendre? Dites pourquoi ou pourquoi pas. Ecrivez le dialogue dans votre cahier.*

b *Vous commandez[1] votre repas. Jouez la scène.*

Menu à 18 €	Menu à 20 €	Plat du jour* à 14 €
Salade maison ou Salade de tomates – Canard à l'orange ou Cassoulet – Fruits	Salade maison ou Salade de tomates – Canard à l'orange ou Cassoulet – Fromage – Mousse au chocolat	Salade maison – Gratin de nouilles **Plat du jour* à 16 €** Steak frites ou Cassoulet – Gâteau à la banane * de 12h à 14h

choisir
prendre
(ne pas) aimer
préférer
être bon
être délicieux
boire
…

9 Im Wörterbuch nachschlagen

Stratégie

Viele unbekannte Wörter kannst du erschließen (S. 30). Manchmal ist es aber notwendig, ein Wörterbuch zu benützen. Dabei ist es wichtig, dass du nicht gleich die erste Übersetzung nimmst. Sieh das Beispiel an:

Zoé (12 ans): J'ai la pêche.

1. *Welche Übersetzung kommt in Frage?*
2. *Was bedeuten die hochgestellten Ziffern?*
3. *Was bedeutet das „f" hinter „pêche"?*
4. *Übersetze:* **a** Tu aimes les pêches?
   b Le dimanche, mon père va à la pêche.

pêche[1] *f* [pɛʃ] Pfirsich ►**avoir la pêche** *(umgs.)* gut drauf sein; **se fendre la pêche** *(umgs.)* sich scheckig lachen
pêche[2] *f* [pɛʃ] ❶ Fischfang, Fischerei; **pêche au thon** Tunfischfang ❷ **pêche** [**à la ligne**] Angeln; **aller à la pêche** angeln gehen ❸ *(Zeitraum)* Fangzeit; **la pêche est ouverte** die Fangzeit hat begonnen; *(für Hobbyangler)* die Angelsaison ist eröffnet ❹ *(gefangene Fische)* Fang

Regardez dans un dictionnaire. Réfléchissez bien et traduisez.

1. Elle est tombée dans les pommes.
2. Il mange avec des baguettes.
3. Elle fait la course avec sa copine.
4. Tous les matins, mon père lit son canard.

1 **commander qc** [kɔmɑ̃de] etw. bestellen

Du kannst …

1. … sagen, dass man einkaufen muss.	…
2. … sagen, dass du kein Geld hast.	…
3. … fragen, wer die Küche aufräumt.	Qui …?
4. … sagen, dass du Hunger und Durst hast.	J'ai …
5. … fragen, ob noch Milch da ist.	Est-ce qu'il y a …?
6. … sagen, dass noch eine Flasche da ist.	Il y en a …
7. … sagen, dass die Mahlzeit sehr gut schmeckt.	Le repas est …
8. … sagen, dass im Cassoulet Salz fehlt.	Dans le cassoulet, il …
9. … fragen, wieviel man davon braucht.	Combien … ?
10. … sagen, dass du Cassoulet nicht so gerne magst.	Je n'aime …

Grammatik auf einen Blick

1 Der Teilungsartikel (G 35)

du	de la
de l'	

Complétez avec l'article partitif, l'article indéfini ou un nombre.

1. Beurk! Le gratin n'est pas bon: Il manque ? sel et ? poivre.
2. Comme dessert, nous mangeons ? fruits: Il y a ? bananes et ? oranges.
3. Sylvie veut ? mousse au chocolat.
4. Zut! J'ai oublié d'acheter ? eau.
5. Tu prends ? salade? – Non, merci.
6. Pour faire ? crêpes, il faut ? farine, ? œufs et ? lait.
7. En France, on aime manger les crêpes avec ? beurre et ? sucre.

du sucre

de la farine

de l'eau

unbestimmter Artikel Plural: **des** fruits

2 Das Pronomen *en* (G 36)

Tu prends **du cassoulet**?	– Oui, j'	**en** prends, merci.
Tu reprends **du canard**?	– Non, je **n'**	**en** reprends **pas**.
Tu as mangé **de la salade**?	– Oui, j'	**en ai** mangé beaucoup.
Tu as acheté **des bananes**?	– Non, je **n'**	**en** ai **pas** acheté.
Tu vas acheter **de l'eau**?	– Oui, je **vais**	**en acheter** deux bouteilles.
Tu vas acheter **du champagne**?	– Non, je **ne** vais **pas**	**en** acheter.

Du kannst nachschlagen. Die Lösungen findest du auf S. 176.

*Répondez par des phrases complètes. Utilisez **en**.*

1. – Tu veux du gâteau?
   – Oui, … bien, merci.
2. – Tu prends du lait?
   – Non, …, merci.
3. – Tu as fait de la mousse au chocolat?
   – Oui, … ce matin.
4. – Tu as mis du poivre?
   – Non, …
5. – Tu vas acheter du vin?
   – Non, …
6. – Tu vas acheter des oranges?
   – Oui, … six.

3 Das Verb *préférer* (G 37)

je	préfère
tu	préfères
il/elle/on	préfère
nous	préférons
vous	préférez
ils/elles	préfèrent

ebenso: **répéter** …

Passé composé: j'ai **préféré**

*Complétez avec le verbe **préférer**.*

1. Paulette aime bien la salade, mais elle ? le fromage.
2. Amandine et Théo aiment bien le lait, mais ils ? l'eau.
3. Ma sœur et moi, nous aimons bien le jus d'orange, mais nous ? le coca.
4. Quand vous avez soif, qu'est-ce que vous ? boire? De l'eau ou du jus de fruit?
5. Moi, quand j'ai soif, je ? boire de l'eau!

4 Das Verb *boire* (G 39)

je	**bois**
tu	**bois**
il/elle/on	**boit**
nous	**buvons**
vous	**buvez**
ils/elles	**boivent**

Passé composé: j'ai **bu**

*Complétez avec le verbe **boire**.*

1. Le matin, mes parents ? du café.
2. Mon père ? son café avec du lait.
3. Ma mère le ? sans lait.
4. Ma sœur et moi, nous ? du lait.
5. Ma sœur en ? un verre.
6. Moi, j'en ? un verre et demi.
7. Hier, ma sœur et moi, nous ? du chocolat chaud.
8. Et vous, qu'est-ce que vous ? le matin?

5 *ne … personne* (G 38)

Il	**ne**	voit	**personne.**
Il	**ne**	répond **à**	**personne.**
Il	**ne**	va écouter	**personne.**
Il	**n'**	a entendu	**personne.**

Traduisez.

1. Ich warte auf niemanden.
2. Ich kann niemanden sehen.
3. Sie hat niemandem geschrieben.
4. Sie wird niemanden einladen.

Le petit-déjeuner

Regardez la photo. C'est un petit-déjeuner français classique.
Qu'est-ce qu'il y a chez vous, au petit-déjeuner? Qu'est-ce qu'il n'y a pas?

18 **Ecouter: Un matin dans une famille française.**

a *Ecoutez le texte, puis répondez.*

Pourquoi est-ce que ce n'est pas un matin comme les autres?

b *Ecoutez le texte encore une fois, puis répondez: C'est vrai ou faux? Corrigez.*

1. Quand Gaspard goûte son chocolat au lait, il est déjà froid.
2. Joséphine a cours à 10 heures.
3. Joséphine aime la confiture d'oranges.
4. Le matin, Gaspard mange du fromage.
5. Le père a acheté une baguette.
6. La mère ne mange pas de croissant.
7. Gaspard ne veut manger qu'un croissant.

Projet

Préparez un petit-déjeuner français en classe.

- *Qu'est-ce que vous achetez? Combien est-ce que vous en achetez? Faites une liste.*
- *Qui achète des croissants?*
- *Qui prend des photos? ...*

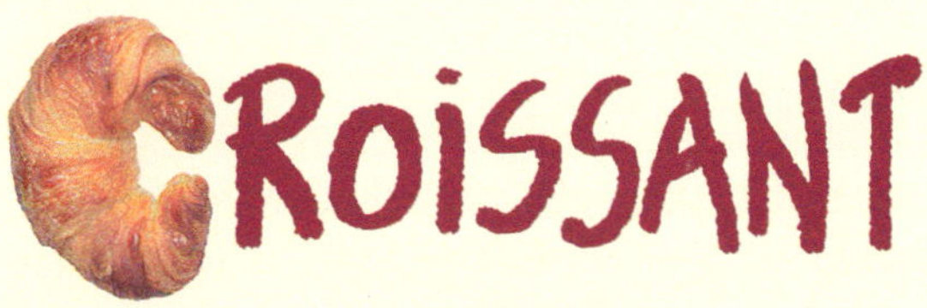

Trouvez des «mots-images» pour votre liste!

1 Ecrire: Un matin pas comme les autres

Utilisez les mots à droite et racontez une petite histoire au présent. Ecrivez au moins 10 phrases. Vous pouvez commencer comme ça:

Un jour, la famille Lachance est en train de …

un jour
tout à coup
puis
alors
ensuite
enfin
…

être en train de
écouter
réfléchir
trouver
appeler
gagner
payer
partir
…

2 Une nouvelle vie

Trouvez le bon verbe et mettez-le à la bonne forme.

1. Emma **a** ? à Paris. Maintenant, elle ? à Toulouse.
2. Son père **a** ?: «Nous ? une nouvelle vie à Blagnac.»
3. Dans son quartier, elle ? déjà beaucoup de filles et de garçons sympas.
4. Ses copains ne ? plus quand ils ? son accent de Paris.
5. Son nouveau collège lui ? bien.
6. Tous les jours, elle ? des SMS à ses copains à Paris.
7. Et tous les jours, elle ? des SMS de ses copains.
8. Sa mère a ? à trouver du travail à la SEMVAT.

rire, plaire, entendre, vivre (2x), réussir, envoyer, recevoir, dire, commencer, connaître

3 Quelle salade! (G 35)

Qu'est-ce que vous mettez dans la salade?

Exemple: Dans la salade, nous pouvons mettre **du** sel.
Dans la salade, nous **ne** mettons **pas de** lait.

du, de la, de l', des

ne … pas de

argent	beurre	croquettes	frites	avions
casque	canard	eau	fromage	légumes
souris	crêpes	farine	fruits	œufs
tomates	pommes de terre	chemise	nouilles	pain
sucre	salade verte	sel	voisins	lait …

4 Parler: A la boulangerie

Nicolas va à la boulangerie pour acheter des baguettes. Il lui en faut trois. En plus, il prend des petits gâteaux au chocolat, pour le dessert.

Jouez le dialogue.

5 Une bonne copine (G 21, 25, 30)

*Complétez avec **qui** ou **que** et avec **lui** ou **le / la / l' / les**.*

1. Pour moi, une bonne copine, c'est quelqu'un ? est toujours là pour moi. 2. C'est quelqu'un ? j'aime inviter et ? je peux toujours appeler quand j'ai envie de parler. 3. Enfin, c'est quelqu'un ? est très important pour moi. 4. Ma copine s'appelle … Je ? connais depuis … ans. 5. Je ? écris souvent des SMS. 6. Je peux tout ? raconter et je ? montre même le journal ? j'écris. 7. Quand elle a des problèmes, je ? aide. 8. Je ? explique les devoirs d'anglais quand elle ne ? comprend pas. 9. Et elle, elle m'explique un exercice de maths quand je ne sais pas ? faire. 10. Avec ma copine, je ne suis jamais seule. Je ? respecte, je ? aime bien et je ne veux jamais ? perdre.

6 Lire: Deux e-mails et six phrases

Flora:

Tu as tout préparé pour demain? Je suis sûre que ça va lui plaire. Fais bien attention: elle ne doit te voir qu'au dernier moment. Tu entres tout de suite après notre chanson, d'accord? Les autres arrivent à 15h30.

Clément:

Ça commence à m'énerver. Moi, je te dis que ça ne fonctionne toujours pas! J'ai tout installé, mais ça ne bouge pas et je n'entends rien. Qu'est-ce que je peux faire encore? J'en ai marre de cette machine qui n'est bonne à rien!

Lisez et réfléchissez:
De quoi est-ce qu'on parle dans ces e-mails?
Puis lisez les phrases en bas.
Qui parle? Flora ou Clément?

1. «Je viens de l'acheter!»
2. «J'ai fait un gros gâteau.»
3. «Je vais le revendre.»
4. «Tu attends derrière la porte.»
5. «Tu as peut-être une solution?»
6. «Ça va être une surprise.»

La Fête de la musique

Chaque année, le 21 juin, c'est la Fête de la musique.

Partout en France, il y a des concerts. Dans toutes les villes et beaucoup de villages, dans les rues, les parcs et sur les places, on entend des chanteurs et des groupes.

Les gens, jeunes ou vieux, viennent écouter les musiciens. On peut aussi apporter son instrument de musique et jouer dans la rue.
C'est une fête de tout le monde pour tout le monde et c'est gratuit.

a *Regardez les photos de la Fête de la musique en France. Puis, faites un filet à mots sur le thème de la musique.*

b *Vous jouez d'un instrument de musique? Quelle musique est-ce que vous aimez? Cherchez les mots que vous ne connaissez pas dans votre dictionnaire.*

Rendez-vous à la fête!

12 Le 21 juin, Fabien et Nicolas ont rendez-vous avec Emma et Cécile sur la place du Capitole. Tout à coup, le portable de Fabien sonne. C'est sa mère …

1. Je viens aussi à la fête. — C'est maman. Elle dit **qu'**elle vient aussi à la fête. — Oh, zut!
2. Papa veut venir aussi. — Elle raconte **que** papa veut venir aussi. — Ça alors!
3. Je prends ma voiture. — Elle dit **qu'**elle prend sa voiture. — Quelle idée!

a *Mme Chapuis spricht direkt mit Fabien. Fabien **erzählt** Nicolas **weiter**, was seine Mutter sagt. Das nennt man **„indirekte Rede“**. Mit welchen Worten leitet Fabien seine Sätze ein?*

4. Vous pouvez nous attendre**?** — Elle demande **si** nous pouvons les attendre. — Ah non!
5. **Où** est-ce que vous êtes**?** — Elle veut savoir **où** nous sommes. Ah, les parents … — Tes parents sont bien sympas, mais je préfère partir seul avec les copines.

b *Nun stellt Mme Chapuis Fragen. Fabien gibt sie Nicolas weiter. Mit welchen Worten leitet Fabien diese **„indirekten Fragen“** ein?*

c *In Satz 1 sagt Mme Chapuis **je**. Fabien sagt **elle**. Sucht weitere Wörter, die sich ändern, wenn Fabien wiedergibt, was seine Mutter sagt oder fragt.*

d Fabien reçoit un SMS de Grégory.

Je ne peux pas aller
à la fête avec vous.
Je suis malade.
Tu peux passer?
J'en ai marre d'être
dans mon lit.
Quand est-ce que tu
viens?

Fabien raconte à Nicolas:

«Grégory m'**écrit qu'**il …
Il m'explique …
Il me demande …
Il ajoute …
Il veut savoir …»

Ecrivez le texte dans votre cahier.

14 Une star est née!

1 Aujourd'hui, samedi 21 juin, c'est la Fête de la musique. C'est pourquoi la radio de Toulouse a installé une scène devant le Capitole. On cherche «la star de demain». Deux mille personnes applaudissent leurs chanteurs préférés.

Sur la Place du Capitole, à 16 heures …

Fabien: Oh … cette musique! A mon avis, c'est trop mauvais!
Nicolas: Hein? Quoi? Qu'est-ce que tu dis?
Fabien: Je dis que j'ai horreur de cette musique de supermarché. Je préfère les vrais groupes!

2 Derrière la scène …

Cécile: Tu crois que j'ai une chance de gagner?
Emma: Hein! Quoi?
Cécile: Je te demande si j'ai une chance.

3 Pendant ce temps, devant la scène …

Fabien: Mais qu'est-ce qu'elles croient, les filles? Elles sont toujours en retard!
Nicolas: C'est comme ça, les filles! Appelle-les!
Fabien: Je l'ai déjà fait deux fois. Bon, je leur envoie un troisième message!

4

Emma: Tiens, j'ai reçu un message!
Cécile: C'est mon tour. Accompagne-moi!

5

Nicolas: Mais où est-ce qu'elles sont?
Fabien: Elles ont sûrement rencontré des copains de leur collège, crois-moi, …

→ CdA

6

Fabien: Mais c'est Cécile! Qu'est-ce qu'elle fait là?
Nicolas: Croyez-moi, elle est géniale! Je la connais! C'est la sœur de mon copain!

7

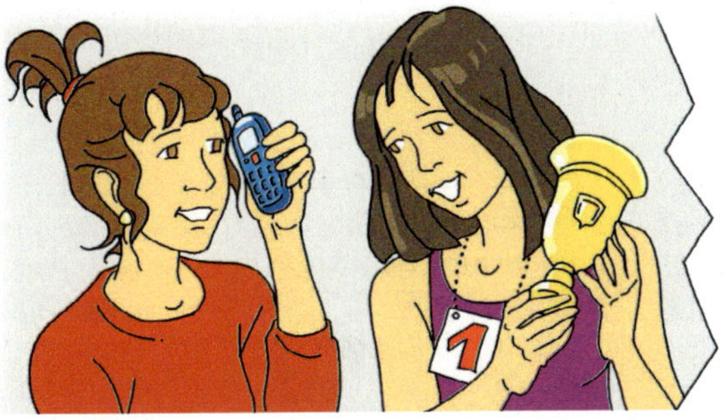

Emma: Allô, Fabien! Quoi? Vous êtes devant la scène? Alors, vous avez vu Cécile? Elle a gagné le premier prix! C'est super, hein?

8

Fabien: Tu parles! Pour une fois que ma sœur est première! Dites-nous où on peut vous trouver … Zut, ça a coupé!

A 18 heures, les garçons sont toujours seuls et ils sont fatigués. Fabien demande à Nicolas s'il veut rentrer à la maison. Ils quittent la foule et vont alors jusqu'au bord de la Garonne où un groupe de musiciens joue du jazz.

9

Emma: Allô, c'est Emma! Dis-moi où vous êtes.
Fabien: Tu ne me crois peut-être pas, mais je suis près de toi.
Emma: Si, je te crois maintenant, car je te vois.

1 A propos du texte

Vrai ou faux? Corrigez.

1. Fabien trouve que ces chanteurs sont super.
2. Cécile veut savoir si elle peut gagner.
3. Fabien pense que les filles font des courses au supermarché car il ne les voit pas.
4. Nicolas explique que la chanteuse est sa sœur.
5. Emma dit qu'elle a gagné le premier prix.
6. Fabien raconte que sa sœur est toujours la première.
7. Emma demande aux garçons où ils sont.
8. Fabien dit qu'il n'est pas loin d'Emma.

2 Sur la place du Capitole (G 41, 42)

dire trouver expliquer …	**que**
demander vouloir savoir	**si** **où** **pourquoi …**

Qu'est-ce qu'ils disent? Qu'est-ce qu'ils demandent?

Exemples:

1. La fille trouve que l'ambiance est sympa.

…

6. Le monsieur demande s'il y a un groupe de jazz.

3 Une interview de Cécile (G 41)

a *Que dit Cécile? Faites attention aux pronoms.*

1. Je suis contente d'avoir eu le premier prix.
2. La foule a été très sympa avec moi.
3. Le soir, je dois surtout faire mes devoirs.
4. Ma musique préférée, ce sont les chansons.
5. Ma copine et moi, nous allons peut-être écrire des chansons pour nos amis.

Exemple:

Elle dit qu'**elle** est contente …

b *Imaginez les questions qu'on a posées à Cécile. Prenez des notes, puis jouez tout le dialogue.*

4 Ecouter: Les nombres et les années (G 43, Vocabulaire S. 148)

19 **a** *Quel nombre est-ce que vous entendez?*

1. 884	**2.** 5515	**3.** 717	**4.** 1018	**5.** 393313
824	5075	7797	1678	3073
1804	595	777	6998	393

b *Voici des noms de musiciens et de musiciennes. Quand est-ce qu'ils sont nés? Devinez, puis écoutez.*

Exemple: Bizet est né en … **1683**? **1952**? **1978**? **1838**? **1915**?

1. Georges Bizet 2. Edith Piaf 3. Renaud 4. Jean-Philippe Rameau 5. Camille

c *Quels sont vos musiciens préférés? Quelles sont vos musiciennes préférées? Faites une page pour votre Portfolio:*
- *Comment est-ce qu'on appelle leur style de musique?*
- *Pourquoi est-ce que vous les aimez?*
- *Qu'est-ce que vous pouvez dire encore?*

5 Un concours de chant[1] (G 44)

Un collège de Toulouse organise un concours de chant. Qui arrive à quelle place? Dites qui est premier, qui est deuxième etc. et qui est dernier.

1. Julien n'arrive pas le dernier.
2. Marine arrive 3 places avant Julien.
3. Luc arrive avant Marine.
4. Jérémie arrive deux places après Fleur qui arrive devant Julien.
5. Camille arrive après Marine.

6 Attends-moi. (G 45)

a *Faites des dialogues. Exemple:*

– Est-ce que je **t'**attends?
– Oui, attends-**moi**.
Non, ne **m'**attends pas.

Est-ce que …

je t'aide?
j'arrête la radio?
je vous accompagne?
j'installe l'ordinateur?
je coupe ces tomates?
je t'appelle, ce soir?
je goûte le cassoulet?
j'attends nos copains?

b *Faites des dialogues. Exemple:*

– Est-ce que je donne ce CD **à Anne**?
– Oui, donne-**lui** ce CD.
Non, ne **lui** donne pas ce CD.

je réponds à Olivier?
je parle aux voisins?
je demande à maman?
je te dis tout?
j'envoie un deuxième message à Louise?
je raconte cette histoire à mes parents?

1 **un concours de chant** [ɛ̃kõkuʀdəʃɑ̃] ein Gesangswettbewerb

7 Ne me quitte pas. (G 45)

1. Tu dois **me** téléphoner ce soir.
2. Est-ce que vous pouvez **nous** aider?
3. Tu ne dois pas **me** quitter.
4. Vous pouvez **me** donner votre adresse?
5. Vous pouvez **m'**expliquer le chemin?
6. Attention au chien. Tu dois **l'**attacher.
7. Voici les billets. Tu ne dois pas **les** perdre.

19 **a** *Regardez le dessin, puis écoutez. Qui dit quoi?*
Exemple: **1 → g**

b *Transformez les phrases. Utilisez l'impératif avec un pronom.*
Exemple: 1. Tu dois me téléphoner ce soir. → **Téléphone-moi** ce soir.

8 A mon avis, …

on dit …

Je te donne mon avis. Moi, je trouve / je pense que …
A mon avis, … / Moi, je suis d'avis que …
Je crois que …

Je suis de ton avis.
Je suis d'accord avec toi / vous / lui / elle.
Je suis pour … parce que …
J'aime … parce que
Ça me plaît parce que …
Je trouve ça bien parce que …
… C'est pourquoi je trouve ça bien.

Je ne suis pas de ton avis.
Je ne suis pas d'accord avec toi / vous / lui / elle.
Je suis contre … parce que …
Je n'aime pas … parce que …
Ça ne me plaît pas parce que …
… C'est pourquoi je ne trouve pas ça bien.
… C'est pourquoi je trouve ça mauvais/nul.

a *Choisissez une phrase (page 101). Vous êtes d'accord ou pas? Pourquoi? Trouvez des arguments et prenez des notes. N'écrivez que les mots-clés.*

Les phrases	Les arguments *d'accord*	*pas d'accord*
1. Avoir des animaux, c'est important pour les enfants.	1. mignon ami …	sale vacances? …
2. Sans télé, la vie n'est pas intéressante.	2. rire informations …	perdre son temps activités …
	3. … …	… …

Vous pouvez aussi choisir un ***autre sujet****:*
la musique, l'argent de poche, le sport, …

b *Regardez vos notes et donnez votre avis à vos camarades. Est-ce qu'ils sont d'accord? Discutez en classe.*

9 Hörverstehen

Stratégie

Vor dem Hören: Worum könnte es gehen? Gibt es eine Überschrift oder Abbildungen? Macht euch Notizen.
1. Hören: Was für eine Textsorte ist es (z. B. Chanson, Durchsage, Gespräch …)? Achtet auf Geräusche. Wo findet die Szene statt? Wer spricht?
2. Hören: Versucht die wichtigsten Informationen zu verstehen. Achtet auf Schlüsselwörter. Das sind Wörter, die Auskunft über die Handlung, den Ort und die Zeit geben. *(Qui fait quoi? Où? Quand?)*
Achtet auf Wörter, die öfter vorkommen und auch auf die Art der Betonung. So könnt ihr heraushören, was dem Sprecher besonders wichtig ist.
3. Hören: Versucht weitere Einzelheiten zu verstehen: *(Pourquoi? Combien? …)*

21 S **a** *Faites un tableau dans votre cahier. Puis écoutez le texte. Utilisez la stratégie. Notez les mots-clés dans votre tableau.*

Qui?	Quoi?	Où?	Quand?

b *Est-ce que la personne qui parle est contente? Pourquoi (pas)?*

c *Imaginez une réponse.*

10 Les poèmes, j'aime! (G 46)

a *Trouvez dans le texte pages 96–97 les formes du verbe **croire**. Ecrivez les formes du verbe au présent et ajoutez les formes qui manquent.*

b *Ecrivez un petit poème drôle. Utilisez les formes du verbe **croire** et des mots qui riment avec ces formes.*

un chat	pardon	apporter, etc.
en bas	une chanson	un supermarché
comme ça	attention	être né(e)
…	…	…

Exemple:

Je crois
Que le chat
Est en bas.
Vous croyez
qu'il va monter?

c *Faites un dessin pour votre poème.*

11 Lire: Faites de la musique!

Mouâ	Posté le 18.05.2008 à 12:13:07 La Fête de la musique est une idée française, et c'est génial parce que maintenant, on fête la musique dans 130 pays et 400 villes. Le 21 juin, tout le monde écoute ou fait de la musique. Et alors, on n'a pas le temps d'avoir des idées noires!
Guy Tare	Posté le 03.05.2008 à 19:30:00 Moi, je déteste la musique de supermarché. J'adore Corneille et aussi Diam's. Alors comme elle, j'écris des textes de rap. Dans mes textes, je parle des choses que je vis, des choses que j'aime ou que je déteste. Je raconte ma vie de tous les jours. Le 21 juin, je choisis les textes que je trouve réussis et je les présente dans la rue.
Casserole	Posté le 25.04.2008 à 13:25:03 Quand j'entends «Fête de la musique», j'entends «faites de la musique». Moi, j'adore faire de la musique, mais je n'ai pas beaucoup d'argent. Alors, je prends des verres, des bouteilles, des crayons, des cartons, enfin, toutes les choses qu'on trouve à la maison, et avec ça, je fais mes instruments de musique. Je trouve ça génial!
Jacques Long	Posté le 22.04.2008 à 20:45:65 J'adore écouter des musiques différentes et j'adore faire des découvertes. A la fête de la musique, il n'y a pas que les stars à la mode et il n'y pas que les chansons qu'on entend tous les jours à la radio. Le 21 juin 2008, c'est déjà la 27e Fête de la musique. Eh oui, en France, on la fête chaque année le 21 juin depuis 1982!!!

a *Vrai ou faux? Corrigez.*

Fête de la MUSIQUE 21 JUIN

1. L'idée d'une Fête de la musique est née en France.
2. En France, on fête la musique tous les 2 ans le 21 juin depuis 2001.
3. Le 21 juin, on fête la musique dans 400 villes de France.
4. En 2009, c'est déjà la 28e Fête de la musique.
5. Pour faire de la musique, il faut d'abord acheter des instruments de musique.

b *Est-ce qu'il y a une **Fête de la musique** dans votre ville? Racontez.*

Du kannst …

1. … fragen, ob jemand ein Musikinstrument spielt.	Tu joues …?
2. … sagen, dass … deine Lieblingssängerin ist.	…, c'est ma …
3. … auf eine Begründung hinweisen: … Deshalb gehe ich zur *Fête de la musique*.	… C'est …
4. … sagen, dass du etwas glaubst (dass das Konzert um 8 Uhr beginnt).	Je …
5. … sagen, dass du derselben Meinung wie der Gesprächspartner bist.	Je suis de …
6. … sagen, dass jemand den ersten Preis gewonnen hat (Cécile).	…
7. … sagen: Von wegen!	Tu …!
8. … sagen, dass du bis 10 Uhr bleibst.	Je reste …
9. … sagen, dass du gerne etwas wissen möchtest: ob es bei uns auch eine *Fête de la musique* gibt?	Je voudrais …

Grammatik auf einen Blick

1 Die indirekte Rede und Frage (G 41–42)

Anne **dit** à Laura:		«Sylvain est là.»
Anne **dit** à Laura	**que**	Sylvain est là.
Elle **dit**:		«Je le vois dans la foule.»
Elle **dit**	**qu'**	elle le voit dans la foule.

dire raconter expliquer ajouter …	**que/qu'…**

Laura **demande** à Anne:		«Il a sa guitare?»
Laura **demande** à Anne:	**s'**	il a sa guitare.
Elle **veut savoir**:		«**Où est-ce qu'**il va jouer?»
Elle **veut savoir**		**où** il va jouer.

demander vouloir savoir	**si, quand, où, pourquoi …**

Attention aux verbes et aux pronoms!

Ecrivez les phrases de Fabien au discours indirect.

Fabien dit à Nicolas:		Tu racontes à ton copain:
1. «Cette musique est très belle.»	→	Fabien trouve …
2. «J'aime bien la musique rock.»	→	Il ajoute …
3. «Tu connais le dernier CD de Cali?»	→	Il demande à Nicolas …
4. «C'est mon chanteur préféré.»	→	Il dit …
5. «Son groupe vient dans notre ville en août!»	→	…

2 Imperativ + Pronomen (G 45)

bejaht	**verneint**
Cherchez-**le**.	Ne **le** cherchez pas.
Appelle-**moi**.	Ne **m'**appelle pas.
Donnez-**moi** vos cahiers.	Ne **me** donnez pas vos cahiers.
Parlons-**lui**.	Ne **lui** parlons pas.
Explique-**leur** le devoir.	Ne **leur** explique pas le devoir.

Traduisez:

1. Schickt uns eine Postkarte!
2. Gib mir deine Telefonnummer!
3. Zeige ihm deine Lösung!
4. Antworte ihnen!
5. Seht mich nicht so an!
6. Nein, hilf mir nicht!
7. Sag' ihr nichts!
8. Vergesst mich nicht.

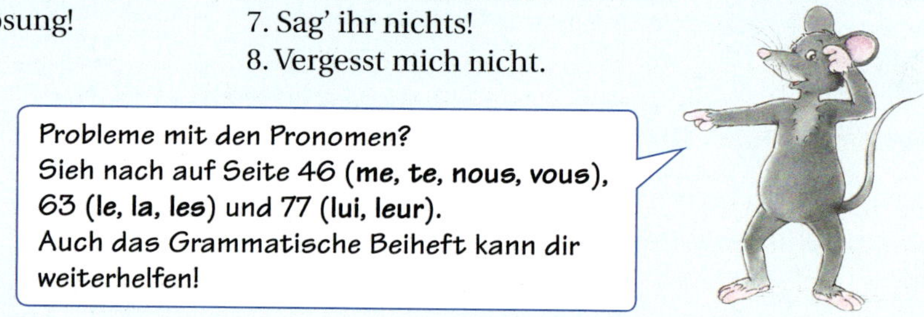

3 Das Verb croire (G 46)

je	**crois**
tu	**crois**
il/elle/on	**croit**
nous	**croyons**
vous	**croyez**
ils/elles	**croient**

Passé composé: j'ai **cru**

Complétez.

1. En cours de français, le professeur pose une question: «Que va faire Cécile? Qu'est-ce que vous ? ?»
2. Un élève dit: «Moi, je ? qu'elle va chanter à la télé!»
3. Un autre élève ? qu'elle va jouer dans un groupe avec Victor.»
4. Deux filles disent: «Nous ? qu'elle va faire un CD.»
5. Deux autres filles ? qu'elle va déménager à Paris.
6. Et toi, qu'est-ce que tu ? ?

Du kannst nachschlagen. Die Lösungen findest du auf den Seiten 176–177.

20 (L)

Des chansons françaises

Georges Moustaki

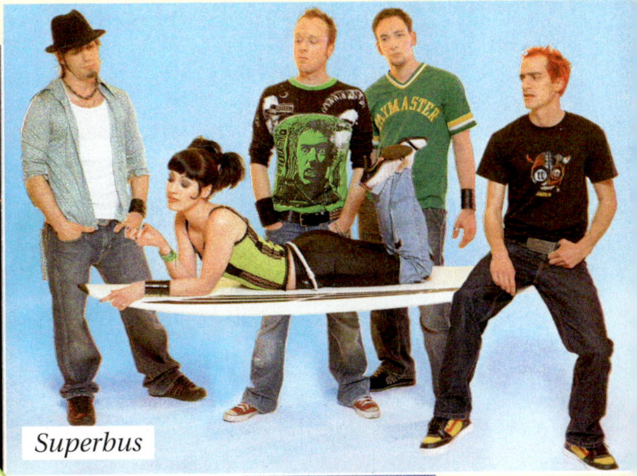

Superbus

a *Ecoutez et trouvez le style de chaque chanson. Puis, faites votre hit-parade en classe.*

- le pop-rock
- le raï
- le rap
- la chanson française d'hier
- la chanson française d'aujourd'hui

Diam's

Faudel

b *Qu'est-ce que vous écoutez comme musique chez vous?*

c *Travaillez en groupe. Choisissez une chanson et présentez-la en français à vos camarades.*

- Le titre de la chanson que nous avons choisie est …
- Le chanteur/la chanteuse/le groupe s'appelle …
- C'est du rock, du raï, du rap etc.
- Cette chanson parle de …
- Quand j'écoute cette chanson, je pense à …
- J'aime bien cette chanson parce que …

L'accordéon de Charles-Henry

Les Musicos © Bamboo Edition – Janvier, Erroc & Jenfèvre

Lis la BD. Imagine: Tu es Charles-Henry. Qu'est-ce que tu fais?

---

1 **être déçu(e)** enttäuscht sein.

LEÇON 8

Aventures dans les Pyrénées

Le cirque de Gavarnie

une station de ski dans les Pyrénées

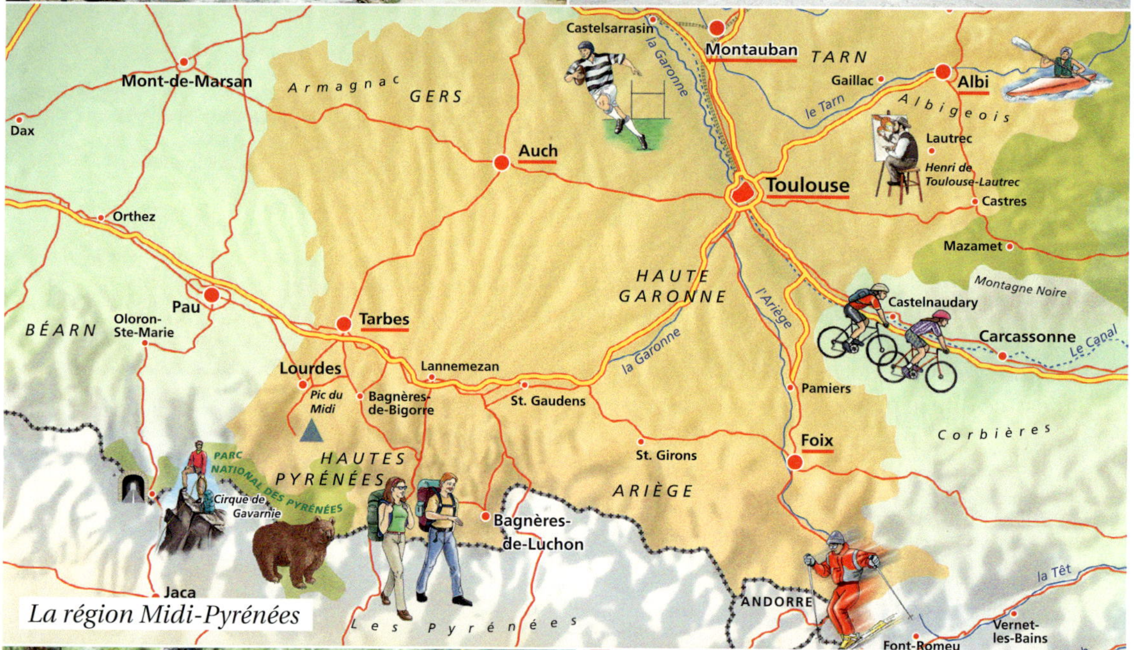

La région Midi-Pyrénées

Un ours dans les Pyrénées

Une affiche de Toulouse-Lautrec

1. *Qu'est-ce qu'on peut faire comme sport dans la région Midi-Pyrénées?*

2. *Toulouse-Lautrec, c'est:*
   - *une ville*
   - *un marchand de vélos ou*
   - *un autre personnage?*

3. *Regardez la carte au début de votre livre: Comment s'appelle le pays au sud des Pyrénées?*

23 Qu'est-ce qui te plaît dans ta région?

Victor Bajot et sa famille ont envie de passer un long week-end de juin dans les Pyrénées. Sa mère appelle son amie Annie Carbonne pour avoir des informations sur la région …

Mme Bajot: Dis-moi, Annie: Qu'est-ce qu'on peut visiter dans la région?

Mme Carbonne: Qu'est-ce qui t'intéresse? La mer, la montagne? Tu sais, la région est grande comme la Suisse, alors c'est difficile de choisir.

Mme Bajot: Eh bien, c'est surtout la montagne. Qui est-ce qui peut nous aider à trouver un terrain de camping? Qui est-ce que je peux contacter? Tu as une idée?

Mme Carbonne: Ecris à Nathalie Marcou, de l'office de tourisme. C'est une amie. Son adresse, c'est: n.marcou@touris.fr. Qu'est-ce que je peux encore te dire?

Mme Bajot: C'est très bien comme ça. Merci, Annie.

Mme Carbonne: De rien. Alors, on vous attend chez nous le 15 juin dans l'après-midi. Emma va être contente …

a *In beiden folgenden Fragen wird nach einer **Person** gefragt.*
*Warum benutzt man einmal **Qui** est-ce **qui** und einmal **Qui** est-ce **que**?*

Qui est-ce **qui** peut aider Mme Bajot? → Mme Marcou peut aider Mme Bajot.
Qui est-ce **que** Mme Bajot peut appeler? → Elle peut appeler Mme Marcou.

b *In beiden folgenden Fragen wird nach **Dingen** gefragt.*
*Warum benutzt man einmal **Qu'**est-ce **qui** und einmal **Qu'**est-ce **que**?*

Qu'est-ce **qui** intéresse Mme Bajot? La montagne.
Qu'est-ce **qu'**on peut visiter? On peut visiter des villes, des parcs …

c *Complétez les questions d'Emma avec **Qui est-ce qui/que** et **Qu'est-ce qui/que**.*

1. … va venir à Toulouse? La famille Bajot.
2. … tu vas appeler? Nathalie Marcou.
3. … les intéresse? Toute la région.
4. … on va leur montrer? La montagne.

24 Un long week-end à la montagne

1 Aujourd'hui, on n'a pas besoin de prendre des vêtements de pluie: La météo a annoncé un temps beau et chaud. Il est huit heures du matin. C'est la bonne heure pour marcher sur les chemins de montagne parce qu'il ne fait pas encore trop chaud. Mais à midi, le soleil est au rendez-vous. La montagne est belle: le vent dans les arbres, la forêt, les animaux …

2 Le groupe arrive maintenant à un chalet. On boit, on mange, on discute. Victor pose mille questions à Emma. Ils rient beaucoup ensemble. Avec les Bajot et les Carbonne, il y a aussi Fabien Chapuis qu'Emma a invité. Mais Fabien, lui, n'est pas content. Il fait la tête. Qu'est-ce qu'il a?

3 Le groupe continue son chemin. Tout à coup, Mme Bajot dit: «Regardez! Ce sont les traces de quel animal, à votre avis? Qui est-ce qui a une idée? Eh bien, c'est sûrement un ours.» «On n'est pas à l'école, ici!» répond Fabien. Zoé, la sœur de Victor, commence à pleurer. «Mais qu'est-ce que tu as? Qu'est-ce qui ne va pas?» lui demande M. Bajot. «J'ai peur des ours, papa», répond Zoé.

→ CdA

4 «On y va!» dit M. Carbonne. Il est le guide du groupe parce qu'il connaît bien la région. C'est pourquoi le groupe l'écoute quand il dit «tournez à droite», «prenez le premier chemin à gauche» ou «allez tout droit». Emma et Victor, eux, discutent. Ils parlent des ours, bien sûr! Mme Bajot en parle aussi. Elle explique: «Quand on rencontre un ours, il faut lui montrer qu'on est là. Bougez, mais ne courez pas.» «Qui est-ce que ça intéresse?» dit Fabien. «Quel ours!» pense Emma.

5 La température monte. Il commence à faire chaud. Sur le chemin, on ne parle plus. On marche. Zoé a toujours un peu peur. Elle est la dernière du groupe. Tout à coup, elle dit: «Je suis fatiguée, moi, et vous, vous allez trop vite!» «Regarde là-bas, les enfants dans les arbres, dit son papa, c'est le parc «Chloro'fil». Allez, on y va.»

1 A propos du texte

a *Lisez les cinq titres. Quel titre va avec quelle partie du texte? Expliquez pourquoi.*

1. Des traces bizarres
2. Quand on voit un ours …
3. Départ dans la montagne
4. Ce n'est plus très loin, Zoé!
5. Repas au chalet

b *A votre avis, pourquoi est-ce que Fabien fait la tête?*

2 Les ours et nous (G 48)

Complétez les dialogues avec les mots donnés.

moi toi lui elle eux eux nous eux nous elles vous vous

Emma: Vous n'avez pas peur des ours, ? ?
Fabien: Zoé a peur, ?, parce qu'elle est petite. Mais les ours ont aussi peur de ? .
Victor: Oui, mais à côté d'?, nous sommes petits. Un ours de 300 kg et de 2 mètres[1] peut être dangereux. Tu ne crois pas, ?, Fabien?
Emma: Et puis en juin, les ours ne dorment plus. Et les traces, ?, ne sont pas loin des chemins …
Fabien: Bon, arrêtez un peu, ? deux! J'en ai marre, ?, de ces histoires d'ours. Les ours, ?, ne pensent pas à ? toute la journée. On y va? Le week-end va être bientôt fini.
Emma: D'accord, mais ils sont où, nos parents? Et les petits, ils sont avec ? ?
Victor: Oui, regarde, les voilà, devant l'entrée du parc. Papa, ?, achète déjà les billets.

3 A la montagne

a *Qu'est-ce que vous faites dans les situations suivantes? Répondez et utilisez les mots donnés.*

1. Il y a du vent et il commence à pleuvoir.
2. Vous avez perdu votre groupe.
3. Vous voyez un ours.
4. Votre copain / copine ne veut plus marcher.
5. Vous ne trouvez plus votre chemin.
6. Vous rencontrez votre professeur d'allemand.

continuer à marcher
arrêter de marcher
demander son chemin
courir très vite
monter sur un arbre
(ne plus) bouger
aller jusqu'à un chalet
regarder la carte
mettre un vêtement de pluie

chercher, appeler, crier, pleurer, attendre, réfléchir, chanter, retourner, raconter …

b *Trouvez d'autres situations et d'autres solutions.*

[1] **un mètre** [ɛ̃mɛtʀ] ein Meter

4 L'interview (G 47)

qui est-ce qui
qui est-ce que
qu'est-ce qui
qu'est-ce que

A la caisse du parc Chloro'fil, des élèves d'un collège posent des questions aux touristes.
Utilisez les questions à gauche et trouvez les réponses.

Questions des élèves:

1. **Qui est-ce qui** est déjà venu ici?
2. ? vous a donné l'adresse du parc?
3. ? vous avez contacté pour trouver un camping?
4. ? vous plaît dans les Pyrénées?
5. ? vous énerve, ici?
6. ? vous avez rencontré dans la montagne?
7. ? a déjà grimpé sur un arbre?
8. ? vous avez pris avec vous?

Réponses des touristes:

a) Personne, on n'a pas vu un chat!
b) Moi! Je fais même de l'escalade!
c) Nous aimons tout, ici! La nature, le silence.
d) Ma fille l'a trouvée sur Internet.
e) Personne. C'est la première fois.
f) Rien. Nous aimons bien la région!
g) Des casques et des vêtements de pluie.
h) Nous avons contacté l'office de tourisme.

5 Un bon week-end (G 47)

a *Qu'est-ce que vous faites le week-end?*
Travaillez à deux.
Chaque élève écrit sur un papier 4 questions.
Puis il les pose à son voisin.
Le voisin répond.

- Est-ce que …?
- Quand/Pourquoi est-ce que …?
- Où/Comment est-ce que …?
- Avec qui/A quelle heure est-ce que …?
- Quel …?

b *Travaillez en groupe.*
Chaque groupe prépare 4 questions sur les activités de vos camarades le week-end.
Utilisez les 4 questions à droite.
Puis, posez les questions en classe et vos camarades répondent.

Qui est-ce qui …?
Qui est-ce que …?
Qu'est-ce qui …?
Qu'est-ce que …?

aller à
jouer d'un instrument
(aimer) faire
intéresser
inviter
rencontrer
avoir envie de
…

6 Jeu de mots: La nature et les activités

a *Cherchez dans le texte 8A tous les noms* et tous les verbes qui décrivent «la nature» et «les activités du groupe». Complétez le tableau.*

Noms: la nature	**Verbes: la nature et les activités**
le chemin la forêt …	faire chaud marcher …

b *Ecrivez un petit texte poétique d'après l'exemple. Pensez aux vacances à la montagne, à la mer, en été, en automne etc.*

1e ligne: Une couleur (1 mot)
2e ligne: Une chose qui a cette couleur (2 mots)
3e ligne: Une phrase qui donne des informations sur cette chose: où elle est, ses activités, etc. (3 mots)
4e ligne: Une phrase qui commence par *je* (4 mots)
5e ligne: Un mot de résumé … (nom, adjectif, etc.) (1 mot)

Exemple:

Verte
La forêt
Elle chante toujours

J'écoute sa musique
Chance!

c *Faites un dessin pour votre texte et présentez votre texte à la classe.*

7 Demander et expliquer son chemin

on dit …

- Excusez-moi*, monsieur/madame/mademoiselle, je cherche …
  Est-ce que vous pouvez m'aider, s'il vous plaît?
- Pour aller à …, s'il vous plaît?
- Comment est-ce que je vais à …?
- Est-ce que c'est le bon chemin pour aller à …, s'il vous plaît?
- Merci beaucoup!

- Prenez la première rue à droite.
  Allez tout droit jusqu'à …
- Tournez à droite/à gauche aux feux*/au carrefour*.
- Vous passez devant le cinéma …
- Traversez …

- De rien!

tourner à droite

tourner à gauche

aller tout droit

faire demi-tour*

passer devant

traverser

29 **a** *Ecoutez les deux dialogues et regardez le plan de Blagnac à la fin de votre livre. Où vont ces deux personnes?*

b *Explique à ton correspondant/ta correspondante le chemin de ta maison jusqu'à l'école ou à l'arrêt de bus.*

31 S

Aventures

1 Les Bajot et les Carbonne se trouvent maintenant dans le parc «Chloro'fil». C'est un parc où on peut faire du sport et découvrir la nature. On peut y grimper aux arbres et passer d'un arbre à un autre sur des cordes.
«Je ne suis plus fatiguée du tout et je m'amuse beaucoup» dit Zoé.
«En plus, je n'ai plus mal aux pieds.»

2 Emma et Victor se promènent entre les arbres sur des cordes. «C'est cool! Ils ont construit un super parc!» crie Emma à Victor qui ne répond pas parce qu'il a peur de tomber. Fabien, lui, est resté en bas. Quand Emma redescend, il la regarde. Il est rouge de colère.
«Qu'est-ce que tu as? Qu'est-ce que je t'ai fait?» lui demande Emma.
Ils se disputent. Mais Emma sait très bien pourquoi Fabien est en colère:
C'est parce qu'elle s'amuse bien avec Victor et qu'elle rit avec lui.
Fabien est jaloux!

3 Quatre heures. Il fait très chaud et le soleil se cache maintenant derrière des gros nuages noirs. C'est l'heure du départ. Tout le monde est là … sauf Fabien. Parents et enfants se demandent où il est. On le cherche, on l'appelle. Zoé crie: «Fabien, Fabien! Où est-ce que tu te caches?» Emma prend son portable pour l'appeler. Le téléphone sonne … une fois, deux fois, trois fois. Rien.
Mais qu'est-ce qui se passe?

→ CdA

4 Tout à coup, monsieur Bajot crie: «Venez vite! Je l'ai trouvé.» Fabien, qui est sous un arbre, a mal à la jambe gauche et parle comme dans un rêve: «Au secours! Aïe! Je ne peux plus bouger.»
Et il raconte: Il dit qu'il a vu un gros ours. L'ours l'a regardé un moment sans bouger, mais Fabien a eu peur. Alors, il a couru comme un fou et il est tombé dans un trou.
Monsieur Carbonne prend son portable et fait le 15 pour appeler une ambulance. Elle arrive très vite et conduit Fabien à l'hôpital. Madame Carbonne l'accompagne. Mais pour Emma, il n'y a plus de place dans l'ambulance.

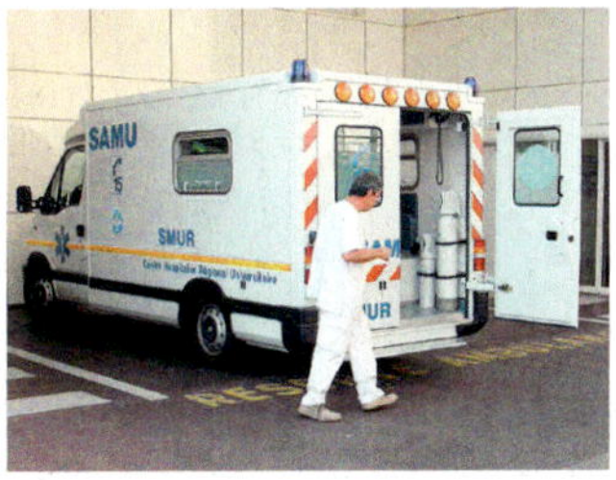

5 A l'hôpital, le médecin, qui regarde la jambe de Fabien, dit: «Ce n'est pas trop grave, jeune homme. Un petit accident. Vous avez une jambe cassée. On va vous mettre un plâtre. Et dans quelques semaines, si tout va bien, vous allez pouvoir jouer au rugby.»
Pendant ce temps, le groupe, un peu triste, rentre au camping. Emma n'a plus envie de s'amuser. Elle pense que c'est de sa faute. Est-ce qu'elle doit s'excuser? Et Fabien, qu'est-ce qu'il pense maintenant?
Tout à coup, le vent se lève. Il commence à pleuvoir. C'est l'orage … Il faut partir … Vite! Tout le monde court. Enfin, les amis arrivent au terrain de camping où ils attendent la fin de l'orage – et des nouvelles de Fabien. Quelle aventure!

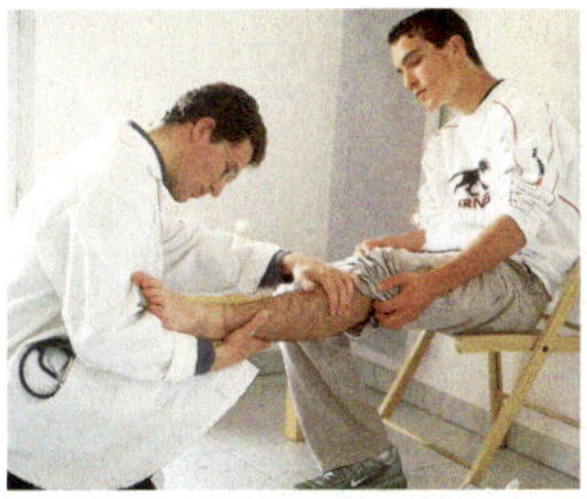

1 A propos du texte

Qui est-ce ou qu'est-ce que c'est?

1. On peut **y** découvrir la nature.
2. **Elle** n'a plus mal aux pieds.
3. **Ils** marchent sur des cordes pour passer d'un arbre à un autre.
4. **Ils** se disputent.
5. **Ils** sont noirs et le soleil se cache derrière.
6. **Elle** se demande où Fabien se cache.
7. **Il** a mal à la jambe et crie au secours.
8. **Il** est resté un moment sans bouger.
9. C'est **une voiture** qui conduit Fabien à l'hôpital.
10. **Elle** se demande si elle doit s'excuser.
11. Le groupe **y** va pour attendre la fin de l'orage.

2 Dialogues dans la voiture (G 51)

*Complétez avec les verbes **conduire** et **construire**. Attention aux temps!*

Emma: Ne ? pas trop vite, papa! Les autres ? comme des fous.
M. Carbonne: Je ne ? pas trop vite, j'ai froid et je veux rentrer.
Emma: Dans quel hôpital est-ce qu'on **a** ? Fabien tout à l'heure?
Valentin: Attends! Papa, tu nous y ? sûrement maintenant, non?
M. Carbonne: Oui, maman et Fabien nous y attendent déjà.
Manon: J'aime les parcs. Pourquoi est-ce qu'on n'en ? pas plus?
M. Carbonne: On en **a** déjà ? beaucoup. Ils **ont** même ? des parcs où on peut faire du vélo.
Manon: On va dans un parc comme ça, dimanche prochain?
M. Carbonne: Non, c'est trop dangereux. Vous allez trop vite, en vélo, et je n'ai pas envie de ? un de vous trois à l'hôpital chaque semaine!

3 Chez le médecin

on dit ...

- Qu'est-ce qui ne va pas?
  Qu'est-ce que je peux faire pour vous/toi?
- Bon, je vais regarder ça ...
  Ça vous/te fait mal, ici?
- Oui, c'est grave./Non, ce n'est pas (trop) grave./Non, ce n'est rien.
  Vous avez une jambe cassée/la grippe*.
  Je vais vous mettre un plâtre./
  Je vais vous donner un médicament*.
  Voilà l'ordonnance*! Ça fait 28 €.

- J'ai (très) mal à la tête/au ventre*/ à la jambe/au bras*/au pied/à la gorge*.
  J'ai eu un accident!/Je suis malade.
- Aïe!/Je ne peux plus bouger!
  Quand je marche, ma jambe me fait très mal!
  C'est grave, docteur*?/
  Ce n'est pas (trop) grave, docteur?

Info F

In Frankreich muss man beim Arzt sofort bezahlen.

Travaillez à deux. Faites l'interprète.

Im Urlaub in Frankreich hat sich deine Mutter verletzt.
Du musst für sie dolmetschen.

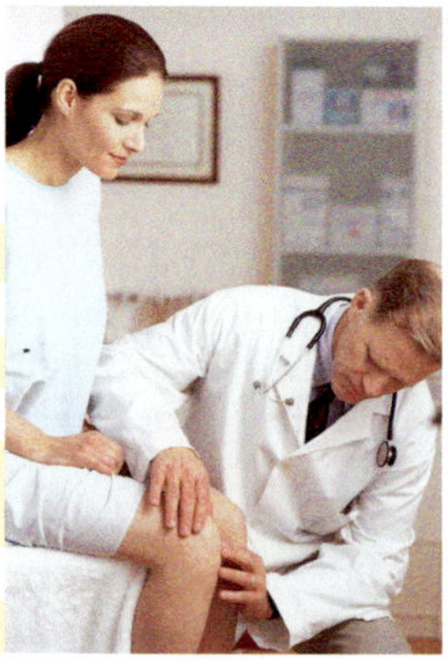

- Bonjour! Qu'est-ce que je peux faire pour vous? – ...
- Ich bin gestern hingefallen und mein rechtes Bein tut sehr weh. – ...
- Bon, je vais regarder la jambe. Ça vous fait mal, ici? – ...
- Aua! Ja! Und wenn ich mich bewege, tut das Bein weh. – ...
- Ce n'est pas grave. La jambe n'est pas cassée. Vous n'avez pas besoin de rester à l'hôpital. Je vous donne une crème.
- Ich will kein Medikament, vielen Dank!
- De rien. Ça fait 28 €. – ...

4 Ecrire: L'accident de Monsieur Fabre

a *Regardez les images et écrivez une petite histoire.*

b *Imaginez la fin de l'histoire. Ecrivez de cinq à dix phrases.*

5 Emma chez Fabien (G 50)

a *Ecrivez le dialogue entre Emma et Fabien.*
Utilisez les verbes au présent.

1. ***Emma:*** Comment va ta jambe? Ça ne fait plus mal?
   Je ne vois pas ton chat. Je ? s'il a peur et s'il ? sous ton lit.
2. ***Fabien:*** Il a peut-être peur de toi.
   Les chats ? toujours quand ils ont peur.
3. ***Emma:*** Tu ne restes pas au lit? Tu ? déjà?
4. ***Fabien:*** Oui. Je ? parce que je n'ai plus mal à la jambe maintenant. Tu viens, on ? un peu dans le jardin?
5. ***Emma:*** D'accord. Tu sais, moi, je trouve que nous ? bien ensemble!
6. ***Fabien:*** Surtout quand mes parents et Victor ? loin d'ici!
7. ***Emma:*** Mais! Arrête! Qu'est-ce qui ? ? Tu es jaloux!
8. ***Fabien:*** Nous ? toujours quand nous parlons de Victor!

b *Le soir, Fabien raconte sa journée à ses parents.*
Mettez les phrases au passé composé.
Commencez comme ça: 1. Emma est venue.

1. Emma vient.
2. Alors, le chat se cache sous mon lit.
3. Je me lève.
4. Emma se promène avec moi dans le jardin.
5. Nous nous amusons bien.
6. Nous ne nous disputons pas.

21

6 Ecouter: Le retour des ours dans les Pyrénées

In den letzten Jahren wird versucht, den Braunbären in den Pyrenäen wieder heimisch zu machen.

Avant la première écoute:
a *A votre avis, de quoi peuvent discuter les gens dans le texte?*

Après la première écoute:
b *Avec combien de personnes est-ce que la journaliste parle, dans l'interview?*

Après la deuxième écoute:
c *Combien de personnes sont pour et combien sont contre le retour des ours?*

Après la troisième écoute:
d *Notez un argument pour, un argument contre le retour des ours dans les Pyrénées.*
e *Donnez votre avis: Est-ce que le retour des ours dans les Pyrénées est une bonne chose?*

7 Internetrecherche

Stratégie

Worauf solltet ihr achten, wenn ihr im Internet Informationen sucht?

1. Überlegt zunächst, was genau ihr wissen wollt. Falls ihr mehrere Fragen habt, notiert sie euch: die wichtigste Frage zuerst, dann der Reihe nach die weiteren.
2. Benutzt eine Suchmaschine. Gebt euren Suchbegriff auf Französisch ein.
3. Aus dem umfangreichen Suchergebnis müsst ihr zuerst die „richtigen" Seiten herausfiltern. Sucht deshalb in den kurzen Texten unter den angebotenen Links nach weiteren Wörtern, die zu eurem Thema passen. Klickt erst auf den Link, wenn ihr sicher seid, dass es um euer Thema geht.
4. Vergewissert euch, dass die Seite offiziellen Charakter hat und nicht von Privatpersonen stammt. Sucht auf der Seite nach einem Datum, um zu überprüfen, ob die Informationen aktuell sind.
5. Sucht gezielt nach Informationen, die sich auf eure Fragen beziehen. Wendet die Erschließungstechniken an, die ihr bereits gelernt habt (S. 30, S. 58).

www

Zur Vorbereitung einer Klassenfahrt sucht ihr Informationen über einen Freizeitpark in den Pyrenäen. Findet die Antwort auf folgende Fragen:

- Ist der Park im Juni geöffnet?
- Zu welchen Uhrzeiten ist er geöffnet?
- Wie viel kostet der Eintritt für Schüler?
- Wie viel kostet der Eintritt für Lehrer?
- Gibt es eine Gruppenermäßigung? Wenn ja, wie hoch ist der ermäßigte Preis?

Du kannst ...

1. ... jemanden um Entschuldigung bitten.	..., monsieur/madame.
2. ... jemanden um Hilfe bitten.	Est-ce que tu/vous ...?
3. ... sagen, dass jemand an der Kreuzung nach links abbiegen soll.	...
4. ... sagen, dass du einen Unfall hattest.	J'ai eu ...
5. ... sagen, dass dir dein Arm sehr weh tut.	Mon bras ...
6. ... sagen, dass du einen Arzt brauchst.	J'ai ...
7. ... auf Dank reagieren („Keine Ursache!")	...
8. ... jemanden fragen, was ihn interessiert.	Qu'est-ce qui ...?
9. ... jemanden fragen, was los ist.	... se passe?

Grammatik auf einen Blick

1 Frageformen (G 47)

Qui / **Qu'** – **est-ce** – **qui** / **que**

Setzt das richtige Fragepronomen ein:

1. ? s'appelle Annie?
2. ? Mme Bajot contacte?
3. ? lui plaît dans les Pyrénées?
4. ? on peut visiter dans la région?
5. ? Fabien aime bien? Léa ou Emma?
6. ? est difficile pour Zoé?

2 Die unverbundenen Personalpronomen (G 48)

moi	**nous**
toi	**vous**
lui/elle	**eux [ø]/elles**

Emma et Cécile regardent des photos. Complétez.

1. Ce sont **les Bajot**, ça? – Oui, ce sont ?.
2. Et ça, c'est **vous**? – Oui, c'est ?, sous la pluie.
3. Ce sont **les sœurs** de Victor? – Oui, ce sont ?.
4. C'est **Victor**? – Oui, c'est ?.
5. C'est **Zoé**? – Oui, c'est ?.
6. Et là, c'est **toi**? – Oui, c'est ?.

3 Das Verb courir (G 49)

je	**cours**
tu	**cours**
il/elle/on	**court**
nous	**courons**
vous	**courez**
ils/elles	**courent**

Passé composé: j'ai **couru**

1. En sport, nous ? un 100 mètres.
2. Moi, je ? le 100 mètres en 15 secondes[1].
3. Mon copain le ? en 13 secondes.
4. Et toi, tu le ? en combien de temps?
5. En classe de 10e, ils ? un 1000 mètres.
6. **La semaine dernière**, mon frère ? le 1000 mètres en 4 minutes 10!
7. Attendez! Ne ? pas comme des fous!

4 Die Verben *conduire* und *construire* (G 51)

je	**conduis**
tu	**conduis**
il/elle/on	**conduit**
nous	**conduisons**
vous	**conduisez**
ils/elles	**conduisent**

Passé composé: j'ai **conduit**

Ebenso: construire

Mettez le bon verbe et la bonne forme.

1. Maman, tu me ? au collège, s'il te plaît?
2. Demande à ton frère, il sait ? aussi.
3. Mon copain dit que tous les Allemands ? trop vite. Est-ce que c'est vrai?
4. Non, dans notre famille, par exemple, nous ne ? pas très vite.
5. Chez Airbus, on ? des avions.
6. Moi aussi, je ? des avions, mais en papier.
7. J'en ai déjà ? 23 modèles[2] différents.

5 Die reflexiven Verben (G 50)

je	**me**	cache
tu	**te**	caches
il/elle/on	**se**	cache
nous	**nous**	cachons
vous	**vous**	cachez
ils/elles	**se**	cachent

Passé composé: je me **suis** caché(e)
Imperativ: Cache-toi!

Ebenso:
s'amuser, s'appeler, se demander, se disputer, se lever, se passer, se promener, se trouver

Paulette s'amuse.
Verneinung: Amandine **ne** s'amuse **pas**.

Traduisez:

1. Fabien und Emma gehen im Park spazieren.
2. Heute streiten sie nicht.
3. Wir fragen uns, wo sich der Bär jetzt befindet.
4. Versteckt er sich hinter den Bäumen?

Du kannst nachschlagen. Die Lösungen findest du auf S. 177.

1 **une seconde** [ynsəgõd] eine Sekunde – 2 **un modèle** [ɛ̃mɔdɛl] ein Modell

Les parcs des Pyrénées

Il y a beaucoup de parcs intéressants dans la région. C'est pourquoi votre professeur vous demande de chercher aussi des informations sur ces parcs.

Indiana Parc

Vertige de l'Adour

Montozarbres

Aventure Parc

Pyrénées Hô

Projet

a *Travaillez en groupes. Chaque groupe travaille sur un parc et répond aux questions suivantes:*

1. Où est-ce que le parc se trouve?
2. Quels sont le numéro de téléphone et l'adresse e-mail du parc?
3. Est-ce qu'il est ouvert au mois de juin? De quelle heure à quelle heure?
4. Quel est le prix d'entrée pour un groupe d'élèves?
5. Est-ce qu'on peut réserver?/Quand est-ce qu'il faut réserver?
6. Quelles activités et quels parcours[1] est-ce qu'on peut y faire?

b *Questions supplémentaires:*

1. Expliquez le nom de votre parc.
2. Quels autres parcs est-ce qu'il y a encore dans les Hautes-Pyrénées? Notez les noms.

c *Chaque groupe présente ses résultats à la classe. Chaque groupe peut aussi préparer une affiche sur «son» parc.*

d *Question pour toute la classe: Quel parc vous plaît/vous intéresse le plus? Pourquoi?*

1 **un parcours** [ɛ̃paʀkuʀ] eine Strecke, ein Durchgang

Une nouvelle élève dans la classe

Les histoires d'amour n'intéressent pas Pablo.
La seule chose qui l'intéresse sont les extraterrestres[1].
Il lit tous les livres sur eux et il les dessine.
Les autres élèves rient mais ça lui est égal.
Il sait qu'un jour, ils vont venir chez lui. Il les attend …

Mila

Quand le directeur est entré dans la classe cet après-midi, une fille est restée derrière lui. Je l'ai vue, et pour moi, ça a été comme un coup de foudre. Le directeur a dit: «Je vous présente Mila. Elle …» Puis, il a vu ma tête: «Remets-toi, Pablo. C'est une fille, pas une extraterrestre!» Tout le monde a ri. Sauf Mila qui nous a regardés calmement[2]. Quand ses yeux[3] verts se sont arrêtés sur moi, je suis devenu[4] rouge comme une tomate. Le directeur a expliqué: «Elle vient d'arriver dans le village. Soyez[5] sympas avec elle.» Puis il a continué: «Elle habite la maison des Marais[6].» A ces mots, les autres élèves ont eu peur. Les Marais se trouvent au nord du village. Les enfants n'y mettent jamais les pieds et les grandes personnes non plus. Les Marais sont hantés[7] depuis un assassinat[8] vieux de deux cents ans, mais qui s'est passé dans la seule maison là-bas, la maison où habite maintenant Mila. On ne l'a pas dit à ses parents?

Silence

Bientôt, Mila se montre très bonne élève. Elle a toujours fini ses exercices avant nous. Elle travaille en silence. Quand elle a fini, elle regarde le ciel[9]. Parfois[10], elle répond au professeur, mais elle ne parle pas beaucoup. Elle doit être timide[11], comme moi. Alors, je n'ose[12] pas faire le premier pas[13], mais je crois qu'elle m'aime aussi un peu parce qu'elle me sourit[14] parfois. Les autres la trouvent bizarre. Quand ils la rencontrent, ils crient: «Sorcière[15]!» Elle ne semble[16] rien entendre. Mais moi, je suis en colère et je crie: «Arrêtez, idiots! » Ils rient et ils chantent: «Pablo est amoureux de la sorcière!»

D'après Thierry Lenain/Marc Daniau, *La fille de nulle part*; Texte © Editions Nathan (Paris France) 2005

1. Décrivez Pablo et Mila.
2. Pourquoi est-ce que la nouvelle élève intéresse Pablo?
3. Pourquoi est-ce que les autres élèves l'appellent «la sorcière»?
4. Imaginez la suite de l'histoire.

---

1 un/une extraterrestre [ɛ̃/ynɛkstʀatɛʀɛstʀ] ein(e) Außerirdische(r) – **2 calmement** ruhig – **3 un œil, des yeux** [ɛ̃nœj/dezjø] ein Auge, Augen – **4 devenir** werden – **5 soyez** [swaje] seid *(Imperativ von être)* – **6 le marais** das Moor – **7 ils sont hantés** [ilsõɑ̃te] es spukt in ihnen – **8 un assassinat** [ɛ̃nasasina] ein Mord – **9 le ciel** [ləsjɛl] der Himmel – **10 parfois** manchmal – **11 timide** schüchtern – **12 oser** wagen – **13 un pas** ein Schritt – **14 sourire** lächeln – **15 une sorcière** [ynsɔʀsjɛʀ] eine Hexe – **16 sembler** scheinen

Lautzeichen

Vokale

[a]	m**a**d**a**me; wie das deutsche *a*.
[e]	caf**é**, mang**er**, regard**ez**; geschlossenes *e*, etwa wie in *geben*.
[ɛ]	il f**ai**t, il **est**, m**e**rci; offenes *ä*, etwa wie in *Ärger*.
[i]	**i**l, dess**i**ner; geschlossener als das deutsche *i*, Lippen stark spreizen; etwa wie in *Liebe*.
[o]	phot**o**, all**ô**, **au**ssi; geschlossenes *o*, wie in *Rose*.
[ɔ]	l'éc**o**le, al**o**rs, c**o**llège; offenes *o*, offener als in *Loch*.
[ø]	d**eux**, monsi**eur**; geschlossenes *ö*, etwa wie in *böse*.
[œ]	s**œu**r, n**eu**f, h**eu**re; offenes *ö*, bei kurzem Vokal etwa wie in *R**ö**cke*.
[ə]	l**e**, d**e**main; der Laut liegt zwischen [œ] und [ø], näher bei [œ], etwa wie in *Farb**e***.
[u]	**où**, bonj**ou**r; geschlossenes *u*, etwa wie in *Ufer*.
[y]	t**u**, r**ue**, sal**ut**; geschlossenes *ü*, etwa wie in *Tüte*.

Nasalvokale

[ɛ̃]	**un**, chi**en**, l**un**di, cop**ain**; nasales [ɛ]
[õ]	**on**, s**on**t, n**om**; nasales [o]
[ɑ̃]	d**an**s, ch**am**bre, je pr**ends**; nasales [ɑ]

Die Nasalvokale haben im Deutschen keine Entsprechung.
Beachte: *un, lundi:* Neben [ɛ̃] hört man in Frankreich auch [œ̃] = nasales [œ].

Konsonanten

[f]	**f**rère, **ph**oto; wie das deutsche *f* in *falsch*.
[v]	de**v**ant, il arri**v**e; wie das deutsche *w* in *werden*.
[s]	**s**œur, **c**'est, **ç**a, re**s**ter, atten**t**ion; stimmloses *s*, wie in *Los*; als Anlaut vor Vokal ist *s* immer stimmlos.
[z]	phra**s**e, mai**s**on, il**s**‿arrivent, **z**éro; stimmhaftes *s*, wie in *Esel*; zwischen zwei Vokalen ist *s* stimmhaft.
[ʃ]	je **ch**er**ch**e; stimmloses *sch*, wie in *schön*.
[ʒ]	**j**e, bon**j**our, éta**g**e; stimmhaft wie *j* in *Journalist*.
[ɲ]	campa**gn**e; klingt *nj* wie das *gn* in *Lasagne*.
[ŋ]	in Wörtern aus dem Englischen, z. B. camping.
[ʀ]	**r**egarder; Zäpfchen-Reibelaut; wird auch am Wortende und vor Konsonant deutlich ausgesprochen.

Die nicht erwähnten Konsonanten sind den deutschen sehr ähnlich. Bei [p], [b], [t], [d], [k], [g] ist jedoch darauf zu achten, dass sie ohne „Hauchlaut" gesprochen werden.

Halbkonsonanten

[j]	quart**i**er; weicher als das deutsche *j* in *ja*.
[w]	**ou**i, t**oi**; flüchtiger [u]-Laut, gehört zum folgenden Vokal.
[ɥ]	c**ui**sine, je s**ui**s, h**ui**t; flüchtiger [y]-Laut, gehört zum folgenden Vokal.

Symbole und Abkürzungen

D	Deutsch	→	Vergleiche mit …
F	Französisch	↔	Achte auf den Unterschied zwischen
E	Englisch	=	bedeutet
	Vokabelnetz, z. B. *un appartement, une chambre …*	≠	Ist das Gegenteil von, z. B. *question ≠ réponse*
	Wortfamilie, z. B. *un dessin, dessiner*	*m.*	*masculin* (= maskulin, männlich)
	Schreibung	*f.*	*féminin* (= feminin, weiblich)
	Aussprache	*pl.*	*pluriel* (= Plural, Mehrzahl)
!	Achtung!	*sg.*	*singulier* (= Singular, Einzahl)
	Leicht zu merken!	qc	*quelque chose* (= etwas)
fam.	*familier* (= umgangssprachlich)	qn	*quelqu'un* (= jemand)
ugs.	umgangssprachlich	jd.	jemand
		jdn.	jemanden
		jdm.	jemandem

LEÇON 1

TIPP Lerne Vokabeln **regelmäßig**, z. B. jeden Tag von 18.00 Uhr bis 18.10 Uhr oder 10 Minuten vor dem Einschlafen.

Entrée Vacances en Ardèche

l'**Ardèche** *(f.)* [laʀdɛʃ]	die Ardèche *(Name eines Flusses und eines Départements in Südfrankreich)*	
en Ardèche [ɑ̃naʀdɛʃ]	im Département Ardèche	
le **Pont d'Arc** [ləpɔ̃daʀk]	*Felsbogen im Tal der Ardèche*	arc (m.) = Bogen → l'Arc de Triomphe

Ardèche: Das wild zerklüftete Tal der Ardèche ist ein beliebtes Ferienziel. Die Touristen kommen zum Kanufahren, zum Baden, zum Klettern und um die zahlreichen Höhlen zu besichtigen. Der *Pont d'Arc*, ein natürlicher Felsbogen, ist ein bekanntes Naturdenkmal.

un **canoë** [ɛ̃kanɔe]	ein Kanu	En Ardèche, on peut faire du canoë.
le **tir à l'arc** [lətiʀalaʀk]	das Bogenschießen	Moi, je fais du tir à l'arc.
un **cirque** [ɛ̃siʀk]	ein Zirkus	
un **vélo** [ɛ̃velo]	ein Fahrrad	On fait du vélo? – Non, je n'ai pas de vélo, moi.
là-bas [laba]	dort(hin), da(hin)	Tu habites ici? – Non, j'habite là-bas, dans la maison bleue.
Aubenas [obna]	*Stadt an der Ardèche*	
l'**été** *(m.)* [lete]	der Sommer	**En été**, je vais à Aubenas.
attendre qc /qn [atɑ̃dʀ]	auf etw./jdn. warten	Tu attends qui? – J'attends ma sœur.

Regelmäßige Verben auf -dre: j'attends, tu attends, il/elle/on attend, nous attendons, vous attendez, ils/elles attendent

une **arrivée** [ynaʀive]	eine Ankunft	arriver
perdre qc [pɛʀdʀ]	etw. verlieren	Ne perds pas ton porte-monnaie!
le **temps** [lətɑ̃]	*(hier)* die Zeit	– Nous avons beaucoup de temps. – Non, nous avons peu de temps! [E] time
rencontrer qn [ʀɑ̃kɔ̃tʀe]	jdn. treffen/jdm. begegnen	! On rencontre des amis et on raconte des histoires.
une **découverte** [yndekuvɛʀt]	eine Entdeckung	
une **information** [ynɛ̃fɔʀmasjɔ̃]	eine Information	Sur Internet, on trouve des informations sur Aubenas.
un **e-mail** [ɛ̃nimɛl]	eine E-Mail	
un **moniteur**/une **monitrice** *(fam.:* un mono/une mono) [ɛ̃mɔnitœʀ/ynmɔnitʀis]	ein Betreuer/eine Betreuerin	Ma sœur travaille comme monitrice.
répondre à qc/qn [ʀepɔ̃dʀ]	auf etw./jdm. antworten	Luc répond à la question de Léa. une réponse
peut-être [pøtɛtʀ]	vielleicht	wörtlich: «kann sein»

une **semaine** [ynsəmɛn]	eine Woche	Une semaine a sept jours.
Sophie [sɔfi]	Sophie *(weibl. Vorname)*	
Estelle [ɛstɛl]	Estelle *(weibl. Vorname)*	

Texte A Un coup de téléphone

un **coup de téléphone** [ɛ̃kudətelefɔn]	ein Anruf	J'attends ton coup de téléphone!
seul/seule [sœl]	allein	[D] ein Solo
depuis [dəpɥi]	seit	Je suis ici depuis midi.
compter qc [kɔ̃te]	etw. zählen	[!] [kɔ̃te] sans [p]! [E] to count
2 **drôle** [dʀol]	lustig	→ [D] drollig
dire qc à qn [diʀ]	jdm. etw. sagen	Les enfants disent au revoir aux parents.

dire: je dis, tu dis, il/elle/on dit, nous disons, vous **dites**, ils/elles disent

rigoler *(fam.)* [ʀigɔle]	lachen *(ugs.)*	On rigole: c'est une histoire drôle.
entendre qc [ɑ̃tɑ̃dʀ]	etw. hören	Elle entend, mais elle n'écoute pas.

entendre: hören ([E] to hear), **écouter**: zuhören ([E] to listen)

changer qc [ʃɑ̃ʒe]	etwas ändern	Ça va changer. = Das wird sich ändern. [E] to change [!] nous chan**ge**ons (→ nous bou**ge**ons, nous man**ge**ons)
une **bise** *(fam.)* [ynbiz]	ein Kuss *(ugs.)*	→ ein „Bussi“

La bise ist ein angedeuteter Kuss auf beide Wangen. Diese Form der Begrüßung ist in Frankreich zwischen Verwandten und guten Bekannten üblich.

faire la bise à qn *(fam.)* [fɛʀlabiz]	jdn. mit Kuss begrüßen, jdn. mit Kuss verabschieden	En France, on fait la bise à ses amis.
un **vêtement** [ɛ̃vɛtmɑ̃]	ein Kleidungsstück	Une chemise, un pantalon, une robe: ce sont des vêtements.
changer de [ʃɑ̃ʒedə]	etw. wechseln	Je change **de** chemise. Nous changeons **de** salle de classe.
bête [bɛt]	dumm	Il est bête. Elle est bête. Ils sont bêtes.
3 le **contraire** (de) [ləkɔ̃tʀɛʀ]	das Gegenteil (von)	Le contraire de vrai, c'est faux. contre
une **vidéo** [ynvideo]	ein Video	
apprendre qc [apʀɑ̃dʀ]	etw. lernen	Nous apprenons le français. prendre

apprendre: j'apprends, tu apprends, il/elle/on apprend, nous apprenons, vous apprenez, ils/elles apprennent

un **sketch** [ɛ̃skɛtʃ]	ein Sketch (kurzes, witziges Theaterstück)	Au collège, on joue un sketch.
l'**anglais** *(m.)* [lɑ̃glɛ]	das Englische; Englisch *(als Unterrichtsfach)*	Est-ce que tu comprends bien l'anglais? – Oui. Je suis bon **en** anglais. 
anglais/anglaise [ɑ̃glɛ/ɑ̃glɛz]	englisch	J'aime bien les chansons anglais**es**.
que [kə]	dass	Estelle trouve que Léa est bête.
un **rôle** [ʀ̃ɛʀol]	eine Rolle	On joue un sketch. Je trouve que mon rôle est drôle.
comprendre qc [kɔ̃pʀɑ̃dʀ]	etw. verstehen	Tu comprends? – Non, je ne comprends pas! → prendre

comprendre: je comprends, tu comprends, il/elle/on comprend, nous comprenons, vous comprenez, ils comprennent

4 **grave** [gʀav]	schlimm	Ça ne fait rien. Ce n'est pas grave.
continuer (à faire qc) [kɔ̃tinɥe]	weitermachen, fortfahren (etw. zu tun)	Continuez, s'il vous plaît. E to continue

Texte B Bonjour d'Aubenas!

envoyer qc à qn [ɑ̃vwaje]	jdm. etw. schicken	J'envoie des photos à mes amis.

envoyer: j'env**oie**, tu env**oies**, il env**oie**, nous envoyons, vous envoyez, ils env**oient**

un **SMS** [ɛ̃ɛsɛmɛs]	eine SMS	☺ 
une **carte postale** [ynkaʀtpɔstal]	eine Postkarte	Nous envoyons une carte postale à mamie et papi.
cher/chère [ʃɛʀ]	lieb, teuer	Chère Mamie, cher Papi, …

cher/chère: in der Anrede bedeutet cher/chère „lieb“. Als normales Adjektiv bedeutet *cher/chère* „teuer“: *Le CD est très cher.*

cool *(fam.)* [kul]	cool *(ugs.)*	
une **note** [ynnɔt]	eine Note	Paulette a des bonnes notes au collège.
un **devoir** [ɛ̃dəvwaʀ]	eine (Haus)Aufgabe	Le soir, je fais mes devoirs.
être content(e) de faire qc	zufrieden, glücklich sein, etw. zu tun	Emma est contente d'être en Ardèche.
commencer (à faire qc) [kɔmɑ̃se]	anfangen (etw. zu tun)	Nous commençons à lire et vous continuez, d'accord?

commencer: je commence, tu commences, il/elle/on commence, nous commen**ç**ons, vous commencez, ils/elles commencent

acheter qc [aʃte]	etw. kaufen	Elles achètent des souvenirs.

acheter: j'ach**è**te, tu ach**è**tes, il/elle/on ach**è**te, nous achetons, vous achetez, ils/elles ach**è**tent

un **souvenir** [ɛ̃suvniʀ]	eine Erinnerung, ein Andenken	
vendre qc [vɑ̃dʀ]	etw. verkaufen	Au magasin, on vend des souvenirs. *Konjugation wie attendre*
3 **appeler** qn [apəle]	jdn. (an)rufen	= téléphoner à qn

appeler: j'appe**lle**, tu appe**lles**, il appe**lle**, nous appelons, vous appelez, ils appe**llent**

hier [jɛʀ]	gestern	hier – aujourd'hui – demain
même [mɛm]	sogar	Emma est contente, même très contente.
le **départ** [lədepaʀ]	die Abfahrt, der Aufbruch	C'est le départ. Je dis au revoir. le départ ≠ l'arrivée
une **affaire** [ynafɛʀ]	eine Sache, eine Angelegenheit	Mon bloc! Ma gomme! Où sont mes affaires?
passer [pase]	vorbeigehen, -fahren, -kommen	Le week-end passe toujours vite.
une **année** [ynane]	ein Jahr	L'année a 12 mois.
prochain/prochaine [pʀɔʃɛ̃/pʀɔʃɛn]	nächster/nächste/nächstes	L'année prochaine, on va en Ardèche.

Vor dem Nomen: On prend le **prochain** bus. (Dinge usw.)
Nach dem Nomen: La **semaine prochaine/lundi prochain.** (Zeit)

passer qc [pase]	*(hier)* etw. verbringen *(einen Tag)*	Estelle veut encore passer les vacances à Aubenas.

passer: Luc passe l'après-midi devant l'ordinateur. (verbringen)
Le bus passe devant le collège. (vorbeifahren)

Pratique B

3 une **saison** [ynsɛzɔ̃]	eine Jahreszeit	E a season
l'**hiver** *(m.)* [livɛʀ]	der Winter	Mon anniver**saire** est en hi**ver**.
le **printemps** [ləpʀɛ̃tɑ̃]	der Frühling	Le mois d'avril, c'est au printemps.
l'**automne** [lotɔn]	der Herbst	Monsieur Car**bonne** aime bien l'au**tomne**.
la **France** [lafʀɑ̃s]	Frankreich	Voici la France.
la **Toussaint** [latusɛ̃]	Allerheiligen	La Toussaint est en automne.
Noël *(m.)* [nɔɛl]	Weihnachten	A Noël, j'ai des cadeaux.

Hilfen für das Gespräch

Je veux dire … euh, …	Ich möchte sagen … äh …	*(Pause)*
… enfin …, vous savez …	… also …, wissen Sie …	
Comment? Qu'est-ce que vous dites?	Wie bitte? Was sagen Sie?	*(nachfragen)*
Pardon, je ne comprends pas.	Verzeihung, ich verstehe nicht.	
Vous pouvez répéter s'il vous plaît?	Können Sie bitte wiederholen?	
Ah bon, je comprends maintenant.	Ach so, jetzt verstehe ich.	*(bestätigen)*
Ah, bon?	Ach ja?	*(Interesse zeigen)*
C'est intéressant.	Das ist interessant.	
Ah! D'accord.	Aha! Ok.	

Révision

Les activités de vacances

le camping *	Camping, Zelten	**les promenades*** *(f.)*	Spazierengehen
le canoë	Kanufahren	**le sport**	Sport
l'escalade *(f.)*	Klettern	**le tennis**	Tennis
la planche à voile*	Windsurfen	**le tir à l'arc**	Bogenschießen
la natation*	Schwimmen	**le vélo**	Radfahren
la plongée*	Tauchen	**les visites** *(f.)*	Besichtigungen

*Wörter, die hier zur Vervollständigung zusätzlich erwähnt werden.

Die Zahlen von 70 bis 100

70	soixante-dix	**80**	quatre-vingt**s**	**90**	quatre-vingt-dix
71	soixante **et** onze	**81**	quatre-vingt**-un**	**91**	quatre-vingt-onze
72	soixante-douze	**82**	quatre-vingt-deux	**92**	quatre-vingt-douze
73	soixante-treize	**83**	quatre-vingt-trois	**93**	quatre-vingt-treize
74	soixante-quatorze	**84**	quatre-vingt-quatre	**94**	quatre-vingt-quatorze
75	soixante-quinze	**85**	quatre-vingt-cinq	**95**	quatre-vingt-quinze
76	soixante-seize	**86**	quatre-vingt-six	**96**	quatre-vingt-seize
77	soixante-dix-sept	**87**	quatre-vingt-sept	**97**	quatre-vingt-dix-sept
78	soixante-dix-huit	**88**	quatre-vingt-huit	**98**	quatre-vingt-dix-huit
79	soixante-dix-neuf	**89**	quatre-vingt-neuf	**99**	quatre-vingt-dix-neuf
				100	cent

les jours de la semaine	**les noms des mois**	**les saisons**
lundi, mardi, mercredi, jeudi, vendredi, samedi, dimanche	janvier, février, mars, avril, mai, juin, juillet, août, septembre, octobre, novembre, décembre	le printemps, l'été, l'automne, l'hiver
montags: le lundi **am Montag:** lundi	**im Mai:** en mai, au mois de mai*	**au** printemps, **en** été, **en** automne, **en** hiver

LEÇON 2

TIPP Kannst du dir Wörter einfach nicht merken? Schreibe sie auf **Kärtchen**. Vorderseite: Französisch. Rückseite: Deutsch. Hefte sie an eine gut sichtbare Stelle, z. B. neben der Tür.

Entrée De retour à Paris.

un **retour** [ɛ̃ʀətuʀ]	eine Rückkehr, Rückfahrt	un tour, tourner
de retour (à) [dəʀətuʀ]	zurück (in)	Nous sommes de retour des vacances.
le Palais de la Découverte [ləpalɛdladekuvɛʀt]	*naturwissenschaftliches Museum in Paris*	
les Champs-Elysées [leʃɑ̃zelize]	*Prachtstraße in Paris*	

Les Champs-Elysées: In der 2 km langen Prachtstraße von *Paris* gibt es feine Cafés und teure Geschäfte. Wichtige Ereignisse wie die jährliche Militärparade zum Nationalfeiertag am 14. Juli oder die Zieleinfahrt der *Tour de France* finden hier statt.

un **parc** [ɛ̃paʀk]	ein Park	F ←→ D
le **Parc de la Villette** [ləpaʀkdəlavilɛt]	*große Parkanlage im Norden von Paris*	
la **Géode** [laʒeɔd]	*kugelförmiges Kino*	
la **Joconde** [laʒɔkɔ̃d]	die Mona Lisa *(Gemälde von Leonardo da Vinci, das im Louvre hängt.)*	
une **promenade** [ynpʀɔmnad]	ein Spaziergang	On fait une promenade aux Champs-Elysées.
la **fin** [lafɛ̃]	das Ende, der Schluss	Tu veux savoir la fin de l'histoire?
retrouver qc [ʀətʀuve]	etw. wiederfinden	trouver

Texte A Quitter Paris?

mettre qc [mɛtʀ]	etw. legen, setzen, stellen; etw. anziehen	Emma met ses CD dans un carton.

mettre: je mets, tu mets, il met, nous mettons, vous mettez, ils mettent. *Passé composé:* j'ai **mis**

mettre la table [mɛtʀlatabl]	den Tisch decken	Les enfants mettent la table.
un **moment** [ɛ̃mɔmɑ̃]	ein Augenblick	Un moment, s'il vous plaît!
le **temps** [lətɑ̃]	*(hier)* das Wetter	le temps = die Zeit ⟷ le temps = das Wetter
2 un **travail**/des **travaux** [ɛ̃tʀavaj/detʀavo]	eine Arbeit/Arbeiten	travailler
Airbus [ɛʀbys]	Airbus *(europäischer Flugzeughersteller)*	
un **avion** [ɛ̃navjɔ̃]	ein Flugzeug	Chez Airbus, on fait des avions.

Toulouse [tuluz]	Toulouse *(Stadt in Südwest-frankreich)*	
3 **déménager** [demenaʒe]	umziehen	Changer de ville? Non! Emma ne veut pas déménager.

déménager wird konjugiert wie **manger**:
je déménage, nous déménageons; *Passé composé:* j'ai déménagé

un **jardin** [ɛ̃ʒaʀdɛ̃]	ein Garten	E a garden
ne … pas encore [nə … pazɑ̃kɔʀ]	noch nicht	M. Carbonne n'a pas encore trouvé d'appartement.
un **camping-car** [ɛ̃kɑ̃piŋkaʀ]	ein Wohnmobil	
froid/froide [fʀwa/fʀwad]	kalt	
j'ai froid [ʒefʀwa]	mir ist kalt	F **j'ai** … ⟷ D **mir ist** …
4 **mille** [mil]	tausend	kein Plural-s ! Victor a mille idées.
une **tête** [yntɛt]	ein Kopf	
combien de [kɔ̃bjɛ̃də]	wie viele	Il y a combien d'élèves dans ta classe?
un **kilomètre** [ɛ̃kilɔmɛtʀ]	ein Kilometer	Toulouse est à combien de kilomètres de Paris?
ne … pas du tout [nə … padytu]	überhaupt nicht	Emma ne veut pas du tout déménager.
ne … pas non plus [nə … panɔ̃ply]	auch nicht	Manon ne veut pas non plus déménager.
une **main** [ynmɛ̃]	eine Hand	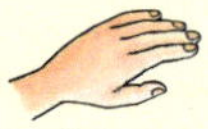

Texte B Toulouse, c'est super!

un **argument** [ɛ̃naʀgymɑ̃]	ein Argument	Il y a des arguments pour Paris et des arguments contre Paris.
une **capitale** [ynkapital]	eine Hauptstadt	Paris est la capitale de la France.
chaud/chaude [ʃo/ʃod]	warm, heiß	≠ froid/froide
il fait chaud [ilfɛʃo]	es ist warm, heiß	≠ il fait froid
il fait beau [ilfɛbo]	es ist schönes Wetter	! F il **fait** … ⟷ D es **ist** …
un **degré** [ɛ̃dəgʀe]	ein Grad	→ E degree
il fait trente degrés [ilfɛtʀɑ̃tdəgʀe]	es sind 30 Grad	
le **soleil** [ləsɔlɛj]	die Sonne	
il y a du soleil [iljadysɔlɛj]	es ist sonnig	Le temps est super, il y a du soleil.
pleuvoir [pløvwaʀ]	regnen	Hier **il a plu.** Aujourd'hui **il pleut.** Demain **il va pleuvoir.** 
quand [kɑ̃]	wenn, als *(zeitlich)*	Quand il pleut, je ne joue pas au foot.
l'**Italie** *(f.)* [litali]	Italien	
en France [ɑ̃fʀɑ̃s]	in Frankreich	→ en Italie
le **même**/la **même** [ləmɛm/lamɛm]	derselbe/dieselbe/dasselbe	Ah, non, c'est toujours la même chose!

2 **voir** qc [vwaʀ]	etw. sehen	→ au re**voir**

voir: je vois, tu vois, il voit, nous voyons, vous voyez, ils voient
Passé composé: j'ai **vu**

une **région** [ynʀeʒjõ]	eine Region, eine Gegend	
une **montagne** [ynmõtaɲ]	ein Berg, ein Gebirge	[E] a mountain
loin [lwɛ̃]	weit *(Adv.)*	La montagne est loin? – Non, elle n'est pas loin.
le **ski** [ləski]	das Skifahren	En hiver, on peut faire du ski.
3 **signer** qc [siɲe]	etw. unterschreiben	[D] signieren

Pratique B

4 la **météo** [lameteo]	die Wettervorhersage	Je regarde la météo à la télé.
il fait mauvais [ilfɛmɔvɛ]	es ist schlechtes Wetter	Demain, il va faire mauvais.
un **parapluie** [ɛ̃paʀaplɥi]	ein Regenschirm	Il va pleuvoir. N'oublie pas ton parapluie.
5 un **sac à dos** [ɛ̃sakado]	ein Rucksack	

Die Zahlen von 100 bis 1000

100	cent				
101	cent un	**300**	trois cents	**600**	six cents
102	cent deux	**301**	trois cent un	**700**	sept cents
200	deux cents	**302**	trois cent deux	**800**	huit cents
201	deux cent un	**400**	quatre cents	**900**	neuf cents
202	deux cent deux	**500**	cinq cents	**1000**	mille

Révision

Über Entfernungen sprechen

Toulouse est à combien de kilomètres de Paris?	Wie viele Kilometer sind es von Toulouse nach Paris?
Combien d'heures est-ce qu'on met pour aller de … à …	Wie viele Stunden braucht man, um von … nach … zu gehen/zu fahren?
C'est loin d'ici?	Ist das weit von hier?
Non ce n'est pas loin.	Nein, das ist nicht weit.
C'est près d'ici*.	Es ist nahe.

d'abord … puis … : etwas erzählen			
hier	gestern	**après**	danach
lundi	am Montag	**puis**	dann
lundi dernier*	letzten Montag	**alors**	nun, jetzt, dann
la semaine dernière*	letzte Woche	**tout à coup**	plötzlich
un jour	eines Tages	**tout de suite**	sofort
d'abord	zuerst	**enfin**	schließlich

*Wörter, die hier zur Vervollständigung zusätzlich erwähnt werden.

LEÇON 3

TIPP Lerne Vokabeln **konzentriert** für **10 Minuten.** Mache dann etwas anderes. Lerne später noch einmal für 10 Minuten.

Entrée Paris-Toulouse

rose [ʀoz]	rosa	Le rose est une couleur.
la **Garonne** [lagaʀɔn]	die Garonne *(Fluss, der durch Toulouse fließt)*	
le **Capitole** [ləkapitɔl]	das Kapitol *(Name des Rathauses von Toulouse)*	
la **Cité de l'Espace** [lasitedəlɛspas]	*Themenpark in Toulouse*	

In der **Cité de l'Espace** in Toulouse kann man sich über den Weltraum – *l'espace (m.)* – und das Sonnensystem informieren und Modelle von Satelliten, der Raumstation MIR oder der französischen Rakete Ariane 5 besichtigen.

un **canal** [ɛ̃kanal]	ein Kanal	F ⟷ D
le **canal du Midi** [ləkanaldymidi]	der Canal du Midi	

Der **Canal du Midi** ist eine Wasserstraße, die von der Stadt Sète bis nach Bordeaux führt und das Mittelmeer und den Atlantischen Ozean verbindet. Früher war der Kanal ein wichtiger Transportweg. Heute dient er dem Tourismus.

sortir (de qc) [sɔʀtiʀ]	ausgehen, hinausgehen	≠ entrer (dans)

sortir: je sors, tu sors, il/elle/on sort, nous sort**ons**, vous sort**ez**, ils/elles sort**ent**. *Passé composé:* je **suis** sorti(e)

un **collègue**/une **collègue** [ɛ̃kɔlɛg/ynkɔlɛg]	ein Kollege/eine Kollegin	M. Carbonne a des collègues sympas.
rentrer [ʀɑ̃tʀe]	heimgehen, zurückkommen	Malika est rentr**ée** à la maison.
bien sûr [bjɛ̃syʀ]	sicherlich, na klar!	Tu as fait tes devoirs? – Oui, bien sûr!
dormir [dɔʀmiʀ]	schlafen	Chut! Paulette dort. 

dormir: je dor**s**, tu dor**s**, il/elle/on dor**t**, nous dor**mons**, vous dor**mez**, ils/elles dor**ment**. *Passé composé:* j'ai dormi

un **matin** [ɛ̃matɛ̃]	ein Morgen	Je t'appelle samedi matin.
le matin [ləmatɛ̃]	morgens	≠ le soir
venir [vəniʀ]	kommen	Viens! Nous allons chez Patrick!

venir: je viens, tu viens, il vient, nous venons, vous venez, ils viennent
Passé composé: je **suis** venu,e

partir [paʀtiʀ]	weggehen, abfahren	Le train part à 6h. [Wortfamilie] le dé**part**

partir: je par**s**, tu par**s**, il par**t**, nous par**tons**, vous par**tez**, ils par**tent**;
Passé composé: je **suis** parti(e)

par jour [paʀʒuʀ]	pro Tag, täglich	Je mange trois fois par jour.
ce soir [səswaʀ]	heute Abend	Ce soir, je sors avec des copains.

Texte A Une fête pour Emma!

organiser qc [ɔʀganise]	etw. organisieren	☺
un **déménagement** [ɛ̃demenaʒmɑ̃]	ein Umzug, ein Wohnungswechsel	[Wortfamilie] déménager
dernier/dernière [dɛʀnje/dɛʀnjɛʀ]	letzter/letzte/letztes	la semaine dernière ≠ la semaine prochaine
inviter qn [ɛ̃vite]	jdn. einladen	J'invite demain mon copain Valentin. [E] to invite
2 **accompagner** qn [akɔ̃paɲe]	jdn. begleiten	Victor accompagne Malika.
une **crêpe** [ynkʀɛp]	ein Pfannkuchen	A la fête, on mange des crêpes.
tomber [tɔ̃be]	fallen	
assez (de) [asedə]	genug, genügend	Mangez! Il y a assez de crêpes!
un **repas** [ɛ̃ʀəpa]	ein Essen, eine Mahlzeit	Les enfants mettent la table pour le repas. 
3 **retourner** [ʀətuʀne]	umkehren, zurückkehren	Zut, j'ai oublié mon livre! Je retourne! [Wortfamilie] tourner [E] to return

descendre [desɑ̃dʀ]	hinuntergehen, aussteigen	On monte dans le train à Paris. On descend du train à Toulouse.

descendre: je descends, tu descends, il descend, nous descendons, vous descendez, ils descendent
Passé composé: je **suis** descend**u(e)**

triste [tʀist]	traurig	C'est un film drôle? – Non, c'est un film triste.
4 une **surprise** [ynsyʀpʀiz]	eine Überraschung	Quelle surprise! E What a surprise!
arrêter de faire qc [aʀete]	aufhören etw. zu tun	Emma, arrête de crier!
5 **revenir** [ʀəvəniʀ]	zurückkommen	Luc va au musée. Il revient dans 4 heures.
un **poème** [ɛ̃pɔɛm]	ein Gedicht	E a poem
un **jeu**/des **jeux** [ɛ̃ʒø/dejø]	ein Spiel	Nous jouons. Nous faisons un jeu.

Texte B Ce n'est qu'un au revoir!

ne … que [nə … kə]	nur	Nous n'avons que 4 euros.
un **horaire** [ɛ̃nɔʀɛʀ]	ein Fahrplan, ein Stundenplan	l'heure *(f.)*
un **billet** [ɛ̃bijɛ]	eine Fahrkarte	J'achète des billets à la gare. 
un **reste** [ɛ̃ʀɛst]	ein Rest	rester
devoir faire qc [dəvwaʀ]	etw. tun müssen	Je dois faire mes devoirs.

devoir: je **dois**, tu **dois**, il **doit**, nous devons, vous devez, ils **doivent**; *Passé composé:* j'ai **dû**
ne pas devoir bedeutet „nicht dürfen“:
Tu **ne** dois **pas** m'oublier. = Du **darfst** mich nicht vergessen.

la **Gare Montparnasse** [lagaʀmɔ̃paʀnas]	Gare Montparnasse *(Bahnhof in Paris)*	
une **voie** [ynvwa]	Gleis *(hier)*	Le train de Paris arrive voie 3.
un **retard** [ɛ̃ʀətaʀ]	eine Verspätung	Le train a un retard de 10 minutes.
être en retard [ɛtʀɑ̃ʀətaʀ]	sich verspäten	Pierre est toujours en retard.
2 un **accent** [ɛ̃naksɑ̃]	ein Akzent, eine Art der Aussprache	F ⟷ D
énerver qn [enɛʀve]	jdn. aufregen	Arrête de crier, tu m'énerves! 
des **idées noires** *(f., pl.)* [dezidenwaʀ]	düstere Gedanken	
recevoir qn/qc [ʀəsəvwaʀ]	jdn./etw. empfangen, etw. erhalten	Tu as reçu ma carte? – Oui, merci!

recevoir : je reçois, tu reçois, il reçoit, nous recevons, vous recevez, ils reçoivent; *Passé composé:* j'ai **reçu**

	une **nouvelle** [ynnuvɛl]	eine Nachricht, eine Neuigkeit	un nouveau
	intéresser qn [ɛ̃teʀese]	jdn. interessieren	La musique m'intéresse beaucoup.
	être désolé(e) [ɛtʀədezɔle]	leidtun	Léa est en retard, elle est désolée.
	qc est **nul/nulle** *(fam.)* [nyl]	etw. ist blöd, bringt's nicht *(ugs.)*	Je suis désolé(e) mais ton idée est nulle!
	faire la tête *(fam.)* [fɛʀlatɛt]	schmollen, sauer sein *(ugs.)*	
3	la **poste** [lapɔst]	die Post	
4	le **moral** [ləmɔʀal]	die Stimmung, die innere Verfassung	

J'ai retrouvé le moral: Ich habe wieder neuen Mut geschöpft.

elle s'appelle [ɛlsapɛl]	sie heißt	Elle s'appelle Cécile. Il s'appelle Fabien.
Cécile [sesil]	Cécile *(weibl. Vorname)*	
au bord de qc [obɔʀdə]	am Rande von etw., am Ufer von etw.	Les filles sont allées au bord de la Garonne.
avant [avɑ̃]	vor *(zeitlich)*, vorher	≠ après
une **visite** [ynvizit]	ein Besuch	visiter qc

A la gare

aller en train	Zug fahren	**l'arrivée** *(f.)*	die Ankunft
prendre le train	den Zug nehmen	**le départ**	die Abfahrt
le train pour Paris	der Zug nach Paris	**une gare**	ein Bahnhof
monter (dans le train)	einsteigen	**un horaire**	ein Fahrplan
descendre (du train)	aussteigen	**un billet (de train)**	eine Fahrkarte
changer de train	umsteigen	**un retard**	eine Verspätung
partir (de Paris)	abfahren	**une voie**	ein Gleis
arriver (à Toulouse)	ankommen	**une voiture**	*(hier)* ein Wagon

Révision

Il est quelle heure?

umgangssprachlich		offiziell	
2 heures	zwei Uhr	**14:00**	quatorze heures
2 heures cinq	fünf nach zwei	**14:05**	quatorze heures cinq
2 heures et quart	Viertel nach zwei	**14:15**	quatorze heures quinze
2 heures et demie	halb drei	**14:30**	quatorze heures trente
3 heures moins vingt	20 vor drei	**14:40**	quatorze heures quarante
3 heures moins le quart	Viertel vor drei	**14:45**	quatorze heures quarante-cinq
3 heures moins cinq	fünf vor drei	**14:55**	quatorze heures cinquante-cinq

En France

Toulouse

Toulouse ist die Hauptstadt der Region *Midi-Pyrénées* und des Départements *Haute-Garonne*. Wenn man die Vororte dazuzählt, hat Toulouse über 760 000 Einwohner. Viele Häuser in Toulouse sind aus rotem Backstein gebaut, deshalb wird die Stadt oft als *ville rose* bezeichnet. Toulouse hat eine schöne und sehr lebendige Innenstadt, ist aber auch ein großes Handels-, Verkehrs- und Industriezentrum. Bekannt ist die Stadt vor allem für die Herstellung von Luft- und Raumfahrtausrüstung.

En Europe

Airbus

In Toulouse ist der Hauptsitz von *Airbus Industrie*, einem europäischen Unternehmen der Luftfahrtindustrie. Die einzelnen Teile des neuen Superflugzeugs A380 werden in Spanien, Frankreich, England und Deutschland hergestellt und anschließend in Toulouse zusammengebaut.

LEÇON 4

TIPP Präge dir die Beispiele der rechten Spalte ein. Bilde mit den Vokabeln Sätze oder einen Reim, z. B. *Dans mon équipe, il y a Philippe*. Das hilft dir sie zu behalten.

Entrée Vivre à Toulouse

vivre [vivʀ]	leben	Maintenant, Emma vit à Toulouse.

vivre: je vis, tu vis, il vit, nous vivons, vous vivez, ils vivent; *Passé composé:* j'ai **vécu**

un **match** [ɛ̃matʃ]	ein Spiel, ein Wettkampf	Sport E match
le **rugby** [ləʀygbi]	das Rugby *(Ballspiel)*	
le **cassoulet** [ləkasulɛ]	das Cassoulet	

Das **Cassoulet** ist ein Eintopf aus weißen Bohnen, Knoblauchwurst und Geflügelfleisch. Die südwestfranzösische Spezialität ist in ganz Frankreich beliebt.

un **stade** [ɛ̃stad]	ein (Sport)Stadion	E stadium
Blagnac [blaɲak]	*Vorort von Toulouse*	

In **Blagnac** ist der Flughafen von Toulouse. Auch die Airbus-Werke befinden sich in diesem Vorort. Die Luft- und Raumfahrt spielt eine große Rolle in Toulouse und in Blagnac. Deshalb tragen viele öffentliche Einrichtungen die Namen bekannter französischer Piloten.

Fabien [fabjɛ̃]	Fabien *(männl. Vorname)*	
une **équipe** [ynekip]	eine Mannschaft, ein Team	Thomas joue dans une équipe de foot.
le **B.S.C.R.** [ləbeɛsseɛʀ]	der B.S.C.R. *(Rugby-Verein)*	= **B**lagnac **S**porting **C**lub de **R**ugby
Jean Mermoz [ʒɑ̃mɛʀmoz]	*frz. Pilot, 1901–1936*	
une **ambiance** [ynɑ̃bjɑ̃s]	eine Stimmung, eine Atmosphäre	Dans notre classe, il y a une bonne ambiance.
tout le monde [tulmɔ̃d]	alle, jeder, alle Welt	F Tout le monde **est** là? D **Sind** alle da?
à la fin [alafɛ̃]	schließlich, am Ende	→ la fin
gagner qc [gaɲe]	etw. gewinnen	L'équipe de Fabien **gagne** le match. L'autre équipe le **perd**.
un **joueur**/une **joueuse** [ɛ̃ʒwœʀ/ynʒwøz]	ein Spieler/eine Spielerin	jouer, un jeu
un **fan**/une **fan** [ɛ̃fan/ynfan]	ein Fan	Le B.S.C.R. a beaucoup de fans.
un **ballon** [ɛ̃balɔ̃]	ein Ball	On joue au rugby? – D'accord, tu as un ballon?

Texte A Bienvenue à Blagnac!

1 les **Pyrénées** *(f.)* [lepiʀene]	die Pyrenäen	

Die **Pyrenäen** sind eine Gebirgskette zwischen Frankreich und Spanien. Der höchste Berg der Pyrenäen, der *Pic d'Aneto*, ist 3404 m hoch. Die Menschen in den Pyrenäen leben von der Milchwirtschaft und vom Tourismus. In den Pyrenäen kann man wandern, skifahren und vieles mehr.

un **garage** [ɛ̃gaʀaʒ]	eine Garage; *(auch:)* eine Autowerkstatt	F **un** ⟷ D **eine**
le **coup de foudre** [ləkudfudʀ]	Liebe auf den ersten Blick *(wörtl. „der Blitzschlag")*	
avoir le coup de foudre pour qn/qc [ləkudfudʀ]	sich auf den ersten Blick in jdn./etw. verlieben	
connaître qn [kɔnɛtʀ]	jdn. kennen	Vous connaissez Toulouse?

connaître: je connais, tu connais, il connaît, nous connaissons, vous connaissez, ils connaissent; *Passé composé:* j'ai **connu**

Marini [maʀini]	Marini *(Familienname)*	
un **Italien**/une **Italienne** [ɛ̃nitaljɛ̃/ynitaljɛn]	ein Italiener/eine Italienerin	l'Italie *(f.)*

un Italien/une Italienne: die Einwohner eines Landes oder einer Stadt schreibt man immer mit großem Anfangsbuchstaben: *les Parisiens, les Allemands, les Français* usw.

une **école** [ynekɔl]	eine Schule	Manon va à l'école.

Das Wort **école** bezeichnet entweder „die Schule" im Allgemeinen oder aber speziell die Grundschule.

tard [taʀ]	spät	Il est tard ! Il est déjà minuit. un retard, être en retard
une **sortie** [ynsɔʀti]	Ausgang	sortir
refaire qc [ʀəfɛʀ]	etw. erneuern, neu machen, noch einmal machen	→ faire qc
la **peinture** [lapɛ̃tyʀ]	die Farbe *(zum Anmalen)*	
une **couleur** [ynkulœʀ]	eine Farbe	E colour 
reconnaître qn/qc [ʀəkɔnɛtʀ]	jdn./etw. wiedererkennen	M. Carbonne ne reconnaît plus la maison. connaître
plaire à qn [plɛʀ]	jdm. gefallen	→ s'il vous **plaît**

plaire kommt meistens in der 3. Person vor:
ton idée me plaît / tes idées me plaisent

ne rien connaître à qc	nichts von etw. verstehen	Mon frère **ne** connaît **rien à** la musique.
la **mode** [lamɔd]	die Mode	offenes -o-!
3 **Guillaumet** [gijomɛ]	*frz. Pilot, 1902–1940*	→ *Seite 139*
normal/normale [nɔʀmal/nɔʀmal]	normal	
imiter qc [imite]	etw. nachahmen	D etw. imitieren
en classe [ɑ̃klas]	im Unterricht	Qu'est-ce que vous avez fait en classe aujourd'hui ?
Samira [samiʀa]	Samira *(weibl. Vorname)*	

Pratique A

5 un **pilote** [ɛ̃pilɔt]	ein Pilot	Un pilote travaille dans un avion. les métiers 
Antoine de Saint-Exupéry [ɑ̃twandəsɛ̃tɛgzypeʀi]	*frz. Pilot und Schriftsteller, 1900–1944*	
un **vol** [ɛ̃vɔl]	ein Flug	un avion, un pilote

Texte B Des surprises

1 une **salle de séjour** [ynsaldəseʒuʀ]	ein Wohnzimmer	Le soir, la famille est dans la salle de séjour. l'appartement
où [u]	wo *(Relativpronomen)*	Voilà la chambre où je dors.
qui [ki]	der/die/das *(Relativpronomen, Subjekt)*	Voici une fille qui est dans ma classe.
la **SEMVAT** [lasɛmvat]	die SEMVAT *(Toulouser Nahverkehrsbetrieb)*	

que/qu' [kə]	den/die/das *(Relativpronomen, Objekt)*	C'est une fille que je connais bien.
partout [paʀtu]	überall	Ah tu es là! Je te cherche partout!
C'est ça. [sɛsa]	Genau!	
un **conducteur**/une **conductrice** [ɛ̃kõdyktœʀ/ynkõdyktʀis]	ein Fahrer/eine Fahrerin	Mme Carbonne est conductrice de bus. les métiers
un **tour** [ɛ̃tuʀ]	ein Rundgang, eine Tour	On fait un tour en ville?
gratuit/gratuite [gʀatɥi/gʀatɥit]	kostenlos, gratis	D gratis Le bus n'est pas gratuit!
2 **tout à l'heure** [tutalœʀ]	vorhin, eben; gleich, nachher	J'ai vu Luc tout à l'heure. Je vais voir Luc tout à l'heure.
Odyssud *(f.)* [ɔdisyd]	Odyssud *(Name einer Mediathek in Toulouse)*	
une **médiathèque** [ynmedjatɛk]	eine Mediathek *(Ort, an dem man verschiedene Medien benutzen kann.)*	F ⟷ D
à côté [akote]	nebenan	
à côté de [akotedə]	neben	à côté **du** collège, à côté **de la** médiathèque, à côté **de l'**école
ensuite [ɑ̃sɥit]	dann, danach	= puis
un **arrêt** [ɛ̃naʀɛ]	ein Halt, eine Haltestelle	**un arrêt de bus:** eine Bushaltestelle arrêter
revoir qn/qc [ʀəvwaʀ]	jdn./etw. wiedersehen	→ Au revoir!

revoir wird konjugiert wie **voir**: je **revois**, nous **revoyons**; *Passé composé:* j'ai **revu**

amoureux/amoureuse [amuʀø/amuʀøz]	verliebt	Est-ce qu'Emma est amoureuse de Fabien?

Texte C Le premier rendez-vous

1 une **rencontre** [ynʀɑ̃kõtʀ]	eine Begegnung, ein Treffen	rencontrer qn les amis
penser à qn/qc [pɑ̃se]	an jdn. denken	Fabien pense **au** rugby. Il pense aussi **à** Emma.
ce/cet/cette/ces [sə/sɛt/sɛt/se]	dieser/diese/dieses *(Demonstrativbegleiter)*	Tu connais cette actrice? – Oui, bien sûr.

ce soir/ce matin/cet après-midi: Im Zusammenhang mit Tageszeiten bedeutet **ce** „heute": heute Abend/heute Morgen/heute Nachmittag.

mignon/mignonne [miɲõ/miɲɔn]	niedlich/süß	Il la trouve mignonne.
2 un **CD** [ɛ̃sedei] *(un centre de documentation et d'information)*	ein CDI (Dokumentations- und Informationsstelle einer Schule)	

un **programme** [ɛ̃pʀɔgʀam]	ein Programm	☺
avoir mal à la tête [avwaʀmalalatɛt]	Kopfschmerzen haben	J'ai mal à la tête. 
pauvre [povʀ]	arm	
Oh, la pauvre! [olapovʀ]	Ach, die Arme!	**Le** pauvre: Der Arme!
tant mieux [tɑ̃mjø]	umso besser	
nouveau/nouvel/nouvelle [nuvo/nuvɛl/nuvɛl]	neu	→ un nouveau
un **album** [ɛ̃nalbɔm]	ein Album *(hier)* eine CD	Cet **album** est nouveau? – Oui, c'est le nouvel **album** de Zebda.
Zebda [zɛbda]	*Musikgruppe aus Toulouse*	
à propos [apʀɔpo]	übrigens	F ⟷ D
Audrey Tautou [odʀɛtotu]	*frz. Schauspielerin*	

Die Schauspielerin **Audrey Tautou** wurde international bekannt durch den Film *Le destin fabuleux d'Amélie Poulain* („Die fabelhafte Welt der Amélie").

un **DVD** [ɛ̃devede]	eine DVD	Tu as vu ce film **au cinéma**? Non, je l'ai vu **en DVD**.
beau/bel/belle [bo/bɛl/bɛl]	schön	un beau film, un **bel** acteur, une belle actrice
Ça te dit? [satədi]	Hast du Lust dazu?, Sagt dir das zu?	Samedi, on va en ville, ça te dit?
par exemple [paʀɛgzɑ̃pl]	zum Beispiel	! E example ⟷ F exemple
Rex [ʀɛks]	Rex *(Name eines Kinos)*	
3 **vieux/vieil/vieille** [vjø/vjɛj/vjɛj]	alt	Mon ordinateur est déjà **vieux**. C'est un **vieil** ordinateur.
quel/quels/quelle/quelles [kɛl]	welcher/welche/welches *(Fragebegleiter)*	Quels problèmes ont Emma et son frère à l'école?
un **trimestre** [ɛ̃tʀimɛstʀ]	ein Trimester	le collège

Trimester: Das frz. Schuljahr ist in drei Trimester unterteilt. Am Ende jedes Trimesters gibt es ein Zeugnis.

chéri/chérie [ʃeʀi]	Liebling	**mon** chéri / **ma** chérie
important/importante [ɛ̃pɔʀtɑ̃/ɛ̃pɔʀtɑ̃t]	wichtig	Valen**tin** trouve que les copa**ins**, c'est **im**portant.
l'**avenir** *(m.)* [lavniʀ]	die Zukunft	venir
l'**amour** *(m.)* [lamuʀ]	die Liebe	amoureux/amoureuse, aimer
Tu es un amour! *(fam.)* [tyɛɛ̃namuʀ]	Du bist ein Schatz! *(ugs.)*	

Révisions

Sortir – Ausgehen

sortir avec qn	Emma sort avec Fabien.	Emma geht mit Fabien aus.
avoir rendez-vous avec qn	Ils ont rendez-vous.	Sie haben eine Verabredung.
faire un tour en ville	D'abord, ils font un tour en ville.	Zuerst drehen sie eine Runde in der Stadt.
faire les magasins*	Ils font les magasins.	Sie klappern die Geschäfte ab.
aller au cinéma	Puis, ils vont au cinéma.	Dann gehen sie ins Kino.
aller danser	Après, ils vont danser.	Danach gehen sie tanzen.
aller au café*	A la fin, ils vont au café.	Am Ende gehen sie ins Café.
parler de qc	Ils parlent de sport.	Sie reden über Sport.

*Wörter, die hier zur Vervollständigung zusätzlich erwähnt werden.

En France

Ein Pilot und Flugpionier

Henri Guillaumet (1902–1940) flog in Südamerika im Auftrag der frz. Luftfrachtgesellschaft *Aéropostale*. Bei einem seiner vielen Flüge musste er in den Anden notlanden und erreichte erst nach tagelangem einsamem Fußmarsch durch das Hochgebirge die rettende Zivilisation. Im 2. Weltkrieg kam er bei einem Flug über dem Mittelmeer um.

TIPP **Sprich** neue Vokabeln laut aus und **schreibe** sie auf. Mündlich + schriftlich = 2 Lernchancen!

LEÇON 5

Entrée — La classe fait de la vidéo.

une **interview** [ynɛ̃tɛʀvju]	ein Interview	F **une** ~ ⟷ D **ein** Interview
Adeline [adlin]	Adeline *(weibl. Vorname)*	
le/la 4e *(= le/la quatrième)* [lə/lakatʀijɛm]	der/die/das vierte	la 4^{e}B = die Klasse 4B
un **projet** [ɛ̃pʀɔʒɛ]	ein Projekt, ein Vorhaben	
un **pays** [ɛ̃pei]	ein Land	La France est un pays. Le Sénégal aussi.
Dakar [dakaʀ]	Dakar	
le **Sénégal** [ləsenegal]	der Senegal	Dakar est la capitale du Sénégal.

Senegal: Staat in Westafrika, Hauptstadt Dakar. Die ehemalige frz. Kolonie ist seit 1958 unabhängig. Französisch spielt in Politik, Wirtschaft und Schule eine wichtige Rolle. Die afrikanische Sprache *Wolof* wird von 80 % der Bevölkerung gesprochen.

Grégory [gʀegɔʀi]	Gregory *(männl. Vorname)*	
la **vie** [lavi]	das Leben	La vie est belle. vivre
sûr/sûre [syʀ]	sicher	Voici un nouveau CD. Maman est sûre qu'il va te plaire. → Bien sûr!
montrer qc à qn [mɔ̃tʀe]	jdm. etw. zeigen	Je montre des photos **à** mes amis.
Chapuis [ʃapɥi]	Chapuis *(Familienname)*	
Marco [maʀko]	Marco *(männl. Vorname)*	
malade [malad]	krank	Marco est au lit, il est malade.
expliquer qc à qn [ɛksplike]	jdm. etw. erklären	Le professeur explique le problème **aux** élèves.

Texte A Une journée de Cécile (I)

1 **chaque** [ʃak]	jeder/jede/jedes + *Nomen*	Chaque matin, Cécile prend le bus.
un **cours** [ɛ̃kuʀ]	eine Unterrichtsstunde	
en cours [ɑ̃kuʀ]	im Unterricht	On ne mange pas en cours.
tout/toute [tu/tut]	ganz, alle *(+ Nomen)*	J'ai travaillé pendant toute la journée.
tous/toutes [tu/tut]	alle, ganz *(+ Nomen)*	Mon oncle a tous les CD de Jacques Brel.
long/longue [lɔ̃/lɔ̃g]	lang	Le texte n'est pas long. La phrase est longue. E long
prêt/prête [pʀɛ/pʀɛt]	bereit/fertig	Manon, on part dans 5 minutes. Tu es prête?
2 **présenter** qc à qn [pʀezɑ̃te]	jdm. etw. vorstellen	Emma et Cécile présentent la vidéo aux autres élèves.
être en train de faire qc [ɛtʀɑ̃tʀɛ̃dəfɛʀ]	gerade etw. tun; dabei sein, etw. zu tun	Je suis en train de lire.
un **petit-déjeuner** [ɛ̃pətideʒœne]	ein Frühstück	 A quelle heure est-ce que tu prends ton petit-déjeuner?
3 les **mathématiques** *(f.pl.)* *(fam.: les maths)* [lematematik]	die Mathematik	immer im Plural! le collège
la **permanence** [lapɛʀmanɑ̃s]	eine beaufsichtigte Freistunde	Le prof est malade: les élèves vont en permanence.
une **salle de permanence** [ynsaldəpɛʀmanɑ̃s]	Aufenthaltsraum	
un **pion** [ɛ̃pjɔ̃]	eine Aufsichtsperson	Un pion travaille dans un collège.
une **nuit** [ynnɥi]	eine Nacht	le jour ≠ la nuit 
4 une **nouille** [ynnuj]	eine Nudel	manger
un **gratin** [ɛ̃gʀatɛ̃]	ein Auflauf	Tu aimes le gratin de nouilles?
les **choux de Bruxelles** *(m., pl.)* [leʃudəbʀyksɛl]	der Rosenkohl	Bruxelles = Brüssel
détester qc [detɛste]	etw. verabscheuen, etw. überhaupt nicht mögen	Je déteste **les** nouilles. = Je n'aime pas du tout **les** nouilles.
sauf [sof]	außer	J'aime tout, sauf **le** chou.
un **Belge**/une **Belge** [ɛ̃bɛlʒ/ynbɛlʒ]	ein Belgier/eine Belgierin	belge/belge = belgisch

un **chou à la crème** [ɛ̃ʃualakʀɛm]	ein Windbeutel *(mit Sahne gefülltes Gebäck)*	Un chou à la crème est un dessert.

Pratique A

2 **Amicalement.** [amikalmɑ̃]	Herzliche Grüße! *(Grußformel in einem persönlichen Brief)*	l'ami(e)

Texte B Une journée de Cécile (II)

1 la **suite** [lasɥit]	die Fortsetzung	Racontez la suite de l'histoire!
la **récréation** *(fam.: la récré)* [laʀekʀeasjɔ̃]	die Pause	Après trois heures de cours, c'est la récréation.
une **science** [ynsiɑ̃s]	eine Wissenschaft	
la **terre** [latɛʀ]	die Erde	→ ein Terrarium
les **SVT** [leɛsvete]	Biologie, Naturkunde	= *les sciences de la vie et de la terre* (f.)
un **exposé** [ɛ̃nɛkspoze]	ein Referat	
une **araignée** [ynaʀeɲe]	eine Spinne	
dangereux/dangereuse [dɑ̃ʒʀø/dɑ̃ʒʀøz]	gefährlich	! Attention, c'est dangereux! E dangerous
réfléchir [ʀefleʃiʀ]	nachdenken, überlegen	réfléchir **à** qc = über etw. nachdenken

réfléchir je réfléchis, tu réfléchis, il réfléchit, nous réfléchi**ss**ons, vous réfléchi**ss**ez, ils réfléchi**ss**ent; *Passé composé:* j'ai réfléch**i**

Jérémie [ʒeʀemi]	Jérémie *(männl. Vorname)*	
gros/grosse [gʀo/gʀos]	dick	Mme Carbonne est grande mais elle n'est pas grosse.
en **avoir marre** de qc [ɑ̃navwaʀmaʀ]	von etw. die Nase voll haben *(ugs.)*	Tu n'as plus envie de jouer? – Non, j'en ai marre.
une **bêtise** [ynbetiz]	eine Dummheit	bête
ouf [uf]	Uff!	
2 **venir de faire** qc [vəniʀdəfɛʀ]	gerade etw. getan haben	Cécile vient de manger. Maintenant elle est prête.
la **géographie** *(fam.: la géo)* [laʒeɔgʀafi]	die Geographie, die Erdkunde	F [ʒeɔ…] ⟷ D **Geo…**
l'**Afrique** *(f.)* [lafʀik]	Afrika	Le Sénégal est un pays de l'Afrique.
3 **finir qc** [finiʀ]	etw. beenden	J'ai fini. = Ich bin fertig. la fin, enfin (Konjugation wie *réfléchir*)

finir: je finis, tu finis, il finit, nous finissons, vous finissez, ils finissent; *Passé composé:* j'ai fini

	choisir qc [ʃwaziʀ]	etw. wählen, etw. aussuchen	Au restaurant: Vous avez choisi? (Konjugation wie *finir*)
	rire [ʀiʀ]	lachen	Je ris parce que je trouve ça drôle.

rire: je ris, tu ris, il rit, nous rions, vous riez, ils rient;
Passé composé: j'ai **ri**

	applaudir qn [aplodiʀ]	jdm. Beifall klatschen	L'exposé est fini. Les élèves applaudissent. (Konjugation wie *finir*)
	réussir à faire qc [ʀeysiʀ]	gelingen etw. zu tun, etw. fertig bringen	Tu peux nous aider? Nous ne réussissons pas à faire ce devoir. (Konjugation wie *finir*)

Pratique B

4	une **blague** [ynblag]	ein Scherz, ein Witz	Fabien nous a raconté une blague. Nous avons beaucoup ri.
	un **inventeur**/une **inventrice** [ɛ̃nɛ̃vɑ̃tœʀ/ynɛ̃vɑ̃tʀis]	ein Erfinder/eine Erfinderin	
5	une **lettre** [ynlɛtʀ]	ein Brief	E letter
	différent/différente [difeʀɑ̃/difeʀɑ̃t]	anders	D die Differenz E different
	le **wolof** [ləwɔlɔf]	das Wolof *(westafrikanische Sprache)*	
	un **parc national** [ɛ̃paʀknasjɔnal]	ein Nationalpark	
	Salutations cordiales. [salytasjɔ̃kɔʀdjal]	Mit herzlichen Grüßen *(Grußformel)*	
10	**quelqu'un** [kɛlkɛ̃]	jemand	Abkürzung: *qn*
	demander à qn de faire qc [dəmɑ̃de]	jdn. darum bitten, etwas zu tun	Mme Chapuis demande à Cécile de mettre la table.
	une **personne** [ynpɛʀsɔn]	eine Person	☺
11	une **partie** [ynpaʀti]	ein Teil	Ce texte a deux parties.

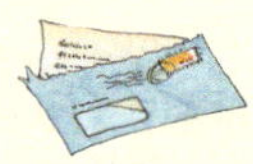

Verb + Infinitiv

mit *de*	**mit *à***	**ohne Präposition**	
arrêter de faire qc	commencer à faire qc	adorer faire qc	devoir faire qc
avoir envie de faire qc	continuer à faire qc	aimer faire qc	pouvoir faire qc
avoir peur de faire qc	inviter qn à faire qc	aller faire qc	savoir faire qc
oublier de faire qc	réussir à faire qc	détester faire qc	vouloir faire qc
rêver de faire qc	aider qn à faire qc		
en avoir marre de faire qc			

Verben mit indirektem Objekt

demander qc **à** qn	jdn. nach etw. fragen	**plaire à** qn	jdm. gefallen
dire qc **à** qn	jdm. etw. sagen	**poser une question à** qn	jdm. eine Frage stellen
donner qc **à** qn	jdm. etw. geben	**présenter** qc **à** qn	jdm. etw. vorstellen
écrire qc **à** qn	jdm. etw. schreiben	**raconter** qc **à** qn	jdm. etw. erzählen
envoyer qc **à** qn	jdm. etw. schicken	**répondre à** qn	jdm. etw. antworten
expliquer qc **à** qn	jdm. etw. erklären	**téléphoner à** qn	jdn. anrufen
montrer qc **à** qn	jdm. etw. zeigen	**voler** qc **à** qn	jdm. etw. stehlen
parler à qn	mit jdm. sprechen		

LEÇON 6

TIPP Lerne Vokabeln in **Vokabelnetzen**.
Lass in deinem Heft genügend Platz, damit du die Vokabelnetze später durch weitere Wörter ergänzen kannst.

Entrée A table !

une **banane** [ynbanan]	eine Banane	! manger
une **orange** [ynɔʀɑ̃ʒ]	eine Orange	
le **beurre** [ləbœʀ]	die Butter	F **le** ⟷ D **die**
la **farine** [lafaʀin]	das Mehl	
le **lait** [ləlɛ]	die Milch	F **le** ⟷ D **die**
un **œuf**/des **œufs** [ɛ̃nœf/dezø]	ein Ei/Eier	
une **salade** [ynsalad]	ein Salat	F **une** ⟷ D **ein**
le **sel** [ləsɛl]	das Salz	A table: Tu me donnes le sel, s'il te plaît?
le **poivre** [ləpwavʀ]	der Pfeffer	
une **tomate** [yntɔmat]	eine Tomate	J'aime bien la salade de tomates.
le **chocolat** [ləʃɔkɔla]	die Schokolade	F **le** ⟷ D **die**
l'**eau** *(f.)* [lo]	das Wasser	F *(f.)* ⟷ D **das** Wasser
le **pain** [ləpɛ̃]	das Brot	! Le matin, je mange du pain.
l'argent *(m.)* [laʀʒɑ̃]	das Geld	Cécile n'a pas d'argent.
une **poche** [ynpɔʃ]	eine (Hosen)Tasche	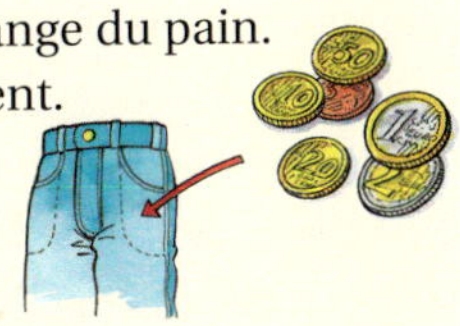
l'argent de poche *(m.)* [laʀʒɑ̃dəpɔʃ]	das Taschengeld	
faire les courses *(f.) (pl.)*	einkaufen	Je vais faire les courses. Le magasin ouvre à 9h.

les courses: Papa fait les courses.
le cours: Moi, j'ai un cours de français.

une **recette** [ynʀəsɛt]	ein Rezept *(Küche)*	
ranger qc [ʀɑ̃ʒe]	etw. aufräumen	Qui range la cuisine? – Ben, c'est toi!

ranger wird konjugiert wie **manger**: je range, nous rangeons;
Passé composé: j'ai rangé

Texte A Un menu de fête

1 un **menu** [ɛ̃məny]	ein Menü	Les enfants réfléchissent au menu. → manger
Magalie [magali]	Magalie *(weibl. Vorname)*	
difficile [difisil]	schwierig	≠ facile
commencer par	beginnen mit	On commence par l'entrée et on finit par le dessert.
une **entrée** [ynɑ̃tʀe]	*(hier)* eine Vorspeise	
un **plat principal** [ɛ̃plapʀɛ̃sipal]	ein Hauptgericht	Après l'entrée, il y a le plat principal.
un **canard** [ɛ̃kanaʀ]	eine Ente	
une **pomme de terre** [ynpɔmdətɛʀ]	eine Kartoffel	
le **fromage** [ləfʀɔmaʒ]	der Käse	

Le fromage: In Frankreich gibt es hunderte verschiedene Käsesorten. Oft wird Käse anstelle des Nachtischs gegessen.

préférer qc [pʀefeʀe]	etw. lieber mögen, vorziehen	Qu'est-ce que tu préfères comme dessert? Tu veux du gâteau ou de la mousse au chocolat?
préférer faire qc [pʀefeʀefɛʀ]	etw. lieber tun	Mes parents préfèrent aller au restaurant.
2 le **lendemain** [ləlɑ̃dmɛ̃]	am darauf folgenden Tag	
un **marché** [ɛ̃maʀʃe]	ein Markt	Nous faisons les courses au marché.
un **fruit** [ɛ̃fʀɥi]	eine Frucht, eine Obstsorte	L'orange est un fruit.
un **légume** [ɛ̃legym]	ein Gemüse	Le chou est un légume.
un **marchand**/une **marchande** [ɛ̃maʀʃɑ̃/ynmaʀʃɑ̃d]	ein Händler	→ le marché
C'est à qui? [sɛtaki]	Wer ist an der Reihe?	C'est à qui? – C'est à moi!
désirer qc [deziʀe]	etw. wünschen	Bonjour, madame. Vous désirez?
délicieux/délicieuse [delisjø/delisjøz]	köstlich	Prenez ces petites tomates. Elles sont délicieuses. ☺
un **kilo** [ɛ̃kilo]	ein Kilo	
des **frites** *(f., pl.)* [defʀit]	Pommes frites	
3 **avoir faim** *(f.)* [avwaʀfɛ̃]	Hunger haben	J'ai faim! Quand est-ce qu'on mange?
un **gramme** [ɛ̃gʀam]	ein Gramm	
un **euro**/des **euros** [ɛ̃nøʀo/dezøʀo]	ein Euro/Euros	
un **centime** [ɛ̃sɑ̃tim]	ein Cent	Voilà les pommes de terre. Ça fait 8 euros et 20 centimes.
payer qc [peje]	etw. bezahlen	Maman, tu paies pour moi? E to pay

payer: je paie, tu paies, il/elle/on paie, nous payons, vous payez, ils/elles paient; j'ai payé

Pratique A

5 **C'est à moi.** [setamwa]	Ich bin an der Reihe.	C'est à qui? – C'est à moi!
6 **répéter** qc [ʀepete]	etw. wiederholen	Vous parlez trop vite. Vous pouvez répéter, s'il vous plaît?

répéter: je rép**è**te, tu rép**è**tes, il rép**è**te, nous rép**é**tons, vous rép**é**tez, ils rép**è**tent; *Passé composé:* j'ai répété

Texte B Un gâteau délicieux

1 **pendant ce temps** [pɑ̃dɑ̃sətɑ̃]	währenddessen, während dieser Zeit	
ajouter qc [aʒute]	etw. hinzufügen	Fabien ajoute trop de sel.
falloir [falwaʀ]	brauchen, müssen	
il faut qc [ilfo]	man braucht etw.	Il faut du sel mais il en faut très peu.
j'**en** prends deux kilos [ʒɑ̃pʀɑ̃døkilo]	Ich nehme (davon) zwei Kilo.	Les oranges sont très bonnes. – Bon, alors j'en prends deux kilos.
plus tard [plytaʀ]	später	
goûter qc [gute]	etw. probieren, kosten	C'est délicieux, tu veux goûter?
une **catastrophe** [ynkatastʀɔf]	eine Katastrophe	
ne ... personne [nə ... pɛʀsɔn]	niemand	→ une personne
une **boulangerie** [ynbulɑ̃ʒʀi]	eine Bäckerei	Dans une boulangerie, on peut acheter du pain. 
une **baguette** [ynbagɛt]	ein Baguette	
2 une **boisson** [ynbwasõ]	ein Getränk	F **une** boisson ⟷ D **ein** Getränk; boire; les boissons
une **eau minérale** *(f.)* [ynmineʀal]	ein Mineralwasser	
un **jus** (de ...) [ɛ̃ʒy]	ein Saft	un jus de fruit, un jus d'orange, un jus de tomate ...
le **vin** [ləvɛ̃]	der Wein	
boire qc [bwaʀ]	etw. trinken	Le matin, je bois du lait.

boire: je bois, tu bois, il/elle/on boit, nous buvons, vous buvez, ils/elles boivent; *Passé composé:* j'ai bu

le **champagne** [ləʃɑ̃paɲ]	der Champagner	Le vin et le champagne sont pour les parents.
une **bougie** [ynbuʒi]	eine Kerze	Il faut des bougies sur un gâteau d'anniversaire. 
manquer [mɑ̃ke]	fehlen	
il manque qc [ilmɑ̃k]	es fehlt etw.	Il manque du sucre. J'en ajoute un peu.
la **santé** [la sɑ̃te]	die Gesundheit	

A ta santé! [atasɑ̃te]	Auf dein Wohl! Prost!	

Wenn man jdn. siezt oder mehrere Personen anspricht, sagt man *A votre santé!* Manchmal benutzt man auch nur die Kurzform: *Santé!*

avoir soif [avwaʀswaf]	Durst haben	→ avoir faim
un **verre** [ɛ̃vɛʀ]	ein Glas	J'ai soif. Je bois un verre d'eau.
il faut faire qc [ilfo ...]	man muss etw. tun	Il faut demander à maman.

Révisions

Combien de ...?

Je voudrais	**un paquet de**	sucre.	Ich hätte gerne	ein Päckchen	Zucker.
	une bouteille d'	eau.		eine Flasche	Wasser.
	un kilo de	bananes.		ein Kilo	Bananen.
	250 grammes de	nouilles		250 Gramm	Nudeln.
Nous avons	**trop de**	lait.	Wir haben	zu viel	Milch.
	beaucoup de	fromage.		viel	Käse.
	assez de	chocolat.		genug	Schokolade.
	peu de	sel.		wenig	Salz.
Nous **n'**avons	**pas de**	farine.		kein	Mehl.
	que	deux œufs.		nur	zwei Eier.

La négation

ne ... pas	nicht	**ne ... pas encore**	noch nicht
ne ... plus	nicht mehr	**ne ... pas du tout**	überhaupt nicht
ne ... jamais	nie, niemals	**ne ... pas non plus**	auch nicht
ne ... pas de	kein/keine *(bei Mengen)*	**ne ... rien**	nichts
ne ... que	nur	**ne ... personne**	niemand

LEÇON 7

TIPP Stelle dir zu den Vokabeln **Bilder** vor. Das hilft dir sie zu behalten.

Entrée La Fête de la musique

la **Fête de la musique** [lafɛtdəlamyzik]	die «Fête de la musique»	

Die **Fête de la musique** findet jedes Jahr am 21. Juni statt. Es ist ein Straßenfest, bei dem in ganz Frankreich Hobby-Musiker unter freiem Himmel ihr Können unter Beweis stellen.

un **concert** [ɛ̃kõsɛʀ]	ein Konzert	la musique E concert
une **place** [ynplas]	ein Platz	F une place ⟷ D ein Platz; E place
un **chanteur**/une **chanteuse** [ɛ̃ʃɑ̃tœʀ/ynʃɑ̃tøz]	ein Sänger/eine Sängerin	chanter, une chanson
les **gens** *(m., pl.)* [leʒɑ̃]	die Leute	Il y a beaucoup de gens dans la rue.
jeune [ʒœn]	jung	jeune ≠ vieux
un **jeune**/une **jeune** [ɛ̃ʒœn/ynʒœn]	ein Jugendlicher/eine Jugendliche	= une personne jeune
un **musicien**/une **musicienne** [ɛ̃myzisjɛ̃/ynmyzisjɛn]	ein Musiker/eine Musikerin	la musique
apporter qc à qn [apɔʀte]	jdm. etw. (mit)bringen	Demain, Luc m'apporte son CD de Camille. porter qc
un **instrument** (de musique) [ɛ̃nɛ̃stʀymɑ̃]	ein (Musik)Instrument	Tu joues **d'**un instrument? – Oui, je joue **de** la flûte.

Texte Une star est née

être né(e) [ɛtʀəne]	geboren sein	Elle est **née** en 2001. Sie ist/wurde 2001 geboren.
c'est pourquoi [sɛpuʀkwa]	deshalb	→ pourquoi; E that's why
la **radio** [laʀadjo]	das Radio, der Rundfunk	J'écoute la radio. C'est pourquoi je connais ce groupe. F la radio ⟷ D das Radio
installer qc [ɛ̃stale]	etw. aufstellen, etw. installieren	Qui peut installer l'ordinateur?
une **scène** [ynsɛn]	*(hier)* eine Bühne	Sur la scène, il y a un chanteur.
préféré/préférée [pʀefeʀe]	bevorzugt, Lieblings-	Quelle est ta chanteuse préférée?
un **avis** [ɛ̃navi]	eine Meinung	Quel est l'avis de tes copains?
à mon avis [amɔnavi]	meiner Meinung nach	A mon avis, ce groupe n'est pas génial.
un **supermarché** [ɛ̃sypɛʀmaʀʃe]	ein Supermarkt	→ un marché
2 **croire** qc [kʀwaʀ]	etw. glauben	Vous croyez que Cécile a une chance?

croire: je crois, tu crois, il croit, nous croyons, vous croyez, ils croient; j'ai **cru**

3 **comme ça** [kɔmsa]	so, auf diese Weise	
le/la **troisième** [tʀwazjɛm]	der/die/das dritte	→ le/la deuxième
un **message** [ɛ̃mɛsaʒ]	eine Mitteilung, eine Nachricht	envoyer un message [E] message
5 **sûrement** [syʀmɑ̃]	sicher, sicherlich *(Adv.)*	Le message est sûrement arrivé.
7 un **prix** [ɛ̃pʀi]	ein Preis	Cécile a gagné le premier prix!
8 **Tu parles!** *(fam.)* [typaʀl]	Von wegen! *(ugs.)*	J'ai gagné mille euros! – Tu parles!
pour une fois que [puʀynfwakə]	wenn … (schon) einmal	
couper qc [kupe]	etw. schneiden *(hier)* unterbrechen (die Verbindung)	
fatigué/fatiguée [fatige]	müde	Tu es fatigué? Tu n'as pas assez dormi? Allez, vas au lit! 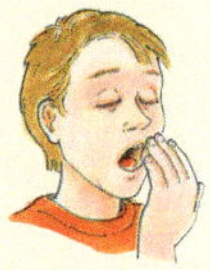
une **foule** [ynful]	eine (Menschen)Menge	= beaucoup de gens
jusque [ʒysk]	bis	On a cours jusqu'à 17 heures.
le **jazz** [lədʒaz]	der Jazz *(Musikstil)*	Mon père joue du saxophone. Il aime bien le jazz.
9 **car** [kaʀ]	denn	Cécile est contente car elle a gagné.

Pratique

4 un **nombre** [ɛ̃nɔ̃bʀ]	eine Zahl	3, 13, 53 sont des nombres. [E] number
un **nom** [ɛ̃nɔ̃]	ein Name	un prénom
Georges Bizet [ʒɔʀʒbizɛ]	*frz. Komponist*	
Edith Piaf [editpjaf]	*frz. Sängerin*	
Renaud [ʀəno]	*frz. Sänger*	
Jean-Philippe Rameau [ʒɑ̃filipʀamo]	*frz. Komponist*	
Camille [kamij]	*frz. Sängerin*	

Révisions

La date de naissance – das Geburtsdatum

– **Quand est-ce que tu es né(e)?**	– Wann bist/wurdest du geboren?
– **Je suis né(e) le 4 mai 1998.**	– Ich bin/wurde am 4. Mai 1998 geboren.
Je suis né(e) en 1998.	Ich bin/wurde 1998 geboren.

Bei Jahreszahlen gibt es zwei Möglichkeiten: 1998 → **dix-neuf cent** quatre-vingt-dix-huit / **mille neuf cent** quatre-vingt-dix-huit

LEÇON 8

TIPP Bringe **Bewegung** hinein: Gehe beim Vokabellernen auf und ab und sprich dabei die Wörter vor dich hin! Die Bewegung erleichtert das Einprägen und Behalten.

Entrée Aventures dans les Pyrénées

une **aventure** [ynavɑ̃tyʀ]	ein Abenteuer	E adventure
le **cirque de Gavarnie** [ləsiʀkdəgavaʀni]	*Felsformation in den frz. Pyrenäen*	

In einem **cirque de montagnes** bilden die Felsen einen Kreis. In der grandiosen Berglandschaft des *Cirque de Gavarnie* in den französischen Pyrenäen befindet sich einer der höchsten Wasserfälle Europas (423m).

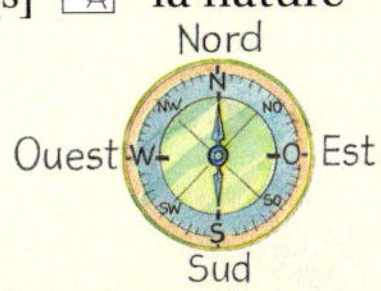

Midi-Pyrénées [midipiʀene]	Midi-Pyrénées *(Region in Südfrankreich)*	
un **ours** [ɛ̃nuʀs]	ein Bär	mit [s] la nature
Henri de **Toulouse-Lautrec** [ɑ̃ʀidətuluzlotʀɛk]	Henri de Toulouse-Lautrec *(frz. Maler, 1864–1901)*	
le **sud** [ləsyd]	der Süden	
au sud de [osyddə]	südlich von	
un **personnage** [ɛ̃pɛʀsɔnaʒ]	eine Figur, eine Persönlichkeit, eine Person	Toulouse-Lautrec est un personnage. Nous, nous sommes des personnes.
Qu'est-ce qui … ? [kɛski]	Was … ? *(Fragepronomen, Subjekt ist eine Sache)*	Qu'est-ce qui t'intéresse? Les livres? Le sport?
Annie [ani]	Annie *(weibl. Vorname)*	
la **mer** [lamɛʀ]	das Meer	Nous passons nos vacances au bord de la mer.
la **Suisse** [lasɥis]	die Schweiz	En Suisse, on parle quatre langues.
Qui est-ce qui … ? [kiɛski]	Wer … ? *(Fragepronomen, Subjekt ist eine Person)*	Qui est-ce qui peut nous aider? – Nathalie Marcou.
un **terrain de camping** [ɛ̃tɛʀɛ̃dəkɑ̃piŋ]	ein Campingplatz	
Qui est-ce que … ? [kiɛskə]	Wen … ? *(Fragepronomen, Objekt ist eine Person)*	Qui est-ce que tu cherches? – Je cherche Nathalie.
contacter qn [kɔ̃takte]	mit jdm. in Verbindung treten	
Marcou [maʀku]	Marcou *(Familienname)*	
un **office de tourisme** [ɛ̃nɔfisdətuʀism]	ein Fremdenverkehrsamt	
une **arobase** [ynaʀɔbaz]	„at" *(Zeichen in E-Mail-Adressen)*	= @
De rien. [dəʀjɛ̃]	Bitte!, Gern geschehen.	Merci beaucoup! – De rien!

Texte A Un long week-end à la montagne

à la montagne [alamɔ̃taɲ]	in den Bergen	→ la montagne
avoir besoin de qc [avwaʀbəswɛ̃]	etw. brauchen	J'ai faim. J'ai besoin de quelque chose à manger.
la **pluie** [laplɥi]	der Regen	le temps → il pleut 
un **vêtement de pluie** [ɛ̃vɛtmɑ̃dəplɥi]	eine Regenkleidung	
annoncer qc [anɔ̃se]	etw. ankündigen	La météo a annoncé de la pluie. N'oublie pas ton parapluie. une annonce

annoncer wird konjugiert wie **commencer**:
j'annonce, nous annonçons; j'ai annoncé

marcher [maʀʃe]	gehen, laufen	*Passé composé* mit *avoir:* **j'ai marché** D → Marsch, marschieren
un **chemin** [ɛ̃ʃəmɛ̃]	ein Weg	
le **vent** [ləvɑ̃]	der Wind	E wind
une **forêt** [ynfoʀɛ]	ein Wald	Ils ont coupé beaucoup d'arbres dans la forêt.
2 un **chalet** [ɛ̃ʃalɛ]	eine (Berg)Hütte	
3 une **trace** [yntʀas]	eine Spur	Tu vois ces traces? C'est un ours? – Non, c'est un chien. E trace
pleurer [plœʀe]	weinen	Pourquoi est-ce que tu pleures? Tu es triste? 
4 un **guide**/une **guide** [ɛ̃gid/yngid]	ein Führer/eine Führerin	E guide
courir [kuʀiʀ]	laufen, rennen	

courir: je cours, tu cours, il court, nous courons, vous courez, ils courent; *Passé composé* mit *avoir:* **j'ai couru**

5 la **température** [latɑ̃peʀatyʀ]	die Temperatur	La température monte. Il commence à faire chaud. le temps
Chloro'fil [klɔʀɔfil]	Chloro'fil *(Freizeitpark)*	

Pratique A

2 un **mètre** [ɛ̃mɛtʀ]	ein Meter	un kilomètre
7 **Excusez-moi!** [ɛkskyzemwa]	Entschuldigen Sie!	E Excuse me.
un **feu**/des **feux** [ɛ̃fø/defø]	ein Feuer; *(hier)* Ampel	Le feu est rouge: il faut attendre. Le feu est vert: on peut passer.
un **carrefour** [ɛ̃kaʀfuʀ]	eine Kreuzung	Au carrefour, tournez à gauche.
faire **demi-tour** [dəmituʀ]	wenden, umdrehen	→ faire un tour

Texte B Aventures

se trouver [sətʀuve]	sich befinden	
découvrir qc [dekuvʀiʀ]	etw. entdecken	Regardez, j'ai découvert des traces! une découverte
	découvrir wird konjugiert wie **ouvrir**: je découvre, nous découvrons; j'ai **découvert**	
y [i]	dort, dorthin	J'aime bien la forêt. On peut **y** grimper aux arbres. → il **y** a
s'amuser [samyze]	sich vergnügen, sich amüsieren	On s'amuse bien ici.
un **pied** [ɛ̃pje]	ein Fuß	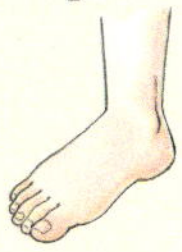
2 **se promener** [səpʀɔmne]	spazieren gehen	Le dimanche, on se promène dans la forêt. → une promenade
	se promener: je **me** promène, tu **te** promènes, il **se** promène, nous **nous** promenons, vous **vous** promenez, ils **se** promènent; je me **suis** promené(e).	
entre [ɑ̃tʀ]	zwischen	On se promène entre les arbres. On mange le soir entre 6 et 7 heures.
construire qc [kɔ̃stʀɥiʀ]	etw. bauen	Qui est-ce qui a construit cette maison? 
	construire: je construis, tu construis, il construit, nous construisons, vous construisez, ils construisent; j'ai construit	
se disputer avec qn [sədispyte]	sich mit jdm. streiten	Ne vous disputez pas. Ça m'énerve.
jaloux/jalouse de qn [ʒalu/ʒaluz]	eifersüchtig auf jdn.	Fabien est jaloux. Et Emma, est-ce qu'elle est aussi jalouse?
3 **se cacher** [səkaʃe]	sich verstecken	chercher, trouver, découvrir
un **nuage** [ɛ̃nyaʒ]	eine Wolke	Tu vois les nuages? Il va pleuvoir. le temps
se passer [səpase]	geschehen, sich ereignen	Cette histoire se passe dans les Pyrénées.
4 une **jambe** [ynʒɑ̃b]	ein Bein	
Au secours! [oskuʀ]	Hilfe!	
Aïe! [ai]	Aua!	
un **fou**/une **folle** [ɛ̃fu/ynfɔl]	ein Verrückter/eine Verrückte	fou/folle *(Adj.)*
un **trou** [ɛ̃tʀu]	ein Loch	Au secours, je suis tombé(e) dans un trou! 
une **ambulance** [ynɑ̃bylɑ̃s]	ein Krankenwagen	E ambulance
conduire qn [kɔ̃dɥiʀ]	jdn. führen; jdn. fahren	Tu me conduis au collège, papa? un conducteur/une conductrice
un **hôpital** [ɛ̃nɔpital]	ein Krankenhaus	E hospital malade

5 un **médecin**/une **femme médecin** [ɛ̃medsɛ̃/ynfammedsɛ̃]	ein Arzt/eine Ärztin	→ Le copain de Valentin est médecin.
un **accident** [ɛ̃naksidɑ̃]	ein Unfall	Dans le journal: Grave accident d'avion! E accident
cassé/cassée [kase]	gebrochen, zerbrochen	J'ai une jambe cassée. Je dois rester à l'hôpital.
le **plâtre** [ləplatʀ]	der Gips; der Gipsverband	
quelques *(pl.)* [kɛlk(ə)]	einige, wenige	Quand est-ce qu'on part à Toulouse? – Dans quelques jours.
si [si]	wenn, falls	Si tout va bien, on y reste quelques semaines.
une **faute** [ynfot]	ein Fehler	Tu as combien de fautes dans le test? faux
C'est (de) sa faute. [sɛ(də)safot]	Das ist seine/ihre Schuld.	C'est de ma faute? – Non, c'est la faute de l'ours.
s'excuser [sɛkskyze]	sich entschuldigen	Emma doit s'excuser.
se lever [sələve]	aufstehen; *(hier)* sich erheben, (Wind) aufkommen	Le vent se lève.

se lever: je me lève, tu te lèves, il se lève, nous nous levons, vous vous levez, ils se lèvent; je me suis levé(e)

un **orage** [ɛ̃nɔʀaʒ]	ein Gewitter	Regarde les gros nuages noirs. On va avoir un orage.

Pratique B

3 la **grippe** [lagʀip]	die Grippe	être malade
un **médicament** [ɛ̃medikamɑ̃]	ein Arzneimittel, ein Medikament	
une **ordonnance** [ynɔʀdɔnɑ̃s]	ein Rezept *(vom Arzt)*	une ordonnance *(médecin)* ⟷ une recette *(cuisine)*
le **ventre** [ləvɑ̃tʀ]	der Bauch	
un **bras** [ɛ̃bʀa]	ein Arm	
la **gorge** [lagɔʀʒ]	die Kehle, der Hals	→ avoir un chat dans la gorge
un **docteur** [ɛ̃dɔktœʀ]	ein Doktor, ein Arzt	
6 l'**écoute** *(f.)* [lekut]	das (Zu)Hören	écouter
un **journaliste**/une **journaliste** [ɛ̃ʒuʀnalist/ynʒuʀnalist]	ein Journalist/eine Journalistin	Les journalistes écrivent des articles pour des journaux.

Révision

Partir en vacances

Activités de vacances siehe Seite 126

faire un voyage	eine Reise machen
une excursion*	einen Ausflug machen
passer ses vacances/son week-end	seine Ferien/sein Wochende verbringen
à la montagne	im Gebirge
à la campagne	auf dem Land
au bord de la mer/d'un lac*	am Meer/an einem See
à la plage*	am Strand
en France	in Frankreich
passer la nuit	übernachten
chez des amis	bei Freunden
dans un hôtel*	in einem Hotel
dans un chalet	in einer (Berg-)Hütte
dans un appartement	in einem Appartment
sur un terrain de camping	auf einem Campingplatz

*Wörter, die hier zur Vervollständigung zusätzlich erwähnt werden.

Le corps* [ləkɔʀ] **– der Körper**

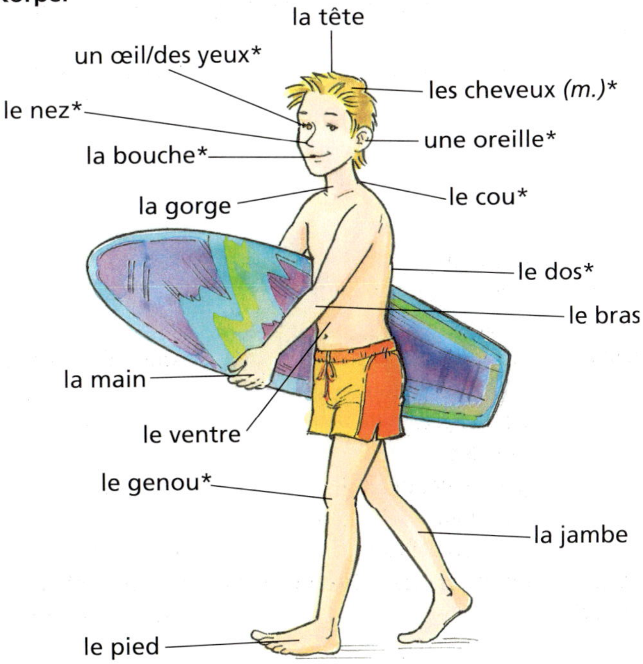

*Wörter, die hier zur Vervollständigung zusätzlich erwähnt werden.

– Die *Liste des mots* führt den Lernwortschatz der Bände 1 und 2 auf.
– Die Zahlen verweisen auf das erstmalige Vorkommen der Wörter, z. B.
vrai I 2B,1 = Band **1**, Leçon **2**, Lektionsteil **B**, Übung **1**.
A = Lektionsteil A; **B** = Lektionsteil B; **E** = Lektionsteil *Entrée*, **Z** = Lektionsteil *Album*.
– Das Zeichen ⟨ ⟩ bedeutet, dass das Wort an dieser Stelle rezeptiv bzw. fakultativ eingeführt und in den folgenden Lektionen nicht vorausgesetzt wird.
– Grammatische Basiswörter wie z. B. die Subjektpronomen *je, tu …* usw. werden in der folgenden Liste nicht aufgeführt.

A

à (Paris) [a] in (Paris) **I 1E**
à trois [atʀwa] zu dritt **I 6B,** 2
un **accent** [ɛ̃naksɑ̃] ein Akzent, eine Art der Aussprache **II 3B**
un **accident** [ɛ̃naksidɑ̃] ein Unfall **II 8B**
accompagner qn [akɔ̃paɲe] jdn. begleiten **II 3A**
acheter qc [aʃte] etw. kaufen **II 1B**
un **acteur**/une **actrice** [ɛ̃naktœʀ/ynaktʀis] ein Schauspieler/eine Schauspielerin **I 6E**
une **activité** [ynaktivite] eine Tätigkeit; *(hier)* eine Freizeitbeschäftigung **I 4E**
adorer qn [adɔʀe] jdn. sehr gerne mögen **I 7A**
une **adresse** [ynadʀɛs] eine Adresse **I 3A**
une **affaire** [ynafɛʀ] eine Sache, eine Angelegenheit **II 1B**
une **affiche** [ynafiʃ] ein Plakat, ein Poster **I 2A**
l'**âge** *(m.)* [laʒ] das Alter **I 4B**
Tu as quel âge? [tyakɛlaʒ] Wie alt bist du? **I 4B**
aider qn [ede] jdm. helfen **I 6A**
aimer qc [eme] etw. lieben, etw. mögen **I 2A**
aimer bien [emebjɛ̃] gern mögen **I 4A,** 3
aimer faire qc [emefɛʀ] etw. gerne tun **I 6B**
ajouter qc [aʒute] etw. hinzufügen **II 6B**
un **album** [ɛ̃nalbɔm] ein Album *(hier)* eine CD **II 4C**
allemand [almɑ̃] deutsch; Deutsch *(als Unterrichtsfach)* **I 1A**
en allemand [ɑ̃nalmɑ̃] auf Deutsch **I 1B**
aller [ale] gehen, fahren **I 5E**
On y va! [ɔ̃niva] Gehen wir!, Auf geht's! **I 6B**
aller chercher qc [aleʃɛʀʃe] etw. holen **I 6B**
aller faire qc [alefɛʀ] etw. tun werden **I 6E**
Allô? [alo] Hallo? *(am Telefon)* **I 3B**
alors [alɔʀ] nun, jetzt, dann **I 4B**
une **ambiance** [ynɑ̃bjɑ̃s] eine Stimmung, eine Atmosphäre **II 4E**
une **ambulance** [ynɑ̃bylɑ̃s] ein Krankenwagen **II 8B**
un **ami**/une **amie** [ɛ̃nami/ynami] ein Freund/eine Freundin **I 5A**
Amicalement. [amikalmɑ̃] Herzliche Grüße! *(Grußformel in einem persönlichen Brief)* **II 5A,** 2
l'**amour** *(m.)* [lamuʀ] die Liebe **II 4C**
Tu es un amour! *(fam.)* [tyɛɛ̃namuʀ] Du bist ein Schatz! *(ugs.)* **II 4C**
amoureux/amoureuse [amuʀø/amuʀøz] verliebt **II 4B**
s'amuser [samyze] sich vergnügen, sich amüsieren **II 8B**
un **an** [ɛ̃nɑ̃] ein Jahr **I 4B**
avoir douze ans [avwaʀduzɑ̃] zwölf Jahre alt sein **I 4B**
l'**anglais** *(m.)* [lɑ̃glɛ] das Englische; Englisch *(als Unterrichtsfach)* **II 1A**
anglais/anglaise [ɑ̃glɛ/ɑ̃glɛz] englisch **II 1A**
un **animal/des animaux** [ɛ̃nanimal/dezanimo] ein Tier/Tiere **I 4B,** 6
une **année** [ynane] ein Jahr **II 1B**
un **anniversaire** [ɛ̃nanivɛʀsɛʀ] ein Geburtstag **I 7E**
Bon anniversaire! [bɔnanivɛʀsɛʀ] Alles Gute zum Geburtstag! **I 7E**
une **annonce** [ynanɔ̃s] eine Anzeige, eine Annonce **I 3A**
annoncer qc [anɔ̃se] etw. ankündigen **II 8A**
août *(m.)* [ut] August **I 7B,** 7
un **appartement** [ɛ̃napaʀtəmɑ̃] eine Wohnung **I 3E**
appeler qn [apəle] jdn. (an)rufen **II 1B**
elle s'appelle [ɛlsapɛl] sie heißt **II 3B**
je m'appelle [ʒəmapɛl] ich heiße **I 1**
Tu t'appelles comment? [tytapɛlkɔmɑ̃] Wie heißt du? **I 1B**
applaudir qn [aplodiʀ] jdm. Beifall klatschen **II 5B**
apporter qc à qn [apɔʀte] jdm. etw. (mit)bringen **II 7E**
apprendre qc [apʀɑ̃dʀ] etw. lernen **II 1A**
après [apʀɛ] nach, danach **I 5B**
un **après-midi** [ɛ̃napʀɛmidi] ein Nachmittag **I 4A**
l'après-midi [lapʀɛmidi] nachmittags/am Nachmittag **I 4A**
une **araignée** [ynaʀeɲe] eine Spinne **II 5B**
un **arbre** [ɛ̃naʀbʀ] ein Baum **I 2E**
l'**argent** *(m.)* [laʀʒɑ̃] das Geld **II 6E**
l'argent de poche *(m.)* [laʀʒɑ̃dəpɔʃ] das Taschengeld **II 6E**
un **argument** [ɛ̃naʀgymɑ̃] ein Argument **II 2B**
une **arobase** [ynaʀɔbaz] „at" *(Zeichen in E-Mail-Adressen)* **II 8E**
un **arrêt** [ɛ̃naʀɛ] ein Halt, eine Haltestelle **II 4B**
arrêter de faire qc [aʀete] aufhören etw. zu tun **II 3A**
une **arrivée** [ynaʀive] eine Ankunft **II 1E**
arriver [aʀive] (an)kommen **I 4A**
assez (de) [asedə] genug, genügend **II 3A**
une **assiette** [ynasjɛt] ein Teller **I 3C**
attacher qc [ataʃe] etw. (fest)binden **I 4B**
attendre qc /qn [atɑ̃dʀ] auf etw./jdn. warten, etw./jdn. erwarten **II 1E**
l'**attention** *(f.)* [latɑ̃sjɔ̃] die Aufmerksamkeit **I 4B**
faire attention [fɛʀatɑ̃sjɔ̃] aufpassen, Acht geben **I 5B**
attraper qn [atʀape] jdn. (ein)fangen, jdn. erwischen **I 5A**
aujourd'hui [oʒuʀdɥi] heute **I 4A**
aussi [osi] auch **I 2E**
l'**automne** *(m.)* [lotɔn] der Herbst **II 1B,** 3
un **autre**/une **autre** [ɛ̃notʀ/ynotʀ] ein anderer/eine andere **I 6B**
avant [avɑ̃] vorher **II 3B**
avec [avɛk] mit **I 1A**

l'**avenir** *(m.)* [lavniʀ] die Zukunft **II 4C**
une **aventure** [ynavɑ̃tyʀ] ein Abenteuer **II 8E**
un **avion** [ɛ̃navjõ] ein Flugzeug **II 2A**
un **avis** [ɛ̃navi] eine Meinung **II 7**
à mon avis [amɔnavi] meiner Meinung nach **II 7**
avoir [avwaʀ] haben **I 4B**
avoir douze ans [avwaʀduzɑ̃] zwölf Jahre alt sein **I 4B**
avoir envie de faire qc [avwaʀɑ̃vi] Lust haben, etwas zu tun **I 4B**
avoir peur [avwaʀpœʀ] Angst haben **I 4B**
avoir peur de faire qc [avwaʀpœʀ] Angst haben etw. zu tun **I 6B**
avoir besoin de qc [avwaʀbəswɛ̃] etw. brauchen **II 8A**
avril *(m.)* [avʀil] April **I 7B**, 7

B

une **baguette** [ynbagɛt] ein Baguette **II 6B**
un **ballon** [ɛ̃balõ] ein Ball **II 4E**
une **banane** [ynbanan] eine Banane **II 6E**
un **banc** [ɛ̃bɑ̃] eine (Sitz)Bank **I 2E**
une **banlieue** [ynbɑ̃ljø] ein Vorort, ein Vorstadtbereich **I 3A**
en **bas** [ɑ̃ba] unten, nach unten **I 4B**
une **BD**/des **BD** *(= une bande dessinée)* [ynbede] ein Comic(Heft)/Comics **I 5A**
beau/bel/belle [bo/bɛl/bɛl] schön **II 4C**
il fait beau [ilfɛbo] es ist schönes Wetter **II 2B**
beaucoup [boku] viel, sehr **I 7B**
beaucoup de [bokudə] viel(e) *(bei Mengen)* **I 7B**
belge [bɛlʒ] belgisch **II 5A**
un **Belge**/une **Belge** [ɛ̃bɛlʒ/ynbɛlʒ] ein Belgier/eine Belgierin **II 5A**
avoir **besoin** de qc [avwaʀbəswɛ̃] etw. brauchen **II 8A**
bête [bɛt] dumm **II 1A**
une **bêtise** [ynbetiz] eine Dummheit **II 5B**
Beurk! *(fam.)* [bœʀk] Igitt! *(ugs.)* **II 6B**
le **beurre** [ləbœʀ] die Butter **II 6E**
bien *(Adv.)* [bjɛ̃] gut *(Adv.)* **I 1**
bien sûr [bjɛ̃syʀ] sicherlich, na klar! **II 3E**
bientôt [bjɛ̃to] bald **I 6A**
Bienvenue! [bjɛ̃vny] Willkommen! **I 1E**
un **billet** [ɛ̃bijɛ] eine Fahrkarte **II 3B**
une **bise** *(fam.)* [ynbiz] ein Kuss *(ugs.)* **II 1A**
faire la bise à qn *(fam.)* [fɛʀlabiz] jdn. mit Kuss begrüßen, verabschieden *(ugs.)* **II 1A**
bizarre [bizaʀ] merkwürdig, komisch **I 1A**
une **blague** [ynblag] ein Scherz, ein Witz **II 5B**, 4
blanc/blanche [blɑ̃/blɑ̃ʃ] weiß **I 7A**, 3
bleu/bleue [blø] blau **I 7A**
un **bloc à dessin** [ɛ̃blɔkadesɛ̃] ein Zeichenblock **I 2B**
Bof! *(fam.)* [bɔf] Na ja!, Ach! *(ugs.)* **I 1A**, 3
boire qc [bwaʀ] etw. trinken **II 6B**
une **boisson** [ynbwasõ] ein Getränk **II 6B**
bon/bonne [bõ/bɔn] gut **I 7B**
Ah, bon? [abõ] Ach ja?, Wirklich? **I 3B**
Bonjour! [bõʒuʀ] Guten Tag! **I 1**
au bord de qc [obɔʀdə] am Rande von etw., am Ufer von etw. **II 3B**
un **bouchon** [ɛ̃buʃõ] *(hier)* ein Verkehrsstau **I 5A**
bouger [buʒe] sich bewegen **I 6A**
une **bougie** [ynbuʒi] eine Kerze **II 6B**
une **boulangerie** [ynbulɑ̃ʒʀi] eine Bäckerei **II 6B**
une **boule** [ynbul] eine Kugel **I 7B**
bousculer qn [buskyle] jdn. anrempeln **I 5A**
une **bouteille** [ynbutɛj] eine Flasche **I 2A**
un **bras** [ɛ̃bʀa] ein Arm **II 8B**, 3
Bravo! [bʀavo] Bravo! **I 6B**
un **bus** [ɛ̃bys] ein Bus **I 5A**

C

ça [sa] das **I 1**
Ça va? [sava] Wie geht's? **I 1**
Ça va bien. [savabjɛ̃] Es geht (mir) gut. **I 1**
se cacher [səkaʃe] sich verstecken **II 8B**
un **cadeau**/des **cadeaux** [ɛ̃kado] ein Geschenk/Geschenke **I 7E**
une **caisse** [ynkɛs] eine Kasse **I 5A**
une **caméra** [ynkameʀa] eine (Film)Kamera **I 6E**
la **campagne** [lakɑ̃paɲ] das Land *(im Gegensatz zur Stadt)* **I 7B**
à la campagne [alakɑ̃paɲ] auf dem Land ⟨**II 1Z**⟩
le **camping** [ləkɑ̃piŋ] das Camping **II 8E**
un terrain de camping [ɛ̃tɛʀɛ̃dəkɑ̃piŋ] ein Campingplatz **II 8E**
un **camping-car** [ɛ̃kɑ̃piŋkaʀ] ein Wohnmobil **II 2A**
un **canal** [ɛ̃kanal] ein Kanal **II 3E**
un **canard** [ɛ̃kanaʀ] eine Ente **II 6A**
un **canoë** [ɛ̃kanɔe] ein Kanu **II 1E**
une **cantine** [ynkɑ̃tin] eine Kantine **I 5E**
une **capitale** [ynkapital] eine Hauptstadt **II 2B**
car [kaʀ] denn **II 7**
un **carrefour** [ɛ̃kaʀfuʀ] eine Kreuzung **II 8A**, 7
une **carte** [ynkaʀt] eine (Spiel)Karte **I 7A**
une carte postale [ynkaʀtpɔstal] eine Postkarte **II 1B**
un **carton** [ɛ̃kaʀtõ] ein Karton **I 2A**
un **casque** [ɛ̃kask] ein Sturzhelm, ein Schutzhelm **I 4A**
cassé/cassée [kase] gebrochen, zerbrochen **II 8B**
le **cassoulet** [ləkasulɛ] das Cassoulet **II 4E**
une **catastrophe** [ynkatastʀɔf] eine Katastrophe **II 6B**
un **CD**/des **CD** [ɛ̃sede/desede] eine CD/CDs **I 4A**, 6
un **CDI** *(un centre de documentation et d'information)* [ɛ̃sedei] ein CDI *(Dokumentations- und Informationsstelle einer Schule)* **II 4C**
ce/cet/cette/ces [sə/sɛt/sɛt/se] dieser/diese/dieses *(Demonstrativbegleiter)* **II 4C**
ce soir [səswaʀ] heute Abend **II 3E**
ce/c' [sə] das *(z. B. in "c'est" = das ist …)* **I 1E**
un **centime** [ɛ̃sɑ̃tim] ein Cent **II 6A**
un **centre** [ɛ̃sɑ̃tʀ] ein Zentrum, Mittelpunkt **I 5E**
C'est à qui? [sɛtaki] Wer ist an der Reihe? **II 6A**
C'est à moi. [sɛtamwa] Ich *(betont)* bin an der Reihe. **II 6A**, 5
C'est ça. [sɛsa] Genau! **II 4B**
un **chalet** [ɛ̃ʃalɛ] eine (Berg)Hütte **II 8A**
une **chambre** [ynʃɑ̃bʀ] ein Schlafzimmer **I 3E**
le **champagne** [ləʃɑ̃paɲ] der Champagner **II 6B**
la **chance** [laʃɑ̃s] das Glück, die Chance **I 5E**
changer qc [ʃɑ̃ʒe] etwas ändern **II 1A**

une **chanson** [ynʃɑ̃sɔ̃] ein Lied **I 7E**
chanter [ʃɑ̃te] singen **I 7B**
un **chanteur**/une **chanteuse** [ɛ̃ʃɑ̃tœʀ/ynʃɑ̃tøz] ein Sänger/eine Sängerin **II 7E**
chaque [ʃak] jeder/jede/jedes + *Nomen* **II 5A**
un **chat** [ɛ̃ʃa] eine Katze **I 1E**
avoir un chat dans la gorge [avwaʀɛ̃ʃadɑ̃lagɔʀʒ] einen Frosch im Hals haben *(Redensart)*, einen rauen Hals haben **I 6B**
chaud/chaude [ʃo/ʃod] warm, heiß **II 2B**
il fait chaud [ilfɛʃo] es ist warm, heiß **II 2B**
un **chemin** [ɛ̃ʃəmɛ̃] ein Weg **II 8A**
une **chemise** [ynʃəmiz] ein Hemd **I 7A**
cher/chère [ʃɛʀ] lieb, teuer **II 1B**
chercher qc [ʃɛʀʃe] etw. suchen **I 2E**
chéri/chérie [ʃeʀi] Liebling **II 4C**
chez qn [ʃe] bei jdm. **I 5E**
un **chien** [ɛ̃ʃjɛ̃] ein Hund **I 1E**
le **chocolat** [ləʃɔkɔla] die Schokolade **II 6E**
choisir qc [ʃwaziʀ] etw. wählen, etw. aussuchen **II 5B**
une **chose** [ynʃoz] eine Sache **I 7B**
quelque chose [kɛlkəʃoz] etwas **I 5B**
les **choux de Bruxelles** *(m., pl.)* [leʃudəbʀyksɛl] der Rosenkohl **II 5A**
un chou à la crème [ɛ̃ʃualakʀɛm] ein Windbeutel *(mit Sahne gefülltes Gebäck)* **II 5A**
Chut! [ʃyt] Pst! **I 1B**
un **cinéma** [ɛ̃sinema] ein Kino **I 5E**
un **cirque** [ɛ̃siʀk] ein Zirkus **II 1E**
une **classe** [ynklas] eine Klasse **II 4A**
un **club** [ɛ̃klœb] ein Klub; *(hier)* eine Freizeitgruppe, eine AG **I 4E**
la **colère** [lakɔlɛʀ] der Zorn, die Wut **I 3C**
être en colère [ɛtʀɑ̃kɔlɛʀ] wütend sein **I 3C**
un **collège** [ɛ̃kɔlɛʒ] ein «Collège» **I 1A**
un **collègue**/une **collègue** [ɛ̃kɔlɛg/ynkɔlɛg] ein Kollege/eine Kollegin **II 3E**
coller qc [kɔle] etw. (an)kleben **I 2A**
combien de [kɔ̃bjɛ̃də] wie viele **II 2A**
comme [kɔm] als **I 6A**; wie *(beim Vergleich)* **I 7A**
comme ça [kɔmsa] so, auf diese Weise **II 7**
commencer (à faire qc) [kɔmɑ̃se] anfangen (etw. zu tun) **II 1B**
commencer par beginnen mit **II 6A**
comment [kɔmɑ̃] wie? **I 1B**
comprendre qc [kɔ̃pʀɑ̃dʀ] etw. verstehen **II 1A**
compter qc [kɔ̃te] etw. zählen **II 1A**
un **concert** [ɛ̃kɔ̃sɛʀ] ein Konzert **II 7E**
un **conducteur**/une **conductrice** [ɛ̃kɔ̃dyktœʀ/ynkɔ̃dyktʀis] ein Fahrer/eine Fahrerin **II 4B**
conduire qn [kɔ̃dɥiʀ] jdn. führen; jdn. fahren **II 8B**
connaître qn [kɔnɛtʀ] jdn. kennen **II 4A**
construire qc [kɔ̃stʀɥiʀ] etw. bauen **II 8B**
contacter qn [kɔ̃takte] mit jdm. in Verbindung treten **II 8E**
content/contente [kɔ̃tɑ̃/kɔ̃tɑ̃t] zufrieden, glücklich **I 7B**
être content(e) de faire qc zufrieden, glücklich sein, etw. zu tun **II 1B**
continuer (à faire qc) [kɔ̃tinɥe] weitermachen, fortfahren (etw. zu tun) **II 1A**
le **contraire** (de) [ləkɔ̃tʀɛʀ] das Gegenteil (von) **II 1A**
contre [kɔ̃tʀ] gegen **I 3B**
un **copain**/une **copine** *(fam.)* [ɛ̃kɔpɛ̃/ynkɔpin] ein Freund/eine Freundin *(ugs.)* **I 3A**
une **corde** [ynkɔʀd] ein Seil **I 4A**
cordial/cordiale [kɔʀdjal] herzlich **II 5B, 5**
à côté [akote] nebenan **II 4B**
à côté de [akotedə] neben **II 4B**
une **couleur** [ynkulœʀ] eine Farbe **II 4A**
le **coup de foudre** [ləkudfudʀ] Liebe auf den ersten Blick *(wörtl. „der Blitzschlag")* **II 4A**
un **coup de téléphone** [ɛ̃kudətelefɔn] ein Anruf **II 1A**
couper qc [kupe] etw. schneiden **I 6B**; *(hier)* unterbrechen (die Verbindung) **II 7**
une **cour** [ynkuʀ] ein Hof **I 2B**
courir [kuʀiʀ] laufen, rennen **II 8A**
un **cours** [ɛ̃kuʀ] eine Unterrichtsstunde **II 5A**
en cours [ɑ̃kuʀ] im Unterricht **II 5A**
faire les courses *(f.) (pl.)* einkaufen **II 6E**
un **cousin**/une **cousine** [ɛ̃kuzɛ̃/ynkuzin] ein Cousin/eine Cousine **I 5E**
un **crayon** [ɛ̃kʀɛjɔ̃] ein Bleistift **I 2B**
une **crêpe** [ynkʀɛp] ein Pfannkuchen **II 3A**
crier [kʀije] schreien **I 4B**
croire qc [kʀwaʀ] etw. glauben **II 7**
une **croquette** [ynkʀɔkɛt] eine Krokette *(hier) Trockenfutter für Katzen* **I 6A**
une **cuisine** [ynkɥizin] eine Küche **I 3E**
un **cuisinier**/une **cuisinière** [ɛ̃kɥizinje/ynkɥizinjɛʀ] ein Koch/eine Köchin **I 5E**

D

d'abord [dabɔʀ] zuerst **I 5E**
d'accord [dakɔʀ] einverstanden, o.k. **I 2E**
une **dame** [yndam] eine Dame **I 5A**
dangereux/dangereuse [dɑ̃ʒʀø/dɑ̃ʒʀøz] gefährlich **II 5B**
dans [dɑ̃] in **I 2E**
dans la rue [dɑ̃laʀy] auf der Straße **I 2B**
dans trois mois [dɑ̃tʀwamwa] in drei Monaten **I 3A**
la **danse** [ladɑ̃s] das Tanzen; der Tanz **I 4A**
danser [dɑ̃se] tanzen **I 6B, 4**
de/d' [də] von, aus **I 1B**
de ... à von ... bis **I 5E**
débuter dans qc [debyte] Anfänger sein in etw. **I 4A**
décembre *(m.)* [desɑ̃bʀ] Dezember **I 7B, 7**
une **découverte** [yndekuvɛʀt] eine Entdeckung **II 1E**
découvrir qc [dekuvʀiʀ] etw. entdecken **II 8B**
un **degré** [ɛ̃dəgʀe] ein Grad **II 2B**
il fait trente degrés [ilfɛtʀɑ̃tdəgʀe] es sind 30 Grad **II 2B**
déjà [deʒa] schon **I 3C**
délicieux/délicieuse [delisjø/delisjøz] köstlich **II 6A**
demain [dəmɛ̃] morgen **I 6E**
demander qc à qn [dəmɑ̃de] jdn. etw. fragen **I 6A**
demander à qn de faire qc [dəmɑ̃de] jdn. darum bitten, etwas zu tun **II 5B, 10**
un **déménagement** [ɛ̃demenaʒmɑ̃] ein Umzug, ein Wohnungswechsel **II 3A**
déménager [demenaʒe] umziehen **II 2A**
faire **demi-tour** [dəmituʀ] wenden, umdrehen **II 8A, 7**
le **départ** [lədepaʀ] die Abfahrt, der Aufbruch **II 1B**
depuis [dəpɥi] seit **II 1A**
dernier/dernière [dɛʀnje/dɛʀnjɛʀ] letzter/letzte/letztes **II 3A**

derrière [dɛʀjɛʀ] hinter **I 2A**
descendre [desɑ̃dʀ] aussteigen **II 3A**
désirer qc [deziʀe] etw. wünschen **II 6A**
être désolé(e) [ɛtʀədezɔle] leidtun **II 3B**
un **dessert** [ɛ̃desɛʀ] ein Nachtisch **I 7B**
un **dessin** [ɛ̃desɛ̃] eine Zeichnung **I 2E**
dessiner qc [desine] etw. zeichnen **I 2E**
détester qc [detɛste] etw. verabscheuen, etw. überhaupt nicht mögen **II 5A**
devant [dəvɑ̃] vor *(örtlich)* **I 2A**
un **devoir** [ɛ̃dəvwaʀ] eine (Haus)Aufgabe **II 1B**
devoir faire qc [devwaʀ] etw. tun müssen **II 3B**
différent/différente [difeʀɑ̃/difeʀɑ̃t] anders **II 5B,** 5
difficile [difisil] schwierig **II 6A**
dimanche *(m.)* [dimɑ̃ʃ] Sonntag, am Sonntag **I 6A**
dire qc à qn [diʀ] jdm. etw. sagen **II 1A**
discuter [diskyte] diskutieren, sich unterhalten **I 3B**
se disputer avec qn [sədispyte] sich mit jdm. streiten **II 8B**
un **docteur** [ɛ̃dɔktœʀ] ein Doktor, ein Arzt **II 8B,** 3
donner qc à qn [dɔne] jdm. etw. geben **I 6A**
dormir [dɔʀmiʀ] schlafen **II 3E**
à **droite** [adʀwat] (nach) rechts **I 5A**
drôle [dʀol] lustig **II 1A**
un **DVD** [ɛ̃devede] eine DVD **II 4C**

E

l'**eau** *(f.)* [lo] das Wasser **II 6E**
une eau minérale *(f.)* [ynmineʀal] ein Mineralwasser **II 6B**
une **école** [ynekɔl] eine Schule **II 4A**
l'**écoute** *(f.)* [lekut] das (Zu)Hören **II 8B,** 6
écouter qn [ekute] jdm. zuhören **I 3C**
écrire qc [ekʀiʀ] etw. schreiben **I 7A**
un **élève**/une **élève** [ɛ̃nelɛv/ynelɛv] ein Schüler/eine Schülerin **I 4A**
un **e-mail** [ɛ̃nimɛl] eine E-Mail **II 1E**
en [ɑ̃] *(verschiedene Bedeutungen)* **I 1B**
en allemand [ɑ̃nalmɑ̃] auf Deutsch **I 1B**
en plus [ɑ̃plys] außerdem, zusätzlich **I 7A**
en voiture [ɑ̃vwatyʀ] mit dem Auto **I 7B**
en France [ɑ̃fʀɑ̃s] in Frankreich **II 2B**
j'en prends deux kilos [ʒɑ̃pʀɑ̃døkilo] Ich nehme (davon) zwei Kilo. **II 6B**
encore [ɑ̃kɔʀ] noch, wieder **I 6A**
énerver qn [enɛʀve] jdn. aufregen **II 3B**
un **enfant** [ɛ̃nɑ̃fɑ̃] ein Kind **I 3C**
enfin [ɑ̃fɛ̃] schließlich, endlich **I 5B**
ensemble [ɑ̃sɑ̃bl] zusammen **I 2E**
ensuite [ɑ̃sɥit] dann, danach **II 4B**
entendre qc [ɑ̃tɑ̃dʀ] etw. hören **II 1A**
entre [ɑ̃tʀ] zwischen **II 8B**
une **entrée** [ynɑ̃tʀe] ein Eingang **I 3E;** *(hier)* eine Vorspeise **II 6A**
entrer [ɑ̃tʀe] eintreten, betreten, hereinkommen **I 2E**
avoir envie de faire qc [avwaʀɑ̃vi] Lust haben, etwas zu tun **I 4B**
envoyer qc à qn [ɑ̃vwaje] jdm. etw. schicken **II 1B**
une **équipe** [ynekip] eine Mannschaft, ein Team **II 4E**
l'**escalade** *(f.)* [lɛskalad] das Klettern **I 4E**
est-ce que [ɛskə] *Frageformel* **I 5A**
et [e] und **I 1**
un **étage** [ɛ̃netaʒ] ein Stockwerk, eine Etage **I 3A**
une **étagère** [ynetaʒɛʀ] ein Regal **I 2B**
l'**été** *(m.)* [lete] der Sommer **II 1E**
être [ɛtʀ] sein **I 3A**
être en train de faire qc [ɛtʀɑ̃tʀɛ̃dəfɛʀ] gerade etw. tun; dabei sein, etw. zu tun **II 5A**
un **euro**/des **euros** [ɛ̃nøʀo/dezøʀo] ein Euro/Euros **II 6A**
une **exclamation** [ynɛksklamasjɔ̃] ein Ausruf ⟨**I 6A,** 6⟩
s'excuser [sɛkskyze] sich entschuldigen **II 8B**
Excusez-moi! [ɛkskyzemwa] Entschuldigen Sie! **II 8A,** 7
par exemple [paʀɛgzɑ̃pl] zum Beispiel **II 4C**
expliquer qc à qn [ɛksplike] jdm. etw. erklären **II 5E**
un **exposé** [ɛ̃nɛkspoze] ein Referat **II 5B**

F

facile [fasil] leicht **I 4B**
la **faim** [lafɛ̃] der Hunger **II 6A**
avoir faim *(f.)* [avwaʀfɛ̃] Hunger haben **II 6A**
faire qc [fɛʀ] etw. machen **I 4E**
il fait mauvais [ilfɛmɔvɛ] es ist schlechtes Wetter **II 2B,** 4
faire du foot [fɛʀdyfut] Fußball spielen **I 4E**
faire attention [fɛʀatɑ̃sjɔ̃] aufpassen, Acht geben **I 5B**
il fait chaud [ilfɛʃo] es ist warm, heiß **II 2B**
il fait beau [ilfɛbo] es ist schönes Wetter **II 2B**
il fait trente degrés [ilfɛtʀɑ̃tdəgʀe] es sind 30 Grad **II 2B**
faire la tête *(fam.)* [fɛʀlatɛt] schmollen, sauer sein *(ugs.)* **II 3B**
falloir [falwaʀ] brauchen, müssen **II 6B**
il faut qc [ilfo] man braucht etw. **II 6B**
il faut faire qc [ilfo ...] man muss etw. tun **II 6B**
une **famille** [ynfamij] eine Familie **I 3E**
un **fan**/une **fan** [ɛ̃fan/ynfan] ein Fan **II 4E**
la **farine** [lafaʀin] das Mehl **II 6E**
fatigué/fatiguée [fatige] müde **II 7**
une **faute** [ynfot] ein Fehler **II 8B**
C'est (de) sa faute. [sɛ(də)safot] Das ist seine/ihre Schuld. **II 8B**
faux [fo] falsch **I 2B,** 1
une **femme** [ynfam] eine Frau, eine Ehefrau **I 3C**
une **fête** [ynfɛt] ein Fest **I 4A,** 6
fêter qc [fete] etw. feiern **I 7B**
un **feu**/des **feux** [ɛ̃fø/defø] ein Feuer; *(hier)* Ampel **II 8A,** 7
février *(m.)* [fevʀije] Februar **I 7B,** 7
une **fille** [ynfij] ein Mädchen **I 1E**
un **film** [ɛ̃film] ein Film **I 6E**
la **fin** [lafɛ̃] das Ende, der Schluss **II 2E**
à la fin [alafɛ̃] am Ende, schließlich **II 4E**
finir qc [finiʀ] etw. beenden **II 5B**
une **flûte** [ynflyt] eine Flöte **I 3C**
une **fois** [ynfwa] ein Mal **I 6B**
36 fois *(fam.)* [tʀɑ̃tsifwa] zig Mal *(ugs.)* **I 6B**
pour une fois que [puʀynfwakə] wenn ... (schon) einmal **II 7**
le **foot(ball)** [ləfut(bɔl)] der Fußball *(als Sportart)* **I 4E**
faire du foot [fɛʀdyfut] Fußball spielen **I 4E**
une **forêt** [ynfɔʀɛ] ein Wald **II 8A**
un **fou**/une **folle** [ɛ̃fu/ynfɔl] ein Verrückter/eine Verrückte **II 8B**
fou/fol/folle [fu/fɔl/fɔl] verrückt **I 6B**

une **foule** [ynful] eine (Menschen)-Menge **II 7**
un **frère** [ɛ̃fʀɛʀ] ein Bruder **I 3E**
des **frites** *(f., pl.)* [defʀit] Pommes frites **II 6A**
froid/froide [fʀwa/fʀwad] kalt **II 2A**
j'ai froid [ʒefʀwa] mir ist kalt **II 2A**
le **fromage** [ləfʀɔmaʒ] der Käse **II 6A**
un **fruit** [ɛ̃fʀɥi] eine Frucht, eine Obstsorte **II 6A**

G

gagner qc [gaɲe] etw. gewinnen **II 4E**
un **garage** [ɛ̃gaʀaʒ] eine Garage; eine Autowerkstatt **II 4A**
un **garçon** [ɛ̃gaʀsõ] ein Junge **I 1E**
une **gare** [yngaʀ] ein Bahnhof **I 7A**
un **gâteau**/des **gâteaux** [ɛ̃gato/degato] ein Kuchen/Kuchen **I 7A**
à **gauche** [agoʃ] (nach) links **I 5A**
génial *(fam.)* [ʒenjal] genial, super, toll *(ugs.)* **I 6B**
les **gens** *(m., pl.)* [leʒɑ̃] die Leute **II 7E**
la **géographie** *(fam.: la géo)* [laʒeɔgʀafi] die Geographie, die Erdkunde **II 5B**
une **gomme** [yngɔm] ein Radiergummi **I 2B**
la **gorge** [lagɔʀʒ] die Kehle, der Hals **II 8B**, 3
goûter qc [gute] etw. probieren, kosten **II 6B**
un **gramme** [ɛ̃gʀam] ein Gramm **II 6A**
grand/grande [gʀɑ̃/gʀɑ̃d] groß **I 7E**
une **grand-mère** [yngʀɑ̃mɛʀ] eine Großmutter **I 7E**
un **grand-père** [ɛ̃gʀɑ̃pɛʀ] ein Großvater **I 7E**
des **grands-parents** *(m.)* [degʀɑ̃paʀɑ̃] Großeltern **I 7E**
un **gratin** [ɛ̃gʀatɛ̃] ein Auflauf **II 5A**
gratuit/gratuite [gʀatɥi/gʀatɥit] kostenlos, gratis **II 4B**
grave [gʀav] schlimm **II 1A**
grimper [gʀɛ̃pe] klettern **I 4B**
la **grippe** [lagʀip] die Grippe **II 8B**, 3
gris/grise [gʀi/gʀiz] grau **I 7A**, 3
gros/grosse [gʀo/gʀos] dick **II 5B**
un **groupe** [ɛ̃gʀup] eine Gruppe **I 4A**
un **guide**/une **guide** [ɛ̃gid/yngid] ein Führer/eine Führerin **II 8A**
une **guitare** [yngitaʀ] eine Gitarre **I 3B**
une guitare électrique [yngitaʀelɛktʀik] eine elektrische Gitarre **I 3B**
un **gymnase** [ɛ̃ʒimnaz] eine Turnhalle **I 4A**

H

habiter [abite] wohnen **I 3E**
en **haut** [ão] oben, nach oben **I 4B**
..., hein? [ɛ̃] ... ja?, ... nicht wahr? **I 4B**
une **heure** [ynœʀ] eine Stunde **I 5A**
Il est quelle heure? [ilɛkɛlœʀ] Wie viel Uhr ist es? **I 5B, 10**
A quelle heure? [akɛlœʀ] Um wie viel Uhr? **I 5B, 10**
à six heures [asizœʀ] um sechs Uhr **I 5A**
Vous avez l'heure? [vuzavelœʀ] Wie viel Uhr ist es? **I 5B**
hier [jɛʀ] gestern **II 1B**
une **histoire** [ynistwaʀ] eine Geschichte **I 3C**
l'**hiver** *(m.)* [livɛʀ] der Winter **II 1B**, 3
le **hobby** [ləɔbi] das Hobby **I 4B**, 6
un **homme** [ɛ̃nɔm] ein Mann **I 5A**
un **hôpital** [ɛ̃nɔpital] ein Krankenhaus **II 8B**
un **horaire** [ɛ̃nɔʀɛʀ] ein Fahrplan, ein Stundenplan **II 3B**

I

ici [isi] hier **I 2A**
une **idée** [ynide] eine Idee **I 3B**
des **idées noires** *(f., pl.)* [dezidenwaʀ] düstere Gedanken **II 3B**
il y a [ilja] es gibt, es ist, es sind **I 2E**
imiter qc [imite] etw. nachahmen **II 4A**
important/importante [ɛ̃pɔʀtɑ̃/ɛ̃pɔʀtɑ̃t] wichtig **II 4C**
une **information** [ynɛ̃fɔʀmasjõ] eine Information **II 1E**
installer qc [ɛ̃stale] etw. aufstellen, etw. installieren **II 7**
un **instrument** [ɛ̃nɛ̃stʀymɑ̃] ein (Musik)Instrument **II 7E**
intéressant/intéressante [ɛ̃teʀesɑ̃/ɛ̃teʀesɑ̃t] interessant **I 7E**
intéresser qn [ɛ̃teʀese] jdn. interessieren **II 3B**
Internet *(m.)* [ɛ̃tɛʀnɛt] Internet *(n.)* **I 3C**
sur Internet [syʀɛ̃tɛʀnɛt] im Internet **I 3C**
une **interview** [ynɛ̃tɛʀvju] ein Interview **II 5E**
un **inventeur**/une **inventrice** [ɛ̃nɛ̃vɑ̃tœʀ/ynɛ̃vɑ̃tʀis] ein Erfinder/eine Erfinderin **II 5B**, 4
inviter qn [ɛ̃vite] jdn. einladen **II 3A**

un **Italien**/une **Italienne** [ɛ̃nitaljɛ̃/ynitaljɛn] ein Italiener/eine Italienerin **II 4A**

J

jaloux/jalouse de qn [ʒalu/ʒaluz] eifersüchtig auf jdn. **II 8B**
une **jambe** [ynʒɑ̃b] ein Bein **II 8B**
janvier *(m.)* [ʒɑ̃vje] Januar **I 7B**, 7
un **jardin** [ɛ̃ʒaʀdɛ̃] ein Garten **II 2A**
jaune [ʒon] gelb **I 7A**, 3
le **jazz** [lədʒaz] der Jazz *(Musikstil)* **II 7**
un **jeu**/des **jeux** [ɛ̃ʒø/dejø] ein Spiel **II 3A**
jeudi *(m.)* [ʒødi] Donnerstag, am Donnerstag **I 7A**
un **jeune**/une **jeune** [ɛ̃ʒœn/ynʒœn] ein Jugendlicher/eine Jugendliche **II 7E**
jeune [ʒœn] jung **II 7E**
joli/jolie [ʒɔli] hübsch **I 7E**
jouer [ʒwe] spielen **I 3B**
jouer à [ʒwe] spielen *(Spiel)* **I 7A**
jouer de [ʒwe] spielen *(Instrument)* **I 7B**
un **joueur**/une **joueuse** [ɛ̃ʒwœʀ/ynʒwøz] ein Spieler/eine Spielerin **II 4E**
un **jour** [ɛ̃ʒuʀ] ein Tag **I 3A**; eines Tages **I 3A**
par jour [paʀʒuʀ] pro Tag, täglich **II 3E**
un **journal**/des **journaux** [ɛ̃ʒuʀnal/deʒuʀno] eine Zeitung/Zeitungen; *(hier)* ein Tagebuch **I 7A**
un **journaliste**/une **journaliste** [ɛ̃ʒuʀnalist/ynʒuʀnalist] ein Journalist/eine Journalistin **II 8B**, 6
une **journée** [ynʒuʀne] ein Tag, ein Tagesablauf **I 5B**
juillet *(m.)* [ʒɥijɛ] Juli **I 7B**, 7
juin *(m.)* [ʒɥɛ̃] Juni **I 7B**, 7
un **jus** (de ...) [ɛ̃ʒy] ein Saft **II 6B**
jusque [ʒysk] bis **II 7**

K

un **kilo** [ɛ̃kilo] ein Kilo **II 6A**
un **kilomètre** [ɛ̃kilɔmɛtʀ] ein Kilometer **II 2A**

L

là [la] da, dort **I 2A**
là-bas [laba] dort(hin), da(hin) **II 1E**
le **lait** [ləlɛ] die Milch **II 6E**
un **légume** [ɛ̃legym] ein Gemüse **II 6A**

le **lendemain** [ləlɑ̃dmɛ̃] am darauf folgenden Tag **II 6A**
une **lettre** [ynlɛtʀ] ein Brief **II 5B,** 5
se lever [səlәve] aufstehen; *(hier)* sich erheben, (Wind) aufkommen **II 8B**
une **librairie** [ynlibʀɛʀi] eine Buchhandlung **I 5A**
une **ligne** [ynliɲ] eine (Verkehrs)Linie **I 5B**
lire qc [liʀ] etw. lesen **I 7A**
un **lit** [ɛ̃li] ein Bett **I 3B**
un **livre** [ɛ̃livʀ] ein Buch **I 5A**
loin [lwɛ̃] weit *(Adv.)* **II 2B**
long/longue [lɔ̃/lɔ̃g] lang **II 5A**
lundi *(m.)* [lɛ̃di] Montag, am Montag **I 7B,** 7

M

une **machine** [ynmaʃin] eine Maschine **I 6A,** 7
madame ... [madam] Frau ... **I 1A**
mademoiselle ... [madmwazɛl] Fräulein ... **I 3B**
un **magasin** [ɛ̃magazɛ̃] ein Laden **I 2B**
mai *(m.)* [mɛ] Mai **I 7A**
le 15 mai [ləkɛ̃zmɛ] der 15. Mai **I 7B,** 7
une **main** [ynmɛ̃] eine Hand **II 2A**
maintenant [mɛ̃tnɑ̃] jetzt **I 2B**
mais [mɛ] aber **I 1B**
une **maison** [ynmɛzɔ̃] ein Haus **I 3A**
à la maison [alamɛzɔ̃] zu Hause, nach Hause **I 5E**
Ce n'est pas **mal.** [sənɛpamal] Das ist nicht schlecht. **I 4B**
malade [malad] krank **II 5E**
avoir **mal à la tête** [avwaʀmalalatɛt] Kopfschmerzen haben **II 4C**
maman *(f.)* [mamɑ̃] Mama, Mutti **I 3E**
mamie *(f.) (fam.)* [mami] Oma *(ugs.)* **I 7E**
manger qc [mɑ̃ʒe] etw. essen **I 6A**
manquer [mɑ̃ke] fehlen **II 6B**
un **marchand**/une **marchande** [ɛ̃maʀʃɑ̃/ynmaʀʃɑ̃d] ein Händler **II 6A**
un **marché** [ɛ̃maʀʃe] ein Markt **II 6A**
marcher [maʀʃe] gehen, laufen **II 8A**
mardi *(m.)* [maʀdi] Dienstag, am Dienstag **I 7B**
un **mari** [ɛ̃maʀi] ein Ehemann **I 3C**
en **avoir marre** de qc [ɑ̃navwaʀmaʀ] von etw. die Nase voll haben *(ugs.)* **II 5B**
marron *(inv.)* [maʀɔ̃] (kastanien)-braun **I 7A,** 3
mars *(m.)* [maʀs] März **I 7B,** 7
un **match** [ɛ̃matʃ] ein Spiel, ein Wettkampf **II 4E**
les **mathématiques** *(f.pl.) (fam.: les maths)* [lematematik] die Mathematik **II 5A**
un **matin** [ɛ̃matɛ̃] ein Morgen **II 3E**
le matin [ləmatɛ̃] morgens **II 3E**
mauvais/mauvaise [movɛ/movɛz] schlecht **I 7B**
il fait mauvais [ilfɛmovɛ] es ist schlechtes Wetter **II 2B,** 4
un **médecin**/une **femme médecin** [ɛ̃medsɛ̃/ynfammedsɛ̃] ein Arzt/eine Ärztin **II 8B**
une **médiathèque** [ynmedjatɛk] eine Mediathek *(Ort, an dem man verschiedene Medien wie z. B. Bücher, CD-ROM, Video, oder Internet benutzen kann.)* **II 4B**
un **médicament** [ɛ̃medikamɑ̃] ein Arzneimittel, ein Medikament **II 8B,** 3
le **même**/la **même** [ləmɛm/lamɛm] derselbe/dieselbe/dasselbe **II 2B**
même *(Adv.)* [mɛm] sogar **II 1B**
un **menu** [ɛ̃məny] ein Menü **II 6A**
la **mer** [lamɛʀ] das Meer ⟨**II 1Z**⟩
à la mer [alamɛʀ] am/ans Meer ⟨**II 1Z**⟩
la mer [lamɛʀ] das Meer **II 8E**
merci [mɛʀsi] danke **I 1**
mercredi *(m.)* [mɛʀkʀədi] Mittwoch **I 4A**
une **mère** [ynmɛʀ] eine Mutter **I 3E**
un **message** [ɛ̃mɛsaʒ] eine Mitteilung, eine Nachricht **II 7**
la **météo** [lameteo] die Wettervorhersage **II 2B,** 4
un **métier** [ɛ̃metje] ein Beruf **I 6A**
un **mètre** [ɛ̃mɛtʀ] ein Meter **II 8A,** 2
le **métro** [ləmetʀo] die Metro, die U-Bahn **I 5B**
mettre qc [mɛtʀ] etw. legen, setzen, stellen; etw. anziehen **II 2A**
mettre la table [mɛtʀlatabl] den Tisch decken **II 2A**
le **midi** [ləmidi] der Mittag **I 5E**
à midi [amidi] mittags, um 12 Uhr **I 5E**
mignon/mignonne [miɲɔ̃/miɲɔn] niedlich/süß **II 4C**
mille [mil] tausend **II 2A**
minuit *(m.)* [minɥi] Mitternacht, 12 Uhr nachts **I 5E**
une **minute** [ynminyt] eine Minute **I 7B**
la **mode** [lamɔd] die Mode **II 4A**
moi [mwa] ich *(betont)* **I 1**
un **mois** [ɛ̃mwa] ein Monat **I 3A**
un **moment** [ɛ̃mɔmɑ̃] ein Augenblick **II 2A**
un **monde** [ɛ̃mɔ̃d] eine Welt **I 6B,** 9
un **moniteur**/une **monitrice** *(fam.:* un mono/une mono) [ɛ̃mɔnitœʀ/ynmɔnitʀis] ein Betreuer/eine Betreuerin **II 1E**
monsieur ... [məsjø] Herr ... **I 1A**
une **montagne** [ynmɔ̃taɲ] ein Berg, ein Gebirge ⟨**II 1Z**⟩
à la montagne [alamɔ̃taɲ] in den Bergen/in die Berge ⟨**II 1Z**⟩
une montagne [ynmɔ̃taɲ] ein Gebirge, ein Berg **II 2B**
à la montagne [alamɔ̃taɲ] in den Bergen **II 8A**
monter [mɔ̃te] steigen, einsteigen **I 5A**
une **montre** [ynmɔ̃tʀ] eine Armbanduhr **I 7E**
montrer qc à qn [mɔ̃tʀe] jdm. etw. zeigen **II 5E**
un **monument** [ɛ̃mɔnymɑ̃] eine Sehenswürdigkeit ⟨**II 1Z**⟩
le **moral** [ləmɔʀal] die Stimmung, die innere Verfassung **II 3B**
un **mot** [ɛ̃mo] ein Wort **I 7E**
une **mousse au chocolat** [ynmusoʃɔkɔla] eine Mousse au chocolat *(Schokoladencreme)* **I 7B**
un **mur** [ɛ̃myʀ] eine Mauer, eine Wand **I 4B**
un mur d'escalade [ɛ̃myʀdɛskalad] eine Kletterwand **I 4B**
un **musée** [ɛ̃myze] ein Museum **I 5E**
un **musicien**/une **musicienne** [ɛ̃myzisjɛ̃/ynmyzisjɛn] ein Musiker/eine Musikerin **II 7E**
la **musique** [lamyzik] die Musik **I 3B**
la musique rock [lamyzikʀɔk] die Rockmusik **I 3B**

N

la **natation** [lanatasjɔ̃] das Schwimmen ⟨**II 1Z**⟩
la **nature** [lanatyʀ] die Natur **I 2A**
ne ... pas [nə ... pa] nicht **I 4A**
ne ... plus [nə ... ply] nicht mehr **I 6A**
ne ... rien [nə...ʀjɛ̃] nichts **I 6A**
ne ... jamais [nə ... ʒamɛ] nie, niemals **I 6A**
ne ... pas de [nə ... padə] kein/keine *(bei Mengen)* **I 7E**

ne … pas encore [nə … pazɑ̃kɔʀ] noch nicht **II 2A**
ne … pas du tout [nə … padytu] überhaupt nicht **II 2A**
ne … pas non plus [nə … panõply] auch nicht **II 2A**
ne … que [nə … kə] nur **II 3B**
ne … personne [nə … pɛʀsɔn] niemand **II 6B**
être **né(e)** [ɛtʀəne] geboren sein **II 7**
Noël *(m.)* [nɔɛl] Weihnachten **II 1B,** 3
noir/noire [nwaʀ] schwarz **I 7A**
un **nom** [ɛ̃nõ] ein Name **II 7,** 4
un **nombre** [ɛ̃nõbʀ] eine Zahl **II 7,** 4
non [nõ] nein **I 1E**
normal/normale [nɔʀmal/nɔʀmal] normal **II 4A**
une **note** [ynnɔt] eine Note **II 1B**
une **nouille** [ynnuj] eine Nudel **II 5A**
un **nouveau** [ɛ̃nuvo] ein Neuer **I 1A**
nouveau/nouvel/nouvelle [nuvo/nuvɛl/nuvɛl] neu **II 4C**
une **nouvelle** [ynnuvɛl] eine Neuigkeit, eine Nachricht **II 3B**
novembre *(m.)* [nɔvɑ̃bʀ] November **I 7B,** 7
un **nuage** [ɛ̃nyaʒ] eine Wolke **II 8B**
une **nuit** [ynnɥi] eine Nacht **II 5A**
qc est **nul/nulle** *(fam.)* [nyl] etw. ist blöd, bringt's nicht *(ugs.)* **II 3B**
un **numéro** [ɛ̃nymeʀo] eine Nummer **I 6B,** 3

O

octobre *(m.)* [ɔktɔbʀ] Oktober **I 7B,** 7
un **œuf/des œufs** [ɛ̃nœf/dezø] ein Ei/Eier **II 6E**
un **office de tourisme** [ɛ̃nɔfisdəturism] ein Fremdenverkehrsamt **II 8E**
un **oiseau/des oiseaux** [ɛ̃nwazo/dezwazo] ein Vogel/Vögel **I 7B**
un **oncle** [ɛ̃nõkl] ein Onkel **I 7E**
On y va! [õniva] Gehen wir!, Auf geht's! **I 6B**
un **orage** [ɛ̃nɔʀaʒ] ein Gewitter **II 8B**
une **orange** [ynɔʀɑ̃ʒ] eine Orange **II 6E**
orange *(inv.)* [ɔʀɑ̃ʒ] orange **I 7A,** 3
un **ordinateur** [ɛ̃nɔʀdinatœʀ] ein Computer **I 3B**
une **ordonnance** [ynɔʀdɔnɑ̃s] ein Rezept *(vom Arzt)* **II 8B,** 3
organiser qc [ɔʀganise] etw. organisieren **II 3A**
ou [u] oder **I 4A**
où [u] wo? **I 2A**
où [u] wo *(Relativpronomen)* **II 4B**
oublier qc [ublije] etw. vergessen **I 6B**
oui [wi] ja **I 1A**
un **ours** [ɛ̃nuʀs] ein Bär **II 8E**
ouvrir qc [uvʀiʀ] etw. öffnen **I 6A**

P

le **pain** [ləpɛ̃] das Brot **II 6E**
un **pantalon** [ɛ̃pɑ̃talõ] eine Hose **I 7A**
papa *(m.)* [papa] Papa, Vati **I 1A**
papi *(m.) (fam.)* [papi] Opa *(ugs.)* **I 7E**
un **papier** [ɛ̃papje] ein Papier **I 2E**
un **paquet** [ɛ̃pakɛ] ein Paket **I 7E**
par cœur [paʀkœʀ] auswendig **I 6B**
par jour [paʀʒuʀ] pro Tag, täglich **II 3E**
par exemple [paʀɛgzɑ̃pl] zum Beispiel **II 4C**
un **paradis** [ɛ̃paʀadi] ein Paradies **I 2B**
un **parapluie** [ɛ̃paʀaplɥi] ein Regenschirm **II 2B,** 4
un **parc** [ɛ̃paʀk] ein Park **II 2E**
un parc national [ɛ̃paʀknasjɔnal] ein Nationalpark **II 5B,** 5
parce que [paʀskə] weil **I 5E**
un **parcours** [ɛ̃paʀkuʀ] eine Strecke; ein Durchgang ⟨**II 8Z**⟩
Pardon. [paʀdõ] Verzeihung./Entschuldigung. **I 5B**
les **parents** *(m.)* [lepaʀɑ̃] die Eltern **I 3A**
parler à qn [paʀle] mit jdm. sprechen, zu jdm. sprechen **I 6A**
Tu parles! *(fam.)* [typaʀl] Von wegen! *(ugs.)* **II 7**
une **partie** [ynpaʀti] ein Teil **II 5B,** 11
partir [paʀtiʀ] weggehen, abfahren **II 3E**
partout [paʀtu] überall **II 4B**
passer [pase] vorbeigehen, -fahren, -kommen **II 1B**
se passer [səpase] geschehen, sich ereignen **II 8B**
passer qc [pase] *(hier)* etw. verbringen *(einen Tag)* **II 1B**
pauvre [povʀ] arm **II 4C**
payer qc [peje] etw. bezahlen **II 6A**
un **pays** [ɛ̃pei] ein Land **II 5E**
la **peinture** [lapɛ̃tyʀ] die Farbe *(zum Anmalen)* **II 4A**
pendant [pɑ̃dɑ̃] während **I 6B**
pendant ce temps [pɑ̃dɑ̃sətɑ̃] währenddessen, während dieser Zeit **II 6B**
penser à qn/qc [pɑ̃se] an jdn. denken **II 4C**
perdre qc [pɛʀdʀ] etw. verlieren **II 1E**
un **père** [ɛ̃pɛʀ] ein Vater **I 3E**
la **permanence** [lapɛʀmanɑ̃s] eine beaufsichtigte Freistunde **II 5A**
un **personnage** [ɛ̃pɛʀsɔnaʒ] eine Figur, eine Persönlichkeit, eine Person **II 8E**
une **personne** [ynpɛʀsɔn] eine Person **II 5B,** 10
petit/petite [pəti/pətit] klein **I 7E**
un **petit-déjeuner** [ɛ̃pətideʒœne] ein Frühstück **II 5A**
peu [pø] wenig **I 7B**
un peu de [ɛ̃pødə] ein wenig *(bei Mengen)* **I 7B**
la **peur** [lapœʀ] die Angst **I 4B**
avoir peur [avwaʀpœʀ] Angst haben **I 4B**
avoir peur de faire qc [avwaʀpœʀ] Angst haben etw. zu tun **I 6B**
peut-être [pøtɛtʀ] vielleicht **II 1E**
une **photo** [ynfoto] ein Foto **I 2E**
un **piano** [ɛ̃pjano] ein Klavier, ein Piano **I 4E**
une **pièce** [ynpjɛs] ein Zimmer **I 3A**
un **pied** [ɛ̃pje] ein Fuß **II 8B**
un **pilote** [ɛ̃pilɔt] ein Pilot **II 4A,** 5
un **pion** [ɛ̃pjõ] eine Aufsichtsperson **II 5A**
une **place** [ynplas] ein Platz **II 7E**
plaire à qn [plɛʀ] jdm. gefallen **II 4A**
un **plan** [ɛ̃plɑ̃] ein Plan *(hier)* Stadtplan **I 5B**
la **planche à voile** [laplɑ̃ʃavwal] das Windsurfen ⟨**II 1Z**⟩
un **plat principal** [ɛ̃plapʀɛ̃sipal] ein Hauptgericht **II 6A**
le **plâtre** [ləplatʀ] der Gips; der Gipsverband **II 8B**
pleurer [plœʀe] weinen **II 8A**
pleuvoir [pløvwaʀ] regnen **II 2B**
il pleut [ilplø] es regnet **II 2B**
la **plongée** [laplõʒe] das Tauchen ⟨**II 1Z**⟩
la **pluie** [laplɥi] der Regen **II 8A**
plus tard [plytaʀ] später **II 6B**
en plus [ɑ̃plys] außerdem, zusätzlich **I 7A**
une **poche** [ynpɔʃ] eine Tasche, eine Hosentasche **II 6E**
un **poème** [ɛ̃pɔɛm] ein Gedicht **II 3A**
le **poivre** [ləpwavʀ] der Pfeffer **II 6E**
un **policier** [ɛ̃pɔlisje] ein Polizist **I 5B**
une **pomme de terre** [ynpɔmdətɛʀ] eine Kartoffel **II 6A**
un **portable** [ɛ̃pɔʀtabl] *(hier)* ein Mobiltelefon, ein Handy **I 5A**
une **porte** [ynpɔʀt] eine Tür **I 2B**

un **porte-monnaie**/des **porte-monnaies** [ɛ̃pɔʀtmɔnɛ] ein Geldbeutel **I 5A**
porter qc [pɔʀte] etw. tragen **I 7A**
poser qc [poze] etw. legen/setzen/stellen **I 2A**
la **poste** [lapɔst] die Post **II 3B**
une **poubelle** [ynpubɛl] ein Mülleimer **I 2E**
pour [puʀ] für **I 2B;** *(hier)* wegen **I 3B;** *(hier)* nach **I 7A**
pour une fois que [puʀynfwakə] wenn … (schon) einmal **II 7**
pour faire qc [puʀfɛʀ] um etw. zu tun **I 5B**
pourquoi [puʀkwa] warum **I 5E**
c'est pourquoi [sɛpuʀkwa] deshalb **II 7**
pouvoir [puvwaʀ] können **I 6B**
pouvoir faire qc [puvwaʀfɛʀ] etw. tun können **I 6B**
préférer qc [pʀefeʀe] etw. lieber mögen, vorziehen **II 6A**
préférer faire qc [pʀefeʀefɛʀ] etw. lieber tun **II 6A**
préféré/préférée [pʀefeʀe] bevorzugt, Lieblings- **II 7**
le **premier**, la **première** [ləpʀəmje/lapʀəmjɛʀ] der/die/das erste **I 7B,** 7
prendre qc [pʀɑ̃dʀ] etw. nehmen **I 7A**
prendre une photo [pʀɑ̃dʀynfoto] ein Foto machen **I 7A**
un **prénom** [ɛ̃pʀenɔ̃] ein Vorname **I 1B**
préparer qc [pʀepaʀe] etw. vorbereiten **I 4A**
près de [pʀɛdə] nahe bei etw., neben etw. **I 7E**
présenter qc à qn [pʀezɑ̃te] jdm. etw. vorstellen **II 5A**
prêt/prête [pʀɛ/pʀɛt] bereit/fertig **II 5A**
le **printemps** [ləpʀɛ̃tɑ̃] der Frühling **II 1B,** 3
un **prix** [ɛ̃pʀi] ein Preis **II 7**
un **problème** [ɛ̃pʀɔblɛm] ein Problem **I 3A**
pas de problème [padpʀɔblɛm] kein Problem **I 6B**
prochain/prochaine [pʀɔʃɛ̃/pʀɔʃɛn] nächster/nächste/nächstes **II 1B**
un **professeur** *(ugs.: un/une prof)* [ɛ̃pʀɔfesœʀ] ein Lehrer/eine Lehrerin **I 1A**
un professeur d'allemand [ɛ̃pʀɔfesœʀdalmɑ̃] ein Deutschlehrer/eine Deutschlehrerin **I 1A**
un **programme** [ɛ̃pʀɔgʀam] ein Programm **II 4C**
un **projet** [ɛ̃pʀɔʒɛ] ein Projekt, ein Vorhaben **II 5E**
une **promenade** [ynpʀɔmnad] ein Spaziergang, ein Ausflug **II 2E**
se promener [səpʀɔmne] spazieren gehen **II 8B**
à propos [apʀɔpo] übrigens **II 4C**
un **propriétaire**/une **propriétaire** [ɛ̃pʀɔpʀijetɛʀ/ynpʀɔpʀijetɛʀ] ein Eigentümer/eine Eigentümerin **I 3A**
une **publicité** *(fam.: une pub)* [ynpyblisite] eine Werbung, ein Werbespot **I 6E**
puis [pɥi] dann **I 4B**

Q

quand [kɑ̃] wann **I 4B,** 9
quand [kɑ̃] wenn, als *(zeitlich)* **II 2B**
un **quartier** [ɛ̃kaʀtje] ein Stadtviertel **I 2E**
que/qu' [kə] den/die/das *(Relativpronomen, Objekt)* **II 4B**
Que … ? [kə] Was … ? **I 2E**
que *(Konj.)* [kə] dass **II 1A**
quel/quels/quelle/quelles [kɛl] welcher/welche/welches *(Fragebegleiter)* **II 4C**
Il est quelle heure? [ilɛkɛlœʀ] Wie viel Uhr ist es? **I 5B,** 10
A quelle heure? [akɛlœʀ] Um wie viel Uhr? **I 5B,** 10
Quelle horreur! *(fam.)* [kɛlɔʀœʀ] Wie grässlich / schrecklich! *(ugs.)* **I 3B**
Tu as quel âge? [tyakɛlaʒ] Wie alt bist du? **I 4B**
Quelle chance! [kɛlʃɑ̃s] Welch ein Glück! **I 5E**
Quelle histoire! [kɛlistwaʀ] Was für eine Geschichte! **I 4B**
quelques *(pl.)* [kɛlk(ə)] einige, wenige **II 8B**
quelque chose [kɛlkəʃoz] etwas **I 5B**
quelqu'un [kɛlkɛ̃] jemand **II 5B,** 10
Qu'est-ce que c'est? [kɛskəsɛ] Was ist das? **I 2B**
Qu'est-ce que … ? [kɛskə] Was … ? **I 4E**
Qu'est-ce qu'il y a? [kɛskilja] Was gibt es? **I 3E**
Qu'est-ce qui … ? [kɛski] Was … ? *(Fragepronomen, Subjekt ist eine Sache)* **II 8E**
une **question** [ynkɛstjɔ̃] eine Frage **I 2B,** 6
Qui … ? [ki] Wer … ? **I 1B**
Qui est-ce? [kiɛs] Wer ist das? **I 1B**
Qui est-ce qui … ? [kiɛski] Wer … ? *(Fragepronomen, Subjekt ist eine Person)* **II 8E**
Qui est-ce que … ? [kiɛskə] Wen … ? *(Fragepronomen, Objekt ist eine Person)* **II 8E**
quitter qc [kite] etw. verlassen **I 2B**
Quoi? [kwa] Was? *(betont)* **I 3A**

R

raconter qc [ʀakɔ̃te] etw. erzählen **I 3A**
la **radio** [laʀadjo] das Radio, der Rundfunk **II 7**
ramasser qc [ʀamase] etw. aufheben, einsammeln **I 2A**
ranger qc [ʀɑ̃ʒe] etw. aufräumen **II 6E**
un **rap** [ɛ̃ʀap] ein Rap *(Sprechgesang)* **I 6B,** 4
un **réalisateur** [ɛ̃ʀealizatœʀ] ein (Film)-Regisseur **I 6E**
une **recette** [ynʀəsɛt] ein Rezept *(Küche)* **II 6E**
recevoir qn/qc [ʀəsəvwaʀ] jdn./etw. empfangen, etw. erhalten **II 3B**
reconnaître qn/qc [ʀəkɔnɛtʀ] jdn./etw. wiedererkennen **II 4A**
la **récréation** *(fam.: la récré)* [laʀekʀeasjɔ̃] die Pause **II 5B**
refaire qc [ʀəfɛʀ] etw. erneuern, neu machen, noch einmal machen **II 4A**
réfléchir [ʀefleʃiʀ] nachdenken, überlegen **II 5B**
regarder qc [ʀəgaʀde] etw. betrachten, sehen, ansehen **I 2E**
une **région** [ynʀeʒjɔ̃] eine Gegend, eine Region **II 2B**
une **rencontre** [ynʀɑ̃kɔ̃tʀ] eine Begegnung, ein Treffen **II 4C**
rencontrer qn [ʀɑ̃kɔ̃tʀe] jdn. treffen/jdm. begegnen **II 1E**
un **rendez-vous** [ɛ̃ʀɑ̃devu] eine Verabredung, ein Termin **I 5A**
rentrer [ʀɑ̃tʀe] zurückkommen **II 3E**
un **repas** [ɛ̃ʀəpa] ein Essen, eine Mahlzeit **II 3A**
répéter qc [ʀepete] etw. wiederholen **II 6A,** 6
répondre à qc/qn [ʀepɔ̃dʀ] auf etw./jdm. antworten **II 1E**
une **réponse** [ynʀepɔ̃s] eine Antwort **I 3A,** 4
réserver qc [ʀezɛʀve] etw. reservieren ⟨**II 8Z**⟩
respecter qc [ʀɛspɛkte] etw. achten **I 2A**

un **restaurant** [ɛ̃RɛstoRɑ̃] ein Restaurant **I 5E**
un **reste** [ɛ̃Rɛst] ein Rest **II 3B**
rester [Rɛste] bleiben **I 3A**
un **retard** [ɛ̃RətaR] eine Verspätung **II 3B**
être en retard [ɛtRɑ̃RətaR] sich verspäten **II 3B**
un **retour** [ɛ̃RətuR] eine Rückkehr, Rückfahrt **II 2E**
de retour (à) [dəRətuR] zurück (in) **II 2E**
retourner [RətuRne] umkehren, zurückkehren **II 3A**
retrouver qc [RətRuve] etw. wiederfinden **II 2E**
réussir à faire qc [ReysiR] gelingen etw. zu tun, etw. fertig bringen **II 5B**
un **rêve** [ɛ̃Rɛv] ein Traum **I 7A**, 4
revenir [RəvəniR] zurückkommen **II 3A**
rêver de qc [Reve] von etw. träumen **I 3A**
revoir qn/qc [RəvwaR] jdn./etw. wiedersehen **II 4B**
Au revoir! [ɔRvwaR] Auf Wiedersehen! **I 1**
De **rien.** [dəRjɛ̃] Bitte!, Gern geschehen. **II 8E**
rigoler *(fam.)* [Rigɔle] lachen *(ugs.)* **II 1A**
rire [RiR] lachen **II 5B**
une **robe** [ynRɔb] ein Kleid **I 7A**
un **rôle** [ɛ̃Rol] eine Rolle **II 1A**
un **roller** [ɛ̃Rɔlœr] ein Rollschuh/Rollerskate **I 4E**
le roller [ləRɔlœR] das Rollschuhlaufen/Rollerskaten **I 4E**
un **roman** [ɛ̃Rɔmɑ̃] ein Roman **I 7A**, 6
rose [Roz] rosa **II 3E**
rouge [Ruʒ] rot **I 7A**, 3
une **rue** [ynRy] eine Straße **I 1A**
dans la rue [dɑ̃laRy] auf der Straße **I 2B**
le **rugby** [ləRygbi] das Rugby *(Ballspiel)* **II 4E**

S

un **sac à dos** [ɛ̃sakado] ein Rucksack **II 2B**, 5
une **saison** [ynsɛzõ] eine Jahreszeit **II 1B**, 3
une **salade** [ynsalad] ein Salat **II 6E**
sale [sal] schmutzig **I 2A**
une **salle à manger** [ynsalamɑ̃ʒe] ein Esszimmer **I 3E**
une salle de bains [ynsaldəbɛ̃] ein Badezimmer **I 3E**
une salle de séjour [ynsaldəseʒuR] ein Wohnzimmer **II 4B**
une salle de permanence [ynsaldəpɛRmanɑ̃s] Aufenthaltsraum **II 5A**
Salut! *(fam.)* [saly] Tschüss! *(ugs.)* **I 1**; Hallo!, Grüß' dich! *(ugs.)* **I 1**
Salutations cordiales. [salytasjõkɔRdjal] Mit herzlichen Grüßen *(Grußformel)* **II 5B**, 5
samedi *(m.)* [samdi] Samstag, am Samstag **I 5E**
sans [sɑ̃] ohne **I 4B**
la **santé** [la sɑ̃te] die Gesundheit **II 6B**
A ta santé! [atasɑ̃te] Auf dein Wohl! Prost! **II 6B**
sauf [sof] außer **II 5A**
savoir [savwaR] wissen **I 6B**
savoir faire qc [savwaRfɛR] etw. tun können *(wissen, wie es geht)* **I 6B**
une **scène** [ynsɛn] eine Szene **I 5B**; *(hier)* eine Bühne **II 7**
une **science** [ynsiɑ̃s] eine Wissenschaft **II 5B**
Au **secours!** [oskuR] Hilfe! **II 8B**
le **sel** [ləsɛl] das Salz **II 6E**
une **semaine** [ynsəmɛn] eine Woche **II 1E**
septembre *(m.)* [sɛptɑ̃bR] September **I 7B**, 7
seul/seule [sœl] allein **II 1A**
si [si] doch **I 4B**
si [si] wenn, falls **II 8B**
signer qc [siɲe] etw. unterschreiben **II 2B**
le **silence** [ləsilɑ̃s] die Ruhe, die Stille **I 1B**
s'il vous plaît [silvuplɛ] bitte **I 5B**
un **sketch** [ɛ̃skɛtʃ] ein Sketch (kurzes, witziges Theaterstück) **II 1A**
le **ski** [ləski] das Skifahren **II 2B**
un **SMS** [ɛ̃ɛsɛmɛs] eine SMS **II 1B**
une **sœur** [ynsœR] eine Schwester **I 3E**
la **soif** [laswaf] der Durst **II 6B**
avoir soif *(f.)* [avwaRswaf] Durst haben **II 6B**
un **soir** [ɛ̃swaR] ein Abend **I 3A**
ce soir [səswaR] heute Abend **II 3E**
le soir [ləswaR] abends/am Abend **I 3A**
le **soleil** [ləsɔlɛj] die Sonne **II 2B**
il y a du soleil [iljadysɔlɛj] es ist sonnig **II 2B**
une **solution** [ynsɔlysjõ] eine Lösung **I 3B**
sonner [sɔne] klingeln **I 3C**
une **sortie** [ynsɔRti] Ausgang **II 4A**
sortir [sɔRtiR] ausgehen, (aus etw.) hinausgehen **II 3E**
une **souris** [ynsuRi] eine Maus **I 1E**
sous [su] unter **I 2A**
un **souvenir** [ɛ̃suvniR] ein Andenken, eine Erinnerung **II 1B**
souvent [suvɑ̃] oft **I 4A**
le **sport** [ləspɔR] der Sport **I 4E**
sportif/sportive [spɔRtif/spɔRtiv] sportlich **I 7A**
un **square** [ɛ̃skwaR] eine (kleine) Grünanlage **I 2E**
un **stade** [ɛ̃stad] ein (Sport)Stadion **II 4E**
une **star** [ynstaR] ein Star **I 5B**
une **station** [ynstasjõ] eine Station, eine Haltestelle **I 5B**
une station de ski [ynstasjõdəski] ein Skiort **II 8E**
un **studio** [ɛ̃stydjo] ein (Aufnahme)Studio **I 6E**
le **sucre** [ləsykR] der Zucker **I 7A**
le **sud** [ləsyd] der Süden **II 8E**
au sud de [osyddə] südlich von **II 8E**
la **suite** [lasɥit] die Fortsetzung **II 5B**
super *(inv.)* [sypɛR] super, toll **I 2A**
un **supermarché** [ɛ̃sypɛRmaRʃe] ein Supermarkt **II 7**
sûr/sûre [syR] sicher **II 5E**
sur [syR] auf, über **I 2A**
sûrement [syRmɑ̃] sicher, sicherlich *(Adv.)* **II 7**
une **surprise** [ynsyRpRiz] eine Überraschung **I 6A**, 6; **II 3A**
surtout [syRtu] vor allem **I 4B**
les **SVT** [leɛsvete] Biologie, Naturkunde **II 5B**
sympa *(fam.)* [sɛ̃pa] nett *(ugs.)* **I 1A**

T

une **table** [yntabl] ein Tisch **I 7B**
à table [atabl] bei Tisch, am Tisch **I 7B**
une **tante** [yntɑ̃t] eine Tante **I 7E**
tant mieux [tɑ̃mjø] umso besser **II 4C**
tard [taR] spät **II 4A**
plus tard [plytaR] später **II 6B**
un **taxi** [ɛ̃taksi] ein Taxi **I 5A**
un **téléphone** [ɛ̃telefɔn] ein Telefon **I 3C**
téléphoner [telefɔne] telefonieren **I 3B**
téléphoner à qn [telefɔne] mit jdm. telefonieren, jdn. anrufen **I 6A**, 7
la **télévision** *(fam.: la télé)* [latelevizjõ] das Fernsehen **I 3A**

la **température** [latɑ̃peʀatyʀ] die Temperatur **II 8A**
le **temps** [lətɑ̃] *(hier)* das Wetter **II 2A;** *(hier)* die Zeit **II 1E**
le **tennis** [lətenis] das Tennis **I 7A**
un **terrain de camping** [ɛ̃tɛʀɛ̃dəkɑ̃piŋ] ein Campingplatz **II 8E**
la **terre** [latɛʀ] die Erde **II 5B**
une **tête** [yntɛt] ein Kopf **II 2A**
faire la tête *(fam.)* [fɛʀlatɛt] schmollen, sauer sein *(ugs.)* **II 3B**
un **texte** [ɛ̃tɛkst] ein Text **I 6B**
le **théâtre** [ləteatʀ] das Theater **I 4E**
Tiens! [tjɛ̃] Na sowas!, Sieh mal da! **I 1A**
le **tir à l'arc** [lətiʀalaʀk] das Bogenschießen **II 1E**
toi [twa] du *(betont)* **I 1**
une **tomate** [yntɔmat] eine Tomate **II 6E**
tomber [tɔ̃be] fallen **II 3A**
toujours [tuʒuʀ] immer **I 6B**
une **tour** [yntuʀ] ein Turm **I 5E**
un **tour** [ɛ̃tuʀ] ein Rundgang, eine Tour **II 4B**
C'est mon tour. [sɛmɔ̃tuʀ] Ich bin dran./Ich bin an der Reihe. **I 7B**
un/une **touriste** [ɛ̃/yntuʀist] ein Tourist/eine Touristin **I 5B**
tourner [tuʀne] drehen, abbiegen **I 5B**
tourner qc [tuʀne] etw. (um)drehen **I 6E**
la **Toussaint** [latusɛ̃] Allerheiligen **II 1B,** 3
tout/toute [tu/tut] ganz, alle *(+ Nomen)* **II 5A**
tous/toutes [tu/tut] alle, ganz *(+ Nomen)* **II 5A**
tout [tu] alles **I 6A**
tout à coup [tutaku] plötzlich **I 4B**
tout à l'heure [tutalœʀ] vorhin, eben; gleich, nachher **II 4B**
tout de suite [tudsɥit] sofort **I 7B**
tout droit [tudʀwa] geradeaus **I 5B**
tout le monde [tulmɔ̃d] alle, jeder, alle Welt **II 4E**
une **trace** [yntʀas] eine Spur **II 8A**
un **train** [ɛ̃tʀɛ̃] ein Zug **I 7A**
un **travail**/des **travaux** [ɛ̃tʀavaj/detʀavo] eine Arbeit/Arbeiten **II 2A**
travailler [tʀavaje] arbeiten **I 5E**
traverser qc [tʀavɛʀse] etw. überqueren **I 5B**
très [tʀɛ] sehr **I 6A**
un **trimestre** [ɛ̃tʀimɛstʀ] ein Trimester **II 4C**
triste [tʀist] traurig **II 3A**
à trois [atʀwa] zu dritt **I 6B,** 2
trop [tʀo] zu viel, zu sehr **I 7B**
trop de [tʀodə] zu viel *(bei Mengen)* **I 7B**
un **trou** [ɛ̃tʀu] ein Loch **II 8B**
trouver qc [tʀuve] etw. finden **I 2A**
se trouver [sətʀuve] sich befinden **II 8B**

V

les **vacances** *(f.) (pl.)* [levakɑ̃s] der Urlaub, die Ferien **I 6E**
un **vélo** [ɛ̃velo] ein Fahrrad **II 1E**
vendre qc [vɑ̃dʀ] etw. verkaufen **II 1B**
vendredi *(m.)* [vɑ̃dʀədi] Freitag, am Freitag **I 7B**
venir [vəniʀ] kommen **II 3E**
venir de faire qc [vəniʀdəfɛʀ] gerade etw. getan haben **II 5B**
Viens! [vjɛ̃] Komm! *(Aufforderung)* **I 2B**
le **vent** [ləvɑ̃] der Wind **II 8A**
le **ventre** [ləvɑ̃tʀ] der Bauch **II 8B,** 3
un **verre** [ɛ̃vɛʀ] ein Glas **II 6B**
vert/verte [vɛʀ/vɛʀt] grün **I 7A**
un **vêtement** [ɛ̃vɛtmɑ̃] ein Kleidungsstück **II 1A**
vide [vid] leer **I 2A**
une **vidéo** [ynvideo] ein Video **II 1A**
la **vie** [lavi] das Leben **II 5E**
vieux/vieil/vieille [vjø/vjɛj/vjɛj] alt **II 4C**
un **village** [ɛ̃vilaʒ] ein Dorf **I 7E**
une **ville** [ynvil] eine Stadt **I 5E**
en ville [ɑ̃vil] in der Stadt/in die Stadt ⟨**II 1Z**⟩
le **vin** [ləvɛ̃] der Wein **II 6B**
une **visite** [ynvizit] ein Besuch **II 3B**
visiter qc [vizite] etw. besichtigen **I 3A**
vite *(Adv.)* [vit] schnell *(Adv.)* **I 2B**
vivre [vivʀ] leben **II 4E**
voici [vwasi] hier ist **I 1A**
une **voie** [ynvwa] *(hier)* Gleis **II 3B**
voilà [vwala] da ist; *(hier)* Na also; Jetzt haben wir's. *(ugs.)* **I 4B**
le voilà [ləvwala] da ist er **I 5A**
la **voile** [lavwal] das Segel/das Segeln ⟨**II 1Z**⟩
la planche à voile [laplɑ̃ʃavwal] das Windsurfen ⟨**II 1Z**⟩
voir qc [vwaʀ] etw. sehen **II 2B**
un **voisin**/une **voisine** [ɛ̃vwazɛ̃/ynvwazin] ein Nachbar/eine Nachbarin **I 3B**
une **voiture** [ynvwatyʀ] ein Auto **I 1A**
en voiture [ɑ̃vwatyʀ] mit dem Auto **I 7B**
un **vol** [ɛ̃vɔl] ein Flug **II 4A,** 5
voler qc [vɔle] etw. stehlen **I 5A**
un **voleur** [ɛ̃vɔlœʀ] ein Dieb **I 5A**
Au voleur! [ovɔlœʀ] Haltet den Dieb! **I 5A**
vouloir qc [vulwaʀ] etw. wollen **I 6B**
vouloir faire qc [vulwaʀfɛʀ] etw. tun wollen **I 6B**
je voudrais [ʒəvudʀɛ] ich möchte gerne **I 6B,** 7
vrai [vʀɛ] wahr **I 2B,** 1

W

les **W.-C.** *(m., pl.)* [levese] die Toilette, das WC **I 3E**
un **week-end** [ɛ̃wikɛnd] ein Wochenende **I 7A**
le **wolof** [ləwɔlɔf] das Wolof *(westafrikanische Sprache)* **II 5B,** 5

Y

y [i] dort, dorthin **II 8B**

Z

Zut! *(fam.)* [zyt] Mist! *(ugs.)* **I 2B**

Prénoms masculins

Adrien [adʀijɛ̃] **I 5E**
Bruno [bʀyno] **I 7E**
Christian [kʀistjɑ̃] **I 1A**
Fabien [fabjɛ̃] **II 4E**
Grégory [gʀegɔʀi] **II 5E**
Jérémie [ʒeʀemi] **II 5B**
Marc [maʀk] **I 7E**
Marco [maʀko] **II 5E**
Théo [teo] **I 1E**
Thomas [toma] **I 1E**
Valentin [valɑ̃tɛ̃] **I 3E**
Victor [viktɔʀ] **I 1E**

Prénoms féminins

Adeline [adlin] **II 5E**
Amandine [amɑ̃din] **I 1E**
Annie [ani] **II 8E**
Cécile [sesil] **II 3B**
Emilie [emili] **I 7E**
Emma [ɛma] **I 1E**
Estelle [ɛstɛl] **II 1E**
Isabelle [izabɛl] **I 7E**

Léa [lea] I 7A
Magalie [magali] II 6A
Malika [malika] I 1E
Manon [manõ] I 3E
Mathilde [matild] I 7A
Paulette [polɛt] I 1
Samira [samiʀa] II 4A
Sophie [sɔfi] II 1E
Zoé [zoe] I 7A

Noms de famille

Boulay [bulɛ] I 4A
Carbonne [kaʀbɔn] I 3E
Chapuis [ʃapɥi] II 5E
Leclerc [ləklɛʀ] I 3B
Marcou [maʀku] II 8E
Marini [maʀini] II 4A
Rollin [ʀolɛ̃] I 2B
Salomon [salomõ] I 2B

Noms de villes

Aubenas [obna] II 1E
Berlin [bɛʀlɛ̃] I 1B
Blagnac [blaɲak] II 4E
Dakar [dakaʀ] II 5E
Fontainebleau [fõtɛnblo] I 4A
Genève [ʒənɛv] I 5E
Marmoutier [maʀmutje] I 7E
Montrouge [mõʀuʒ] I 3A
Nancy [nɑ̃si] I 7A
Paris [paʀi] I 1E
Saverne [savɛʀn] I 7E
Toulouse [tuluz] II 2A

Noms géographiques

l'**Afrique** *(f.)* [lafʀik] II 5B
l'**Ardèche** *(f.)* [laʀdɛʃ] II 1E
le **cirque de Gavarnie** [ləsiʀkdəgavaʀni] II 8E
la **France** [lafʀɑ̃s] II 1B, 3; II 4A
la **Garonne** [lagaʀɔn] II 3E
les **Hautes-Pyrénées** [leotpiʀene] ⟨II 8Z⟩
l'**Italie** *(f.)* [litali] II 2B
Midi-Pyrénées [midipiʀene] II 8E
le **Pont d'Arc** [ləpõdaʀk] II 1E
les **Pyrénées** *(f.)* [lepiʀene] II 4A
la Seine [lasɛn] II 3E
le **Sénégal** [ləsenegal] II 5E
la **Suisse** [lasɥis] II 8E

Noms divers

Airbus [ɛʀbys] II 2A
l'**Arc de triomphe** *(m.)* [laʀkdətʀijõf] I 5B
l'**Arche de la Défense** *(f.)* [laʀʃdəladefɑ̃s] I 5E
Aventure Parc [avɑ̃tyʀpaʀk] ⟨II 8Z⟩
les **Buttes-Chaumont** [lebytʃomõ] I 5E
le **canal du Midi** [ləkanaldymidi] II 3E
le **Capitole** [ləkapitɔl] II 3E
le **centre Pompidou** [ləsɑ̃tʀpõpidu] I 5E
les Champs-Elysées [leʃɑ̃zelize] II 2E
la **Cité de l'Espace** [lasitedəlɛspas] II 3E
la Défense [ladefɑ̃s] I 5E
Etoile [etwal] I 5B
Filou [filu] I 6A
la **Gare Montparnasse** [lagaʀmõpaʀnas] II 3B
la **Géode** [laʒeɔd] II 2E
Indiana Parc [indjanapaʀk] ⟨II 8Z⟩
la **Joconde** [laʒɔkõd] II 2E
le Palais de la Découverte [ləpalɛdladekuvɛʀt] II 2E
le **Louvre** [ləluvʀ] I 5E
Matou [matu] I 6B
Montozarbres [mõtozaʀbʀ] ⟨II 8Z⟩
Odyssud *(f.)* [ɔdisyd] II 4B
le **Parc de la Villette** [ləpaʀkdəlavilɛt] II 2E
la **pyramide du Louvre** [lapiʀamiddyluvʀ] I 5E
Pyrénées Hô [piʀeneo] ⟨II 8Z⟩
Rivoli [ʀivɔli] I 5B
la **rue Trousseau** [laʀytʀuso] I 1A
le **square Trousseau** [ləskwaʀtʀuso] I 2E
la **tour Eiffel** [latuʀɛfɛl] I 5E
Vertige de l'Adour [vɛʀtiʒdəladuʀ] ⟨II 8Z⟩
la Villette [lavilɛt] II 2E

Noms de personnes connues

Georges **Bizet** [ʒɔʀʒbizɛ] *frz. Komponist (1838–1875)* II7, 4
Camille [kamij] *(= Camille Dalmais) frz. Sängerin, geb. 1978* II7, 4
Gérard **Depardieu** [ʒeʀaʀdəpaʀdjø] *frz. Schauspieler, geb. 1948* I 5B
Anne **Frank** [anfʀɑ̃k] *jüdische Bankierstochter, von den Nationalsozialisten ermordet (1929 – 1945)* I 4E
Henri **Guillaumet** [ɑ̃ʀigijomɛ] *frz. Pilot (1902–1940)* II 4A
Jean **Mermoz** [ʒɑ̃mɛʀmoz] *frz. Pilot (1901–1936)* II 4E
Edith **Piaf** [editpjaf] *frz. Sängerin (1915–1963)* II 7, 4
Jean-Philippe **Rameau** [ʒɑ̃filipʀamo] *frz. Komponist (1683–1764)* II 7, 4
Renaud [ʀəno] (= Renaud Séchan) *frz. Sänger, geb. 1952* II 7, 4
Antoine de **Saint-Exupéry** [ɑ̃twandəsɛ̃tɛgzypeʀi] *frz. Pilot und Schriftsteller (1900–1944)* II 4A, 5
Léopold Sédar **Senghor** [leɔpɔlsedaʀsɛ̃gɔʀ] *senegalesischer Politiker und Dichter (1906–2001)* II 5B, 5
Audrey **Tautou** [odʀɛtotu] *frz. Schauspielerin, geb. 1976* II 4C
Henri de **Toulouse-Lautrec** [ɑ̃ʀidətuluzlotʀɛk] *frz. Maler (1864–1901)* II 8E

Die deutsch-französische Wortliste führt den Lernwortschatz aus den Bänden 1 und 2 auf.

A

abbiegen, drehen tourner **I 5B**
ein Abend un soir **I 3A**
  abends/am Abend le soir **I 3A**
  heute Abend ce soir **II 3E**
ein Abenteuer une aventure **II 8E**
aber mais **I 1B**
abfahren partir **II 3E**
die Abfahrt, der Aufbruch le départ **II 1B**
etw. achten respecter qc **I 2A**
Achtung!, Vorsicht! Attention! **I 4B**
eine Adresse une adresse **I 3A**
eine AG un club **I 4E**
ein Akzent un accent **II 3B**
ein Album *(hier)* **eine CD** un album **II 4C**
alle, ganz *(+ Nomen)* tous/toutes **II 5A**
alle, jeder, alle Welt tout le monde **II 4E**
allein seul/seule **II 1A**
Allerheiligen la Toussaint **II 1B**, 3
alles tout **I 6A**
als comme **I 6A**
alt vieux/vieil/vieille **II 4C**
  Wie alt bist du? Tu as quel âge? **I 4B**
das Alter l'âge *(m.)* **I 4B**
eine Ampel, ein Feuer un feu/des feux **II 8A**, 7
ein Andenken, eine Erinnerung un souvenir **II 1B**
ein anderer/eine andere un autre/une autre **I 6B**
anders différent/différente **II 5B**, 5
anfangen (etw. zu tun) commencer (à faire qc) **II 1B**
Anfänger sein in etw. débuter dans qc **I 4A**
eine Angelegenheit une affaire **II 1B**
die Angst la peur **I 4B**
  Angst haben avoir peur **I 4B**
  Angst haben etw. zu tun avoir peur de faire qc **I 6B**
(an)kommen arriver **I 4A**
etw. ankündigen annoncer qc **II 8A**
eine Ankunft une arrivée **II 1E**
jdn. anrempeln bousculer qn **I 5A**
ein Anruf un coup de téléphone **II 1A**
jdn. anrufen téléphoner à qn **I 6A**, 7
  jdn. (an)rufen appeler qn **II 1B**
etw. ansehen regarder qc **I 2E**
eine Antwort une réponse **I 3A**, 4
auf etw./jdm. antworten répondre à qc/qn **II 1E**
eine Anzeige, eine Annonce une annonce **I 3A**
etw. anziehen mettre qc **II 2A**
April avril *(m.)* **I 7B**, 7
eine Arbeit un travail/des travaux **II 2A**
ein Argument un argument **II 2B**
arm pauvre **II 4C**
ein Arm un bras **II 8B**, 3
eine Armbanduhr une montre **I 7E**
ein Arzneimittel un médicament **II 8B**, 3
ein Arzt/eine Ärztin un médecin/une femme médecin **II 8B**
auch aussi **I 2E**
auch nicht ne … pas non plus **II 2A**
auf, über sur **I 2A**
  auf Deutsch en allemand **I 1B**
  auf der Straße dans la rue **I 2B**
Aufenthaltsraum une salle de permanence **II 5A**
etw. aufheben, einsammeln ramasser qc **I 2A**
aufhören etw. zu tun arrêter de faire qc **II 3A**
ein Auflauf un gratin **II 5A**
die Aufmerksamkeit l'attention *(f.)* **I 4B**
aufpassen faire attention **I 5B**
etw. aufräumen ranger qc **II 6E**
jdn. aufregen énerver qn **II 3B**
aufstehen; *(hier)* **(Wind) aufkommen** se lever **II 8B**
etw. aufstellen, etw. installieren installer qc **II 7**
ein Augenblick un moment **II 2A**
August août *(m.)* **I 7B**, 7
aus, von de/d' **I 1B**
ein Ausgang une sortie **II 4A**
ausgehen sortir (de qc) **II 3E**
außer sauf **II 5A**
außerdem en plus **I 7A**
aussteigen descendre **II 3A**
etw. aussuchen choisir qc **II 5B**
auswendig par cœur **I 6B**
ein Auto une voiture **I 1A**
eine Autowerkstatt un garage **II 4A**

B

eine Bäckerei une boulangerie **II 6B**
ein Badezimmer une salle de bains **I 3E**
ein Bahnhof une gare **I 7A**
bald bientôt **I 6A**
ein Ball un ballon **II 4E**
eine Banane une banane **II 6E**
eine (Sitz)Bank un banc **I 2E**
ein Bär un ours **II 8E**
der Bauch le ventre **II 8B**, 3
etw. bauen construire qc **II 8B**
ein Baum un arbre **I 2E**
etw. beenden finir qc **II 5B**
sich befinden se trouver **II 8B**
jdm. begegnen rencontrer qn **II 1E**
eine Begegnung une rencontre **II 4C**
beginnen mit commencer par **II 6A**
jdn. begleiten accompagner qn **II 3A**
bei jdm. chez qn **I 5E**
jdm. Beifall klatschen applaudir qn **II 5B**
ein Bein une jambe **II 8B**
zum Beispiel par exemple **II 4C**
ein Belgier/eine Belgierin un Belge/une Belge **II 5A**
belgisch belge **II 5A**
bereit, fertig prêt/prête **II 5A**
ein Berg une montagne **II 2B**
ein Beruf un métier **I 6A**
etw. besichtigen visiter qc **I 3A**
ein Besuch une visite **II 3B**
etw. betrachten regarder qc **I 2E**
ein Betreuer/eine Betreuerin un moniteur/une monitrice *(fam.: un mono/une mono)* **II 1E**
ein Bett un lit **I 3B**
bevorzugt préféré/préférée **II 7**
sich bewegen bouger **I 6A**
etw. bezahlen payer qc **II 6A**
etw. (fest)binden attacher qc **I 4B**
bis jusque **II 7**
bitte s'il vous plaît **I 5B**
Bitte!, Gern geschehen. De rien. **II 8E**
jdn. um etw. bitten demander qc à qn **I 6A**
  jdn. darum bitten, etwas zu tun demander à qn de faire qc **II 5B**, 10
blau bleu/bleue **I 7A**
bleiben rester **I 3A**
ein Bleistift un crayon **I 2B**
ein Block un bloc **I 2B**
etw. ist blöd, bringt's nicht *(ugs.)* qc est nul/nulle *(fam.)* **II 3B**
das Bogenschießen le tir à l'arc **II 1E**
man braucht etw. il faut qc **II 6B**
  etw. brauchen avoir besoin de qc **II 8A**
(kastanien)braun marron *(inv.)* **I 7A**, 3
ein Brief une lettre **II 5B**, 5

jdm. etw. (mit)bringen apporter qc à qn II 7E
das Brot le pain II 6E
ein Bruder un frère I 3E
ein Buch un livre I 5A
eine Buchhandlung une librairie I 5A
eine Bühne une scène II 7
ein Bus un bus I 5A
die Butter le beurre II 6E

C

das Camping le camping II 8E
ein Campingplatz un terrain de camping II 8E
eine CD/CDs un CD/des CD I 4A, 6
ein «Collège» un collège I 1A
ein Comic(Heft)/Comics une BD/des BD *(= une bande dessinée)* I 5A
ein Computer un ordinateur I 3B
ein Cousin/eine Cousine un cousin/une cousine I 5E

D

da, dort là I 2A
da ist er le voilà I 5A
da ist voilà I 4B
eine Dame une dame I 5A
danach, nach après I 5B
danke merci I 1
dann puis I 4B
dann, danach ensuite II 4B
das ist c'est I 1E
das *(z. B. in "c'est")* ce/c' I 1E
das ça I 1
dass que *(Konj.)* II 1A
derselbe/dieselbe/dasselbe le même/la même II 2B
decken (den Tisch) mettre la table II 2A
dein/deine ton/ta/tes I 3C
an jdn. denken penser à qn/qc II 4C
denn car II 7
deshalb c'est pourquoi II 7
deutsch allemand I 1A
auf Deutsch en allemand I 1B
ein Deutschlehrer/eine Deutschlehrerin un professeur d'allemand I 1A
Dezember décembre *(m.)* I 7B, 7
dick gros/grosse II 5B
ein Dieb un voleur I 5A
Dienstag, am Dienstag mardi *(m.)* I 7B
dieser/diese/dieses *(Demonstrativbegleiter)* ce/cet/cette/ces II 4C
diskutieren discuter I 3B
doch si I 4B
ein Doktor, ein Arzt un docteur II 8B, 3
Donnerstag, am Donnerstag jeudi *(m.)* I 7A
ein Dorf un village I 7E
dort, da là I 2A
dort(hin), da(hin) là-bas II 1E
dort, dorthin y II 8B
drehen, abbiegen tourner I 5B
etw. (um)drehen tourner qc I 6E
zu dritt à trois I 6B, 2
du *(betont)* toi I 1
dumm bête II 1A
eine Dummheit une bêtise II 5B
Durst haben avoir soif II 6B

E

ein Ehemann un mari I 3C
ein Ei/Eier un œuf/des œufs II 6E
eifersüchtig auf jdn. jaloux/jalouse de qn II 8B
ein Eigentümer/eine Eigentümerin un propriétaire/une propriétaire I 3A
ein Eingang une entrée I 3E
einige, wenige quelques *(pl.)* II 8B
einkaufen faire les courses *(f.) (pl.)* II 6E
jdn. einladen inviter qn II 3A
einmal une fois I 6B
etw. einsammeln ramasser qc I 2A
einsteigen monter I 5A
ein Teil une partie II 5B, 6
eintreten entrer I 2E
einverstanden, o.k. d'accord I 2E
die Eltern les parents *(m.)* I 3A
eine E-Mail un e-mail II 1E
jdn./etw. empfangen recevoir qn/qc II 3B
das Ende, der Schluss la fin II 2E
am Ende, schließlich à la fin II 4E
endlich, schließlich enfin I 5B
englisch anglais/anglaise II 1A
das Englische; Englisch *(als Unterrichtsfach)* l'anglais *(m.)* II 1A
etw. entdecken découvrir qc II 8B
eine Entdeckung une découverte II 1E
eine Ente un canard II 6A
sich entschuldigen s'excuser II 8B
Entschuldigung. Pardon. I 5B
Entschuldigen Sie! Excusez-moi! II 8A, 7
die Erde la terre II 5B
ein Erfinder/eine Erfinderin un inventeur/une inventrice II 5B, 4
eine Erinnerung, ein Andenken un souvenir II 1B
jdm. etw. erklären expliquer qc à qn II 5E
etw. erneuern, neu machen, noch einmal machen refaire qc II 4A
der/die/das erste le premier, la première I 7B, 7
jdn. erwischen attraper qn I 5A
etw. erzählen raconter qc I 3A
es gibt, es ist, es sind il y a I 2E
etw. essen manger qc I 6A
ein Essen, eine Mahlzeit un repas II 3A
ein Esszimmer une salle à manger I 3E
etwas quelque chose I 5B

F

fahren, gehen aller I 5E
jdn. fahren; jdn. führen conduire qn II 8B
ein Fahrer/eine Fahrerin un conducteur/une conductrice II 4B
eine Fahrkarte un billet II 3B
ein Fahrplan, ein Stundenplan un horaire II 3B
ein Fahrrad un vélo II 1E
fallen tomber II 3A
falsch faux I 2B, 1
eine Familie une famille I 3E
jdn. (ein)fangen attraper qn I 5A
die Farbe *(zum Anmalen)* la peinture II 4A
eine Farbe une couleur II 4A
Februar février *(m.)* I 7B, 7
fehlen manquer II 6B
ein Fehler une faute II 8B
etw. feiern fêter qc I 7B
die Ferien, der Urlaub les vacances *(f.) (pl.)* I 6E
das Fernsehen la télévision *(fam.: la télé)* I 3A
fertig, bereit prêt/prête II 5A
etw. (fest)binden attacher qc I 4B
ein Fest une fête I 4A, 6
ein Feuer; *(hier)* Ampel un feu/des feux II 8A, 7
eine Figur, eine Persönlichkeit, eine Person un personnage II 8E
ein Film (Kino) un film I 6E
etw. finden trouver qc I 2A
eine Flasche une bouteille I 2A
eine Flöte une flûte I 3C
ein Flug un vol II 4A, 5
ein Flugzeug un avion II 2A
die Fortsetzung la suite II 5B
ein Foto une photo I 2E

ein Foto machen prendre une photo I 7A
eine Frage une question I 2B, 6
jdn. etwas fragen demander qc à qn I 6A
Frau … madame … I 1A
eine Frau, eine Ehefrau une femme I 3C
Fräulein … mademoiselle … I 3B
eine beaufsichtigte Freistunde la permanence II 5A
Freitag, am Freitag vendredi *(m.)* I 7B
ein Freund/eine Freundin *(ugs.)* un copain/une copine *(fam.)* I 3A; un ami/une amie I 5A
eine Frucht un fruit II 6A
der Frühling le printemps II 1B, 3
ein Frühstück un petit-déjeuner II 5A
jdn. führen; jdn. fahren conduire qn II 8B
ein Führer/eine Führerin un guide/une guide II 8A
für pour I 2B
ein Fuß un pied II 8B
Fußball spielen faire du foot I 4E

G

ganz, alle *(+ Nomen)* tout/toute ; tous/toutes II 5A
eine Garage un garage II 4A
ein Garten un jardin II 2A
jdm. etw. geben donner qc à qn I 6A
ein Gebirge une montagne II 2B
geboren sein être né(e) II 7
gebrochen cassé/cassée II 8B
ein Geburtstag un anniversaire I 7E
ein Gedicht un poème II 3A
gefährlich dangereux/dangereuse II 5B
jdm. gefallen plaire à qn II 4A
gegen contre I 3B
eine Gegend une région II 2B
das Gegenteil (von) le contraire (de) II 1A
gehen, fahren aller I 5E
gehen, laufen marcher II 8A
Es geht (mir) gut. Ça va bien. I 1
gelb jaune I 7A, 3
das Geld l'argent *(m.)* II 6E
ein Geldbeutel un porte-monnaie/des porte-monnaies I 5A
gelingen réussir à faire qc II 5B
ein Gemüse un légume II 6A
Genau! C'est ça. II 4B
die Geographie la géographie *(fam.: la géo)* II 5B
gerade etw. getan haben venir de faire qc II 5B
geradeaus tout droit I 5B
gerade etw. tun; dabei sein, etw. zu tun être en train de faire qc II 5A
etw. gerne tun aimer faire qc I 6B
gern mögen aimer bien I 4A, 3
ein Geschäft, ein Laden un magasin I 2B
geschehen se passer II 8B
ein Geschenk un cadeau/des cadeaux I 7E
eine Geschichte une histoire I 3C
gestern hier II 1B
die Gesundheit la santé II 6B
ein Getränk une boisson II 6B
etw. gewinnen gagner qc II 4E
ein Gewitter un orage II 8B
der Gips; der Gipsverband le plâtre II 8B
eine Gitarre une guitare I 3B
eine elektrische Gitarre une guitare électrique I 3B
ein Glas un verre II 6B
etw. glauben croire qc II 7
gleich, nachher tout à l'heure II 4B
Gleis une voie II 3B
das Glück, die Chance la chance I 5E
glücklich, zufrieden sein, etw. zu tun être content(e) de faire qc II 1B
ein Grad un degré II 2B
grau gris/grise I 7A, 3
die Grippe la grippe II 8B, 3
groß grand/grande I 7E
Großeltern des grands-parents *(m.)* I 7E
eine Großmutter une grand-mère I 7E
ein Großvater un grand-père I 7E
grün vert/verte I 7A
eine Gruppe un groupe I 4A
Guten Tag! Bonjour! I 1
gut bon/bonne I 7B; bon I 3C
gut *(Adv.)* bien I 1

H

haben avoir I 4B
Hallo? *(am Telefon)* Allô? I 3B
Hallo!, Grüß' dich! *(ugs.)* Salut! *(fam.)* I 1
ein Halt, eine Haltestelle un arrêt II 4B
eine Haltestelle une station I 5B
eine Hand une main II 2A
ein Händler/eine Händlerin un marchand/une marchande II 6A
ein Hauptgericht un plat principal II 6A
eine Hauptstadt une capitale II 2B
ein Haus une maison I 3A
zu Hause, nach Hause à la maison I 5E
eine (Haus)Aufgabe un devoir II 1B
heimgehen rentrer II 3E
heiß, warm chaud/chaude II 2B
sie heißt elle s'appelle II 3B
ich heiße je m'appelle I 1
du heißt tu t'appelles I 1B
jdm. helfen aider qn I 6A
ein Hemd une chemise I 7A
der Herbst l'automne *(m.)* II 1B, 3
hereinkommen entrer I 2E
Herr … monsieur … I 1A
herzlich cordial/cordiale II 5B, 5
heute aujourd'hui I 4A
heute Abend ce soir II 3E
hier ici I 2A
hier ist voici I 1A
Hilfe! Au secours! II 8B
(aus etw.) hinausgehen, -fahren sortir (de qc) II 3E
hinter derrière I 2A
hinuntergehen descendre II 3A
etw. hinzufügen ajouter qc II 6B
das Hobby le hobby I 4B, 6
ein Hof une cour I 2B
etw. holen aller chercher qc I 6B
etw. hören entendre qc II 1A
eine Hose un pantalon I 7A
hübsch joli/jolie I 7E
ein Hund un chien I 1E
Hunger haben avoir faim *(f.)* II 6A

I

ich *(betont)* moi I 1
eine Idee une idée I 3B
immer toujours I 6B
in (Paris) à (Paris) I 1E
in dans I 2E
im «Collège» au collège I 4B, 6
in drei Monaten dans trois mois I 3A
in Frankreich en France II 2B
eine Information une information II 1E
ein (Musik)Instrument un instrument (de musique) II 7E
interessant intéressant/intéressante I 7E
jdn. interessieren intéresser qn II 3B
Internet *(n.)* Internet *(m.)* I 3C
im Internet sur Internet I 3C
ein Interview une interview II 5E
ein Italiener/eine Italienerin un Italien/une Italienne II 4A

J

ja oui I 1A
ein Jahr un an I 4B; une année II 1B
eine Jahreszeit une saison II 1B, 3
Januar janvier *(m.)* I 7B, 7
jeder/jede/jedes + *Nomen* chaque II 5A
jemand quelqu'un II 5B, 10
jetzt maintenant I 2B
ein Journalist/eine Journalistin un journaliste/une journaliste II 8B, 6
ein Jugendlicher/eine Jugendliche un jeune/une jeune II 7E
Juli juillet *(m.)* I 7B, 7
jung jeune II 7E
ein Junge un garçon I 1E
Juni juin *(m.)* I 7B, 7

K

kalt froid/froide II 2A
ein Kanal un canal II 3E
eine Kantine une cantine I 5E
ein Kanu un canoë II 1E
eine Karte une carte I 7A
eine Kartoffel une pomme de terre II 6A
ein Karton un carton I 2A
der Käse le fromage II 6A
eine Kasse une caisse I 5A
eine Katze un chat I 1E
etw. kaufen acheter qc II 1B
die Kehle la gorge II 8B, 3
kein/keine *(bei Mengen)* ne … pas de I 7E
jdn. kennen connaître qn II 4A
eine Kerze une bougie II 6B
ein Kind un enfant I 3C
ein Kino un cinéma I 5E
eine Klasse une classe II 4A
ein Klavier un piano I 4E
etw. (an)kleben coller qc I 2A
ein Kleid une robe I 7A
ein Kleidungsstück un vêtement II 1A
klein petit/petite I 7E
klettern grimper I 4B
das Klettern l'escalade *(f.)* I 4E
klingeln sonner I 3C
ein Klub; *(hier)* **eine AG** un club I 4E
ein Koch/eine Köchin un cuisinier/une cuisinière I 5E
ein Kollege/eine Kollegin un collègue/une collègue II 3E
komisch, merkwürdig bizarre I 1A
Komm! *(Aufforderung)* Viens! I 2B
(an)kommen arriver I 4A
kommen venir II 3E
können pouvoir I 6B
etw. tun können *(wissen, wie es geht)* savoir faire qc I 6B
ein Konzert un concert II 7E
ein Kopf une tête II 2A
Kopfschmerzen haben avoir mal à la tête II 4C
kostenlos, gratis gratuit/gratuite II 4B
köstlich délicieux/délicieuse II 6A
krank malade II 5E
ein Krankenhaus un hôpital II 8B
ein Krankenwagen une ambulance II 8B
eine Kreuzung un carrefour II 8A, 7
eine Küche une cuisine I 3E
ein Kuchen/Kuchen un gâteau/des gâteaux I 7A
eine Kugel une boule I 7B
ein Kuss *(ugs.)* une bise *(fam.)* II 1A

L

lachen *(ugs.)* rigoler *(fam.)* II 1A
lachen rire II 5B
ein Laden un magasin I 2B
das Land *(im Gegensatz zur Stadt)* la campagne I 7B
ein Land un pays II 5E
lang long/longue II 5A
laufen, rennen courir II 8A
leben vivre II 4E
das Leben la vie II 5E
leer vide I 2A
etw. legen/setzen/stellen poser qc I 2A
etw. legen mettre qc II 2A
ein Lehrer/eine Lehrerin un professeur I 1A
leicht facile I 4B
leidtun être désolé(e) II 3B
etw. lesen lire qc I 7A
letzter/letzte/letztes dernier/dernière II 3A
die Leute les gens *(m., pl.)* II 7E
lieb, teuer cher/chère II 1B
die Liebe l'amour *(m.)* II 4C
Liebe auf den ersten Blick le coup de foudre II 4A
etw. lieben, mögen aimer qc I 2A
etw. lieber mögen préférer qc II 6A
Liebling chéri/chérie II 4C
Lieblings- préféré/préférée II 7
ein Lied une chanson I 7E
eine (Verkehrs)Linie une ligne I 5B
(nach) links à gauche I 5A
ein Loch un trou II 8B
eine Lösung une solution I 3B
Lust haben, etwas zu tun avoir envie de faire qc I 4B
lustig drôle II 1A

M

etw. machen faire qc I 4E
ein Mädchen une fille I 1E
eine Mahlzeit un repas II 3A
Mai mai *(m.)* I 7A
ein Mal une fois I 6B
Mama maman *(f.)* I 3E
ein Mann un homme I 5A
eine Mannschaft une équipe II 4E
ein Markt un marché II 6A
März mars *(m.)* I 7B, 7
eine Maschine une machine I 6A, 7
die Mathematik les mathématiques *(f.pl.) (fam.: les maths)* II 5A
eine Mauer, eine Wand un mur I 4B
eine Maus une souris I 1E
ein Medikament un médicament II 8B, 3
das Meer la mer II 8E
das Mehl la farine II 6E
mein/meine mon/ma/mes I 3C
eine Meinung un avis II 7
eine (Menschen)Menge une foule II 7
merkwürdig bizarre I 1A
ein Meter un mètre II 8A, 2
eine Metrostation une station de métro I 5B
die Milch le lait II 6E
ein Mineralwasser une eau minérale *(f.)* II 6B
Mist! *(ugs.)* Zut! *(fam.)* I 2B
mit avec I 1A
jdm. etw. mitbringen apporter qc à qn II 7E
der Mittag le midi I 5E
eine Mitteilung un message II 7
Mitternacht minuit *(m.)* I 5E
Mittwoch, am Mittwoch mercredi *(m.)* I 4A
mittwochs le mercredi I 4A
ein Mobiltelefon un portable I 5A
ich möchte gerne je voudrais I 6B, 7
die Mode la mode II 4A
etw. mögen/lieben aimer qc I 2A
jdn. sehr gerne mögen adorer qn I 7A
gern mögen aimer bien I 4A, 3
ein Monat un mois I 3A
Montag, am Montag lundi *(m.)* I 7B, 7
morgen demain I 6E
ein Morgen un matin II 3E
morgens le matin II 3E

eine Mousse au chocolat *(Schokoladencreme)* une mousse au chocolat I 7B
müde fatigué/fatiguée II 7
ein Mülleimer une poubelle I 2E
ein Museum un musée I 5E
die Musik la musique I 3B
ein Musiker/eine Musikerin un musicien/une musicienne II 7E
etw. tun müssen devoir faire qc II 3B
man muss etw. tun il faut faire qc II 6B
eine Mutter une mère I 3E
Mutti maman *(f.)* I 3E

N

Na sowas! Tiens! I 1A
nach, danach après I 5B
etw. nachahmen imiter qc II 4A
ein Nachbar/eine Nachbarin un voisin/une voisine I 3B
nachdenken, überlegen réfléchir II 5B
nachmittags/am Nachmittag l'après-midi I 4A
ein Nachmittag un après-midi I 4A
eine Nachricht, eine Neuigkeit une nouvelle II 3B
eine Nachricht un message II 7
nächster/nächste/nächstes prochain/prochaine II 1B
eine Nacht une nuit II 5A
ein Nachtisch un dessert I 7B
nahe bei etw. près de I 7E
ein Name un nom II 7, 4
die Natur la nature I 2A
neben à côté de II 4B
nebenan à côté II 4B
etw. nehmen prendre qc I 7A
nein non I 1E
nett sympa *(fam.)* I 1A
etw. neu machen refaire qc II 4A
neu nouveau/nouvel/nouvelle II 4C
ein Neuer un nouveau I 1A
eine Neuigkeit, eine Nachricht une nouvelle II 3B
nicht ne … pas I 4A
nicht mehr ne … plus I 6A
noch nicht ne … pas encore II 2A
überhaupt nicht ne … pas du tout II 2A
auch nicht ne … pas non plus II 2A
nichts ne … rien I 6A
Es ist nichts./Es gibt nichts. Il n'y a rien. I 6A
nie ne … jamais I 6A
niedlich mignon/mignonne II 4C
niemand ne … personne II 6B
noch, wieder encore I 6A
normal normal/normale II 4A
eine Note une note II 1B
November novembre *(m.)* I 7B, 7
eine Nudel une nouille II 5A
eine Nummer un numéro I 6B, 3
nun, jetzt, dann alors I 4B
nur ne … que II 3B

O

oben, nach oben en haut I 4B
oder ou I 4A
etw. öffnen ouvrir qc I 6A
oft souvent I 4A
ohne sans I 4B
Oktober octobre *(m.)* I 7B, 7
Oma *(ugs.)* mamie *(f.)* *(fam.)* I 7E
ein Onkel un oncle I 7E
Opa *(ugs.)* papi *(m.)* *(fam.)* I 7E
orange orange *(inv.)* I 7A, 3
eine Orange une orange II 6E
etw. organisieren organiser qc II 3A

P

ein Paket un paquet I 7E
ein Papier un papier I 2E
ein Paradies un paradis I 2B
ein Park un parc II 2E
die Pause la récréation *(fam.: la récré)* II 5B
eine Person une personne II 5B, 10
ein Pfannkuchen une crêpe II 3A
der Pfeffer le poivre II 6E
ein Pilot un pilote II 4A, 5
ein Plakat une affiche I 2A
ein Plan un plan I 5B
ein Platz une place II 7E
plötzlich tout à coup I 4B
ein Polizist un policier I 5B
Pommes frites des frites *(f., pl.)* II 6A
die Post la poste II 3B
eine Postkarte une carte postale II 1B
ein Preis un prix II 7
pro Tag par jour II 3E
etw. probieren, kosten goûter qc II 6B
ein Problem un problème I 3A
kein Problem pas de problème I 6B
ein Programm un programme II 4C
ein Projekt, ein Vorhaben un projet II 5E

R

ein Radiergummi une gomme I 2B
am Rande von etw., am Ufer von etw. au bord de qc II 3B
ein Rap *(Sprechgesang)* un rap I 6B, 4
(nach) rechts à droite I 5A
ein Referat un exposé II 5B
ein Regal une étagère I 2B
der Regen la pluie II 8A
ein Regenschirm un parapluie II 2B, 4
eine Region une région II 2B
ein (Film)Regisseur un réalisateur I 6E
regnen pleuvoir II 2B
es regnet il pleut II 2B
Ich bin an der Reihe. C'est mon tour. I 7B; C'est à moi. II 6A, 5
rennen, laufen courir II 8A
etw. respektieren respecter qc I 2A
ein Rest un reste II 3B
ein Restaurant un restaurant I 5E
ein Rezept *(Küche)* une recette II 6E
ein Rezept *(vom Arzt)* une ordonnance II 8B, 3
eine Rolle un rôle II 1A
ein Rollerskate un roller I 4E
das Rollerskaten le roller I 4E
ein Roman un roman I 7A, 6
rosa rose II 3E
rot rouge I 7A, 3
eine Rückkehr, Rückfahrt un retour II 2E
ein Rucksack un sac à dos II 2B, 5
die Ruhe, die Stille le silence I 1B
ein Rundgang, eine Tour un tour II 4B

S

eine Sache une chose I 7B
eine Sache, eine Angelegenheit une affaire II 1B
jdm. etw. sagen dire qc à qn II 1A
ein Salat une salade II 6E
das Salz le sel II 6E
Samstag, am Samstag samedi *(m.)* I 5E
ein Sänger/eine Sängerin un chanteur/une chanteuse II 7E
sauer sein *(ugs.)* faire la tête *(fam.)* II 3B
ein Schauspieler/eine Schauspielerin un acteur/une actrice I 6E
ein Scherz une blague II 5B, 4
jdm. etw. schicken envoyer qc à qn II 1B
schlafen dormir II 3E
ein Schlafzimmer une chambre I 3E

schlecht mauvais/mauvaise **I 7B**
es ist schlechtes Wetter il fait mauvais **II 2B,** 4
schließlich, endlich enfin **I 5B**
schließlich, am Ende à la fin **II 4E**
der Schluss la fin **II 2E**
schmollen, sauer sein *(ugs.)* faire la tête *(fam.)* **II 3B**
schmutzig sale **I 2A**
etw. schneiden couper qc **I 6B; schnell** *(Adv.)* vite *(Adv.)* **I 2B**
die Schokolade le chocolat **II 6E**
schön beau/bel/belle **II 4C**
es ist schönes Wetter il fait beau **II 2B**
schon déjà **I 3C**
etw. schreiben écrire qc **I 7A**
schreien crier **I 4B**
Das ist seine/ihre Schuld. C'est (de) sa faute. **II 8B**
eine Schule *(weiterführende Schule)* un collège **I 1A**
eine Schule une école **II 4A**
ein Schüler/eine Schülerin un élève/une élève **I 4A**
schwarz noir/noire **I 7A**
eine Schwester une sœur **I 3E**
schwierig difficile **II 6A**
etw. sehen, ansehen regarder qc **I 2E**
etw. sehen voir qc **II 2B**
sehr très **I 6A**
ein Seil une corde **I 4A**
sein être **I 3A**
ist Emma est … **I 1E**
ich bin je suis **I 1**
du bist tu es **I 1B**
sein/seine; ihr/ihre son/sa/ses **I 3C**
seit depuis **II 1A**
September septembre *(m.)* **I 7B,** 7
etw. setzen/stellen/legen poser qc **I 2A**
sicher sûr/sûre **II 5E**
sicherlich, na klar! bien sûr **II 3E**
sicher, sicherlich *(Adv.)* sûrement **II 7**
Sieh mal da!, Na sowas! Tiens! **I 1A**
singen chanter **I 7B**
ein Sketch un sketch **II 1A**
das Skifahren le ski **II 2B**
so, auf diese Weise comme ça **II 7**
sofort tout de suite **I 7B**
sogar même **II 1B**
der Sommer l'été *(m.)* **II 1E**
die Sonne le soleil **II 2B**
es ist sonnig il y a du soleil **II 2B**
Sonntag, am Sonntag dimanche *(m.)* **I 6A**
spät tard **II 4A**
später plus tard **II 6B**
spazieren gehen se promener **II 8B**
ein Spaziergang une promenade **II 2E**
ein Spiel un jeu/des jeux **II 3A**
ein Spiel, ein Wettkampf un match **II 4E**
spielen jouer **I 3B**
spielen *(Instrument)* jouer de **I 7B**
ein Spieler/eine Spielerin un joueur/une joueuse **II 4E**
eine Spinne une araignée **II 5B**
der Sport le sport **I 4E**
sportlich sportif/sportive **I 7A**
mit jdm. sprechen parler à qn **I 6A**
eine Spur une trace **II 8A**
ein (Sport)Stadion un stade **II 4E**
eine Stadt une ville **I 5E**
ein Stadtplan *(hier)* un plan **I 5B**
ein Stadtviertel un quartier **I 2E**
ein Star une star **I 5B**
etw. stehlen voler qc **I 5A**
steigen, einsteigen monter **I 5A**
etw. stellen, setzen, legen poser qc **I 2A**
etw. stellen mettre qc **II 2A**
die Stille, die Ruhe le silence **I 1B**
die Stimmung, die innere Verfassung le moral **II 3B**
eine Stimmung, eine Atmosphäre une ambiance **II 4E**
ein Stockwerk un étage **I 3A**
eine Straße une rue **I 1A**
auf der Straße dans la rue **I 2B**
sich mit jdm. streiten se disputer avec qn **II 8B**
ein Studio un studio **I 6E**
eine Stunde une heure **I 5A**
ein Stundenplan, ein Fahrplan un horaire **II 3B**
ein Sturzhelm, ein Schutzhelm un casque **I 4A**
etw. suchen chercher qc **I 2E**
der Süden le sud **II 8E**
südlich von au sud de **II 8E**
ein Supermarkt un supermarché **II 7**
süß, niedlich mignon/mignonne **II 4C**
eine Szene une scène **I 5B**

T

ein Tag un jour **I 3A**
ein Tag, ein Tagesablauf une journée **I 5B**
am darauf folgenden Tag le lendemain **II 6A**
pro Tag par jour **II 3E**
eines Tages un jour **I 3A**
Guten Tag! Bonjour! **I 1**
ein Tagebuch, eine Zeitung un journal/des journaux **I 7A**
eine Tante une tante **I 7E**
tanzen danser **I 6B,** 4
das Tanzen; der Tanz la danse **I 4A**
eine Tasche, eine Hosentasche une poche **II 6E**
das Taschengeld l'argent de poche *(m.)* **II 6E**
eine Tätigkeit; *(hier)* **eine Freizeitbeschäftigung** une activité **I 4E**
ein Telefon un téléphone **I 3C**
mit jdm. telefonieren téléphoner à qn **I 6A,** 7
ein Teller une assiette **I 3C**
die Temperatur la température **II 8A**
ein Termin, eine Verabredung un rendez-vous **I 5A**
teuer, lieb cher/chère **II 1B**
das Theater le théâtre **I 4E**
ein Tier un animal/des animaux **I 4B,** 6
ein Tisch une table **I 7B**
die Toilette, das WC les W.-C. *(m., pl.)* **I 3E**
toll, genial *(ugs.)* génial *(fam.)* **I 6B**
eine Tour/ein Rundgang un tour **II 4B**
ein Tourist/eine Touristin un/une touriste **I 5B**
etw. tragen porter qc **I 7A**
ein Traum un rêve **I 7A,** 4
von etw. träumen rêver de qc **I 3A**
traurig triste **II 3A**
jdn. treffen/jdm. begegnen rencontrer qn **II 1E**
etw. trinken boire qc **II 6B**
eine Tür une porte **I 2B**
ein Turm une tour **I 5E**
eine Turnhalle un gymnase **I 4A**

U

die U-Bahn le métro **I 5B**
eine U-Bahnstation une station de métro **I 5B**
über, auf sur **I 2A**
überall partout **II 4B**
etw. überqueren traverser qc **I 5B**
eine Überraschung une surprise **II 3A**
übrigens à propos **II 4C**
Wie viel Uhr ist es? Il est quelle heure? **I 5B,** 10
eine Uhr (**Armbanduhr**) une montre **I 7E**
umkehren retourner **II 3A**
umso besser tant mieux **II 4C**
umziehen déménager **II 2A**
ein Umzug, ein Wohnungswechsel un déménagement **II 3A**
ein Unfall un accident **II 8B**

unten, nach unten en bas I 4B
unter sous I 2A
im Unterricht en classe II 4A; en cours II 5A
eine Unterrichtsstunde un cours II 5A
etw. unterschreiben signer qc II 2B
der Urlaub, die Ferien les vacances *(f.) (pl.)* I 6E

V

ein Vater un père I 3E
eine Verabredung un rendez-vous I 5A
etw. verabscheuen, etw. überhaupt nicht mögen détester qc II 5A
mit jdm. in Verbindung treten contacter qn II 8E
etw. verbringen passer qc II 1B
etw. vergessen oublier qc I 6B
sich vergnügen s'amuser II 8B
etw. verkaufen vendre qc II 1B
ein Verkehrsstau un bouchon I 5A
etw. verlassen quitter qc I 2B
sich auf den ersten Blick in jdn./etw. verlieben avoir le coup de foudre pour qn/qc II 4A
verliebt amoureux/amoureuse II 4B
etw. verlieren perdre qc II 1E
verrückt fou/fol/folle I 6B
sich verspäten être en retard II 3B
eine Verspätung un retard II 3B
sich verstecken se cacher II 8B
etw. verstehen comprendre qc II 1A
Verzeihung. Pardon. I 5B
  Verzeihen Sie! Excusez-moi! II 8A, 7
viel, sehr beaucoup I 7B
  viel(e) *(bei Mengen)* beaucoup de I 7B
vielleicht peut-être II 1E
ein Vogel un oiseau/des oiseaux I 7B
von, aus de/d' I 1B
von … bis de … à I 5E
vor *(örtlich)* devant I 2A
  vor *(zeitlich)* avant II 3B
vor allem surtout I 4B
vorbeigehen, -fahren, -kommen passer II 1B
etw. vorbereiten préparer qc I 4A
vorher avant II 3B
vorhin, eben; gleich, nachher tout à l'heure II 4B
ein Vorname un prénom I 1B
ein Vorort une banlieue I 3A
eine Vorspeise une entrée II 6A
jdm. etw. vorstellen présenter qc à qn II 5A
etw. vorziehen préférer qc II 6A

W

etw. wählen, etw. aussuchen choisir qc II 5B
während *(Präp.)* pendant I 6B
  währenddessen *(Adv.)* pendant ce temps II 6B
ein Wald une forêt II 8A
eine Wand, eine Mauer un mur I 4B
wann quand I 4B, 9
warm, heiß chaud/chaude II 2B
auf etw./jdn. warten attendre qc /qn II 1E
warum pourquoi I 5E
Was … ? Que … ? I 2E
  Was? *(betont)* Quoi? I 3A
  Was ist das? Qu'est-ce que c'est? I 2B
  Was … ? Qu'est-ce que … ? I 4E
  Was gibt es? Qu'est-ce qu'il y a? I 3E
das Wasser l'eau *(f.)* II 6E
etw. wechseln changer de II 1A
ein Weg un chemin II 8A
wegen pour I 3B
weggehen partir II 3E
Weihnachten Noël *(m.)* II 1B, 3
weil parce que I 5E
der Wein le vin II 6B
weinen pleurer II 8A
weiß blanc/blanche I 7A, 3
weit *(Adv.)* loin II 2B
weitermachen, fortfahren (etw. zu tun) continuer (à faire qc) II 1A
welcher/welche/welches *(Fragebegleiter)* quel/quels/quelle/quelles II 4C
eine Welt un monde I 6B, 9
wenden, umdrehen faire demi-tour II 8A, 7
wenig peu I 7B
  ein wenig *(bei Mengen)* un peu de I 7B
Wer … ? Qui … ? I 1B
Wer ist das? Qui est-ce? I 1B
eine Werbung une publicité *(fam.: une pub)* I 6E
das Wetter le temps II 2A
die Wettervorhersage la météo II 2B, 4
ein Wettkampf un match II 4E
wichtig important/importante II 4C
wie? comment I 1B
  wie *(beim Vergleich)* comme I 7A
Wie alt bist du? Tu as quel âge? I 4B
wieder, noch encore I 6A
jdn./etw. wiedererkennen reconnaître qn/qc II 4A
etw. wiederfinden retrouver qc II 2E
etw. wiederholen répéter qc II 6A, 6
jdn./etw. wiedersehen revoir qn/qc II 4B
Auf Wiedersehen! Au revoir! I 1
wie viel combien (de) II 2A
Willkommen! Bienvenue! I 1E
der Wind le vent II 8A
der Winter l'hiver *(m.)* II 1B, 3
wissen savoir I 6B
eine Wissenschaft une science II 5B
ein Witz, ein Scherz une blague II 5B, 4
wo où I 2A
Wo … ? Où est-ce que … ? I 5A
eine Woche une semaine II 1E
ein Wochenende un week-end I 7A
wohnen habiter I 3E
ein Wohnmobil un camping-car II 2A
eine Wohnung un appartement I 3E
eine Wolke un nuage II 8B
ein Wort un mot I 7E
etw. wünschen désirer qc II 6A
die Wut la colère I 3C

Z

eine Zahl un nombre II 7, 4
etw. zählen compter qc II 1A
etw. zeichnen dessiner qc I 2E
eine Zeichnung un dessin I 2E
jdm. etw. zeigen montrer qc à qn II 5E
die Zeit le temps II 1E
eine Zeitung un journal/des journaux I 7A
ein Zentrum un centre I 5E
zerbrochen, gebrochen cassé/cassée II 8B
ein (Schlaf)Zimmer une chambre I 3E
  ein Zimmer une pièce I 3A
ein Zirkus un cirque II 1E
der Zorn la colère I 3C
der Zucker le sucre I 7A
zuerst d'abord I 5E
zufrieden, glücklich content/contente I 7B
  zufrieden, glücklich sein, etw. zu tun être content(e) de faire qc II 1B
ein Zug un train I 7A
jdm. zuhören écouter qn I 3C
die Zukunft l'avenir *(m.)* II 4C
zurück (in) de retour (à) II 2E
zurückkehren retourner II 3A
zurückkommen rentrer II 3E; revenir II 3A
zusammen ensemble I 2E
zusätzlich en plus I 7A
zu viel, zu sehr trop I 7B
zwischen entre II 8B

Pour faire les exercices du livre

		Lektion	Übung
Accordez …	Gleicht … an.	I/7A	2a
Ajoutez …	Fügt … hinzu.	I/1B	4b
Après la première écoute …	Nach dem ersten Anhören …	II/2B	5
Avant la lecture …	Vor dem Lesen …	II/2B	
Changez de rôle.	Wechselt die Rollen.	II/3	Entrée
Choisissez un sujet.	Wählt ein Thema aus.	II/3A	6
Commencez comme ça: …	Beginnt so …	II/3A	1
Comparez …	Vergleicht …	II/6A	2c
Complétez avec les formes suivantes.	Vervollständigt mit den folgenden Formen.	II/1A	3
Complétez les conjugaisons.	Vervollständigt die Konjugationsreihen.	II/1	Entrée
Décrivez …	Beschreibt …	I/2A	5a
Devinez …	Ratet …	II/5B	4
Ecrivez le contraire.	Schreibt das Gegenteil.	II/2	Bilan
Expliquez trois différences.	Erklärt drei Unterschiede.	II/5B	2
Fais l'interprète.	Spiele den Dolmetscher.	II/6B	7
Faites des devinettes.	Macht Rätsel.	II/4B	4
Faites un tableau.	Zeichnet eine Tabelle.	II/7	9a
Imaginez …	Stellt euch vor … / Denkt euch … aus.	II/5	Entrée
Inventez …	Erfindet …	II/3	Entrée
Jouez à deux avec un dé.	Spielt zu zweit mit einem Würfel.	II/3	Entrée
Justifiez votre réponse.	Begründet eure Antwort.	I/7A	
Lisez les cinq titres. Quel titre va avec quelle partie du texte?	Lest die 5 Titel. Welcher Titel passt zu welchem Teil des Textes?	II/8A	1
Mettez les réponses dans le bon ordre.	Bringt die Antworten in die richtige Reihenfolge.	I/7A	9a
N'écrivez que les mots-clés.	Schreibt nur die Schlüsselwörter auf.	II/7	8
Posez des questions à tour de rôle.	Stellt abwechselnd Fragen.	II/1A	5
Prenez des notes.	Macht Notizen.	II/5B	11
Qu'est-ce qu'on apprend sur …?	Was erfährt man über …?	II/5B	5b

Qu'est-ce que vous faites dans les situations suivantes?	Was macht ihr in den folgenden Situationen?	II/8A	3a
Quelle expression est dans quelle partie du texte B?	Welcher Ausdruck ist in welchem Teil des Textes B?	II/1B	1b
Quelle scène va avec quelle photo?	Welche Szene passt zu welchem Foto?	II/1E	
Quels mots vont ensemble?	Welche Wörter passen zusammen?	II/1B	1a
Réfléchissez …	Denkt nach …	II/2E	Entrée
Reliez les phrases avec …	Verbindet die Sätze mit …	II/4B	3
Relisez les exemples.	Lest die Beispiele noch einmal.	I/1A	3d
Répondez par des phrases complètes.	Antwortet in vollständigen Sätzen.	II/3B	1
Traduisez …	Übersetzt …	I/5B	7b
Transformez les phrases.	Formt die Sätze um.	II/7	7b
Trouvez les phrases qui résument les parties du texte.	Findet die Sätze, die den Inhalt der Textabschnitte zusammenfassen.	I/5A	1
Utilisez l'impératif avec un pronom.	Benützt den Imperativ mit einem Pronomen.	II/7	7b
Utilisez les formes du verbe *croire* et des mots qui riment avec ces formes.	Verwendet die Formen des Verbs *croire* und Wörter, die sich auf diese Formen reimen.	II/7	10b

Lösungen zu Plateau Rentrée und zu den Aufgaben der Bilan-Seiten

Plateau Rentrée: Quiz

1. Emma Carbonne habite à Paris. Elle a un frère et une sœur: Valentin et Manon. Elle a aussi un chat: Amandine.
2. être: je suis, tu es, il/elle/on est, nous sommes, vous êtes, ils/elles sont; avoir: j'ai, tu as, il/elle/on a, nous avons, vous avez, ils/elles ont
3. C'est une maison, un livre, une table et une voiture.
4. Cinq et quinze font vingt.
5. Ce sont des acteurs et des actrices.
7. Aujourd'hui, c'est mon anniversaire!
8. Voici … mes parents … mon frère … et ma sœur …
9. peu ± beaucoup; grand ± petit; blanc ± noir.
10. Il est huit heures et demie, six heures et quart et deux heures moins le quart.
11. Je m'appelle …. J'ai … ans.
12. … des animaux.
13. C'est la pyramide du Louvre.
14. contre ± pour
15. Olivier aime faire de la musique, du roller et de l'escalade.
16. une réponse ± une question
17. C'est une guitare, une assiette et un ordinateur.
18. soixante-six, cinquante-cinq, quarante-quatre, trois, treize, dix-huit
19. la salle à manger; la cuisine; l'entrée; la salle de bains; la chambre; les W.-C.
20. Dix-sept heures quarante; Vingt-deux heures huit.
21. C'est l'Arc de triomphe.
23. …Parce que je rêve!

24. Il y a une boule jaune, une boule rouge, une boule grise, une boule bleue, une boule blanche et une boule verte.
25. Quatorze et cinquante-trois font soixante-sept.
26. C'est l'escalade.
27. (Zeichne sehr schnell eine Flasche; Gehe in die Nähe der Tür.)
28. Voici des cadeaux d'anniversaire: Ce sont une montre, des livres et des CD.
29. Ich kann Klavier spielen. Aber ich will auch Gitarre spielen.

Leçon 1

Du kannst ...

1. Bonjour, madame. Je m'appelle ... Je voudrais parler à ..., s'il vous plaît.
2. J'appelle pour avoir des informations sur le centre de vacances.
3. Pardon, madame, je ne comprends pas.
4. S'il vous plaît, attendez une minute.
5. Mon numéro de téléphone, c'est le zéro, soixante-quinze, quatre-vingt-onze, soixante-neuf, quatre-vingt-quatre, vingt et un.
6. Janvier, c'est en hiver.
7. J'ai fait du vélo, de l'escalade et du canoë.
8. Cher Victor, chère Amélie, ...
9. C'est un animal. C'est comme un chien. Ça fait *houuu*!

Grammatik auf einen Blick

1. Regelmäßige Verben auf *-dre*
1. Sophie et Clément attendent le bus.
2. Nous attendons déjà depuis (...)
3. On attend encore 5 minutes, d'accord?
4. Vous attendez le bus?
5. Julie, tu attends encore?
6. Non, je n'attends plus. Je ne veux pas attendre seule.

2. *dire* *qc à qn*
1. Pardon, qu'est-ce que vous dites?
2. Moi? Je ne dis rien!
3. Les élèves disent bonjour à leur professeur.
4. Louis dit «salut».
5. Nous disons «au revoir».
6. Et toi? Pourquoi est-ce que tu ne dis rien?

3. *acheter* *qc*, *appeler* *qn*, *envoyer* *qc à qn*
1. Viens, Marine, nous appelons Nicolas.
2. Moi, je n'appelle pas.
3. Alors, elles n'appellent pas.
4. Elles envoient un SMS à Nicolas.
5. «(...) Nous commençons à 4 heures.»
6. Nicolas achète une carte postale.
7. Il envoie la carte à Marine et Julie.
8. Marine et Julie lisent la carte et commencent à rigoler.

4. Das *Passé composé* (mit *avoir*)
1. Hier, nous avons visité la ville.
2. Marc et Luc ont cherché des souvenirs.
3. Vous avez trouvé des souvenirs?
4. Et nous avons acheté des cadeaux super!
5. Et toi, tu as acheté quelque chose?
6. Non, j'ai visité le musée.

Leçon 2

Du kannst ...

1. D'abord, j'ai envoyé une photo. Après, j'ai écrit un e-mail. Enfin, j'ai fait une promenade.
2. Tu as déjà commencé tes devoirs?
3. Je n'ai pas encore commencé mes devoirs.
4. On met 5 heures pour aller de Paris à Toulouse.
5. Je n'aime pas du tout les musées.
6. Moi non plus.
7. Il fait beau (temps). / Il fait mauvais (temps).
8. Il fait froid. / Il fait chaud.
9. Il pleut. / Il va pleuvoir.

Grammatik auf einen Blick

2. Die Verneinung

a 1. Ils n'aiment pas du tout Toulouse.
2. Ils n'ont pas du tout rêvé de Toulouse.
3. Ils ne quittent pas encore Paris.
4. Ils n'ont pas encore visité Toulouse.

b 1. Je n'aime pas les avions.
2. Je n'aime pas non plus les avions.
3. Et je n'aime pas les souris bêtes.
4. Moi non plus.

3. Das Verb *voir*
Die Formen stehen neben der Aufgabe.

4. Das Verb *mettre*
1. Est-ce que tu mets une chemise verte?
2. Nous mettons une annonce dans le journal.
3. Emma met sa tête dans ses mains.
4. Vous mettez la table, les enfants?
5. Je mets le papier à la poubelle.
6. La mère a mis son enfant au lit.
7. Ils mettent une heure pour faire leurs devoirs.

Leçon 3

Du kannst ...

1. Samedi dernier, je suis allé(e) au cinéma.
2. Je suis parti(e) à trois heures et quart et je suis revenu(e) à six heures et demie.
3. Le train pour Paris part à deux heures trente-trois / à quatorze heures trente-trois, voie onze.
4. Je suis très content(e).
5. Ta copine m'énerve.
6. Je suis en retard, je suis désolé(e).

7. Ce n'est pas grave.
8. Ça m'intéresse beaucoup.

Grammatik auf einen Blick

1. dormir, partir, sortir, venir
1. Ce soir, nous sortons.
2. Et toi, tu sors aussi?
3. Non, je ne sors pas.
4. Mon copain / ami vient chez moi.
5. Le dernier bus part à onze heures.
6. Est-ce que vous venez à la fête de Malika?
7. Oui, nous venons.
8. Christian, tu viens aussi? / … est-ce que tu viens aussi?
9. Thomas et Victor ne viennent pas.
10. Les filles dorment chez Malika.
11. Vous dormez à la maison / chez vous.

2. Das *Passé composé* mit *être*
a 1. En automne, M. Carbonne est parti ….
2. Pendant les vacances, Emma, Manon et Valentin sont parti**s** ….
3. Mme Carbonne n'est pas parti**e** ….
4. Paulette et Amandine ne sont pas non plus parti**es**.

b 1. Malika est resté**e** ….
2. Vendredi, Julie et elle sont sorti**es** ….
3. Victor est retourné ….
4. Samedi, les Bajot sont arrivé**s** ….
5. Marc et Isabelle sont revenu**s** ….
6. Isabelle n'est pas rentré**e** ….
7. Elle est resté**e** ….
8. Elle est parti**e** ….

3. *devoir, recevoir*
1. Nous devons partir dans 5 minutes.
2. Et toi, tu ne dois pas partir?
3. Si, mais je dois d'abord préparer mes affaires.
4. Les grands-parents de Pierre doivent déménager.
5. Hier, nos voisins ont dû chercher leur chat.
6. Samedi dernier, mon frère a reçu 36 e-mails!
7. Moi, je ne reçois jamais d'e-mails.
8. Et vous? Vous recevez beaucoup d'e-mails?
9. Chère tante! J'ai reçu ton paquet hier. Merci beaucoup!

4. Die Objektpronomen *me, te, nous, vous*
1. Je ne t'oublie pas.
2. Je vais t'écrire une carte postale.
3. Les garçons vous énervent?
4. Oui, ils nous bousculent!

Leçon 4

Du kannst …

1. Tu connais le nouveau CD de Zebda?
2. Je le trouve super.
3. La musique, c'est très important pour moi.
4. Tu connais un garçon qui s'appelle Sylvain?
5. Je t'invite.
6. Quel film est-ce que tu veux voir?
7. J'ai mal à la tête.
8. Je vais bien quand je suis en vacances.

Grammatik auf einen Blick

1. Die Objektpronomen *le, la, les*
a 1. Oui, je l'appelle. / Non, je ne l'appelle pas.
2. Oui, je la cherche. / Non, je ne la cherche pas.
3. Oui, je les attends. / Non, je ne les attends pas.

b 1. Oui, je peux l'appeler. / Non, je ne peux pas l'appeler.
2. Oui, ils vont le gagner. / Non, ils ne vont pas le gagner.
3. Oui, je veux la lire. / Non, je ne veux pas la lire.

2. *Connaître, vivre, plaire*
1. Mes grands-parents vivent à Paris.
2. Mais ils ont aussi vécu à Blagnac.
3. Je ne connais pas Blagnac.
4. Mon grand-père a connu Guillaumet.
5. Les avions d'Airbus me plaisent beaucoup.

3. Die Relativpronomen *qui, que, où*
1. … une médiathèque qui n'est pas loin de chez toi?
2. … une médiathèque où tu trouves des copains?
3. … des CD que tu ne peux pas écouter chez toi?
4. … des films que tu ne vas jamais oublier?
5. … des informations qui vont t'aider?
6. … un centre où tu peux passer des bons moments?
7. … une médiathèque que tu vas adorer!

4. Die Adjektive *vieux, nouveau, beau*
1. un nouveau pantalon 2. des vieilles voitures 3. des nouveaux voisins 4. une belle actrice 5. un nouvel avion 6. des beaux oiseaux 7. un vieil ordinateur 8. un bel homme 9. des vieux amis

5. Die Demonstrativbegleiter *ce, cet, cette, ces*
1. J'aime bien ces chansons.
2. Est-ce que tu comprends cette question?
3. Est-ce que tu comprends cet argument?
4. Je ne connais pas ce livre.
5. Ces poèmes vont te plaire.

6. Das Fragewort *quel*
1. Quels joueurs est-ce que tu trouves bien?
2. Quelles photos des joueurs est-ce que tu as déjà?
3. Quel match est-ce que tu veux regarder?
4. Quelle équipe va gagner?

Leçon 5

Du kannst …

1. Je suis prêt(e).
2. Je prends mon petit-déjeuner à 7 heures.
3. Le professeur est malade.
4. Je suis sûr(e) que c'est vrai.
5. Qu'est-ce que tu fais après les cours?
6. Est-ce que vous pouvez m'expliquer le problème?

7. J'en ai marre de ces blagues.
8. Je déteste les araignées.
9. C'est dangereux.
10. J'arrête de jouer.
11. Je continue à lire.

Grammatik auf einen Blick

1. Die indirekten Objektpronomen *lui* und *leur*
1. Je leur dis au revoir.
2. Je leur ai donné mon adresse.
3. Ils lui écrivent une carte.
4. Elle ne lui pose pas de questions.
5. Il ne va pas lui expliquer la solution.
6. Elle va lui parler./Elle va parler avec lui.

2. Der unbestimmte Begleiter *tout*
1. Emma a perdu tous ses CD.
2. Elle cherche dans tout l'appartement.
3. Elle regarde dans toutes les pièces.
4. Elle regarde dans toute sa chambre.
5. Elle cherche dans tous les cartons.
6. (...), tous ses CD sont chez Cécile!

3. Das Verb *finir*
1. Paulette doit préparer un exposé sur l'Afrique. Elle réfléchit.
2. Elle pense: «Zut, je ne réussis pas à commencer!»
3. La prof a dit aux élèves: «Choisissez un livre intéressant et cherchez des informations.»
4. Enfin, Paulette a une idée. Elle commence à écrire et très vite, elle a fini son travail.
5. Elle présente son exposé à sa classe. Tous les élèves crient «Bravo!» et ils applaudissent.

4. Das Verb *rire*
1. Les filles rient.
3. Le professeur demande: «Pourquoi est-ce que vous riez?»
2. *Les filles:* «Nous rions parce que Marc a raconté une blague.»
5. Le professeur demande: «Marc, et pourquoi tu ne ris pas?»
4. *Marc:* «Je ne ris pas parce que je ne comprends pas la blague.»
6. Le professeur rit.

5. *Venir de faire qc/être en train de faire qc*
1. La lettre vient d'arriver.
2. Je suis en train de la lire.
3. Nous sommes en train de préparer un exposé.
4. Sven vient d'avoir une bonne idée.

Leçon 6

Du kannst ...

1. Il faut faire les courses.
2. Je n'ai pas d'argent.
3. Qui range la cuisine?
4. J'ai faim et j'ai soif.
5. Est-ce qu'il y a encore du lait?
6. Il y en a encore une bouteille.
7. Le repas est délicieux.
8. Dans le cassoulet, il manque du sel.
9. Combien est-ce qu'il en faut?
10. Je n'aime pas trop le cassoulet.

Grammatik auf einen Blick

1. Der Teilungsartikel
1. (...) Il manque du sel et du poivre.
2. (...), nous mangeons des fruits: il y a quatre bananes et trois oranges.
3. Sylvie veut de la mousse au chocolat.
4. Zut! J'ai oublié d'acheter de l'eau.
5. Tu prends de la salade?
6. Pour faire des crêpes, il faut de la farine, des œufs et du lait.
7. En France, on aime manger les crêpes avec du beurre et du sucre.

2. Das Pronomen *en*
1. – Oui, j'en veux bien, merci.
2. – Non, je n'en prends pas, merci.
3. – Oui, j'en ai fait ce matin.
4. – Non, je n'en ai pas mis.
5. – Non, je ne vais pas en acheter.
6. – Oui, je vais en acheter six.

3. Das Verb *préférer*
Die Formen stehen über der Aufgabe.

4. Das Verb *boire*
Die Formen stehen neben der Aufgabe.

5. *ne ... personne*
1. Je n'attends personne.
2. Je ne peux voir personne.
3. Elle n'a écrit **à** personne.
4. Elle ne va inviter personne.

Leçon 7

Du kannst ...

1. Tu joues d'un instrument ?
2. *(Valériana Dodolina)*, c'est ma chanteuse préférée.
3. *(z. B. J'aime cette ambiance.)* C'est pourquoi je vais à la Fête de la musique.
4. Je crois que le concert commence à 8 heures.
5. Je suis de ton avis. / ... de votre avis.
6. Cécile a gagné le premier prix.
7. Tu parles!
8. Je reste jusqu'à 10 heures.
9. Je voudrais savoir s'il y a aussi une Fête de la musique chez nous.

Grammatik auf einen Blick

1. Die indirekte Rede und Frage
1. Fabien trouve que cette musique est très belle.
2. Il ajoute qu'*il* aime bien la musique rock.

3. Il demande à Nicolas s'*il* connaît le dernier CD de Cali.
4. Il dit que c'est *son* chanteur préféré.
5. Il dit que son groupe vient dans *leur* ville en août.

2. Imperativ + Pronomen
1. Envoyez-nous une carte postale.
2. Donne-moi ton numéro de téléphone.
3. Montre-lui ta solution.
4. Réponds-leur.
5. Ne me regardez pas comme ça.
6. Non, ne m'aide pas.
7. Ne lui dis rien.
8. Ne m'oubliez pas.

3. Das Verb *croire*
Die Formen stehen über der Aufgabe.

Leçon 8

Du kannst ...

1. Excusez-moi, monsieur./Excusez-moi, madame.
2. Est-ce que tu peux m'aider?/Est-ce que vous pouvez m'aider?
3. Tourne/Tournez à gauche au carrefour.
4. J'ai eu un accident.
5. Mon bras me fait très mal./J'ai très mal au bras.
6. J'ai besoin d'un médecin.
7. De rien!
8. Qu'est-ce qui t'intéresse?/Qu'est-ce qui vous intéresse?
9. Qu'est-ce qui se passe?

Grammatik auf einen Blick

1. Frageformen
1. Qui est-ce qui s'appelle Annie?
2. Qui est-ce que Mme Bajot contacte?
3. Qu'est-ce qui lui plaît dans les Pyrénées?
4. Qu'est-ce qu'on peut visiter dans la région?
5. Qui est-ce que Fabien aime bien? Léa ou Emma?
6. Qu'est-ce qui est difficile pour Zoé?

2. Die unverbundenen Personalpronomen
1. Oui, ce sont eux.
2. Oui, c'est nous, sous la pluie.
3. Oui, ce sont elles.
4. Oui, c'est lui.
5. Oui, c'est elle.
6. Oui, c'est moi.

3. Das Verb *courir*
1. En sport, nous courons un 100 mètres.
2. Moi, je cours le 100 mètres en 15 secondes.
3. Mon copain le court en 13 secondes.
4. Et toi, tu le cours en combien de temps?
5. En classe de 10e, ils courent un 1000 mètres.
6. La semaine dernière, mon frère a couru le 1000 mètres en quatre minutes dix.
7. Attendez! Ne courez pas comme des fous.

4. Die Verben *conduire* und *construire*
1. Maman, tu me conduis au collège, s'il te plaît?
2. Demande à ton frère, il sait conduire aussi.
3. Mon copain dit que tous les Allemands conduisent trop vite. Est-ce que c'est vrai?
4. Non, dans notre famille, par exemple, nous ne conduisons pas très vite.
5. Chez Airbus, on construit des avions.
6. Moi aussi, je construis des avions, mais en papier.
7. J'en ai déjà construit 23 modèles différents.

5. Die reflexiven Verben
1. Fabien et Emma se promènent dans le parc.
2. Aujourd'hui, ils ne se disputent pas.
3. Nous nous demandons où se trouve l'ours maintenant.
4. Est-ce qu'il se cache derrière les arbres?

Bildquellen
ADCEP: 94.1, 102.2; AKG, Berlin: 22.7; Alamy Images RF, Abingdon, Oxon: 33.1 (RF/Simanor); 21.6 (Anger O.); 22.2 (D. Noble); 34.1, EINV.2 (A. Kowalsky); 48.6 (naglestock.com); Aventure Parc, Aramits: 119.4; Avenue Images GmbH, Hamburg: 21.3 (Medio Images); 21.4 (Stockbyte); 22.3 (Corbis RF); 58.2 (Image Source); 80.8, 91.2 (Ingram Publishing); Bananastock RF, Watlington/Oxon: 116.2; CHLORO'FIL, Argelès-Gazost: 112.1-2; Corbis, Düsseldorf: 10.5 (C. Karnow); 22.4 (Y. Arthus-Bertrand); 24.2 (C. O'Rear); 28.1 (Sygma/Van Hasselt); 37.1 (Clopet); 50.4 (Barbier/Harding); 94.3 (M. St. Maur She); 94.4 (Owen Franken); 99.2 (Sygma/Fournier); 99.3 (T. Frank); 99.5, 105.4 (E. Fougere); 105.3 (Lignier); 105.5 (S. Cardinale/P); 106.2 (Harholdt); 113.1 (Muntada); 114.2 (Keller); 116.1 (Alamany/Vicens); Corel Corporation, Unterschleissheim: 11.3, 16.2, 68.5, 109.1, 111.1; Das Fotoarchiv, Essen: 42.1 (J. Tack); DigitalVision, Maintal-Dörnigheim: 21.2; f1 online, Frankfurt: 48.3 (Wallis); Fotolia LLC, New York: 10.1 (RF/Antonetti); 34.3 (RF/Laurent Lacoste); 34.6 (RF/M. Jones); Fotosearch RF, Waukesha, WI: 11.2 (Image 100); 21.1 (Digital Vision); 68.3 (Brand X Pictures); Getty Images, München: 48.2 (Image Bank/Yellow), 116.2 (Photodisc); Imago Stock & People, Berlin: 79.2 (McPhoto/Zandbergen); Indiana Ventures, Morzine: 119.1; Ingram Publishing, Tattenhall Chester: 48.1; Internet/Screenshot: 79.4 (Yoff); iStockphoto, Calgary, Alberta: 10.6 (RF/S. Beaver); 80.5 (A. Tokarski); 80.9 (RF/Johnson); 80.13 (RF/Tan); 80.14 (RF/D. Bartekoske); 80.12A-B (RF); Joker, Bonn: 41.1 (M. Gloger); JupiterImages, Tucson, AZ: 99.1 (photos.com); Kessler-Medien, Saarbrücken: 16.1; 34.2; Klett-Archiv, Stuttgart: EINV.1, EINH.1, 7.1, 15.1, 18.1, 21.7, 26.7, 33.3, 38.1-2, 39.1-2, 48.4, 57.1, 61.1-2, 76.2, 84.2, 86.2, 88.1, 93.2 (Dembski); 33.2 (Hildebrandt); 10.2, 91.1 (Steinle); 101.1 (Simianer/Blühdorn); 10.3, 80.1-4, 80.6-7, 80.10-11 (Zörlein); laif, Köln: 34.5, 58.3 (gamma/Flusin Lionel); 50.2, 79.3, 106.1 (Hemis); 50.3 (HoaQui/Lescourret); 65.1, 65.2, 79.5 (Gamma); Marco Polo, Paris (Bouillot/Naudin): 36.2, 40.1-2, 56.1, 44.1-4, 51.1, 52.1-3, 55.1-4, 56.2, 59.1-2, 66.1-3, 67.1-2, 68.2, 68.4, 72.1-3, 81.1-2, 85.2, 93.1, 95.1-2, 107.2-3, 113.3; Mauritius, Mittenwald: 34.4 (M. Viard/Photononstop), 50.1 (Photothèque), 94.2 (nonstop), 106.5 (World Pictures), 107.1 (age); MEV, Augsburg: 10.4, 11.1, 21.5, 22.6, 48.5, 92.2; MontoZ'Arbres, Prats de Mollo: 119.3 (N. Hautemanière); PhotoAlto, Paris: 22.5 (RF); Picture-Alliance, Frankfurt: 39.3 (dpa/Barone), 47.1 (dpa), 99.4 (maxppp), 106.4 (epa); Pyrénées-Hô: 119.5; S.T.C Ville de Toulouse: 28.3; Semvat, Toulouse: 62.1; shutterstock, New York, NY: 22.1 (RF), 56.3 (RF/Lijesen), 65.3 (RF/nip), 87.1 (RF/Chin Kok Wei); Sipa Press, Paris: 113.2 (Humbert); STUDIO X, Limours: 28.2; ullstein bild, Berlin: 54.1, 139.1 (R. Viollet), 105.2 (Jazz Archiv Hamburg; Universal Music, Hamburg: 105.1 (Universal/Polydor); Vertige de l'Adour, Beaudéan: 119.2

BLAGNAC
0
500 m
Collège Mermoz
Rue Henri Martin
Chemin d'Aussonne
Rue Pablo Picasso
La Patinoire
Avenue du Général De Gaulle
Rond Point de Bosc
Rue H. Matisse
Rond Point Henri Matisse
Nouvelle Digue
Espace Naturel de Pecette
Chemin des Prés
Route de Grenade
Vieux Chemin de Grenade
Chemin de Barrieu
Rue Théophile Gautier
Chemin des Ramiers
Stade des Barradels
Rue des Cyclamens
Avenue des Pins
Chemin d'Aussonne
Rue des Fleurs
Rue Paul Valéry
Stade Municipal
Service des Sports et Loisirs
Salle Polyvalente
Piscine couverte
Piscine
BSCR Blagnac Sporting Club de Rugby
Cimetière du Centre
Rue F. Carrière
Rue Fr. Cantayre
Rue Saint Exupère
Service Jeunesse Éducation
Gendarmerie
Avenue de Cornebarrieu
Avenue des Platanes
Maternelle Clément Ader
Allée des Mûriers
Allée des Mûriers
Collège Guillaumet
Rue des Amandiers
Rue de Bûches
Rue des Mines
Rue du Moulin
Côte Abbé Cazeneuve
Boulodrome
Les Ramiers
Rue Sarrazinière
Halte-Garderie "Cendrillon"
Mairie
Rue Pr. Ferradou
Eglise Saint Pierre
Jeux d'Enfants
Rue des Tournesols
Av. des Tilleuls
"Odyssud" Service Culturel
Maternelle Saint-Exupéry
Foyer des Jeunes Travailleurs
Archives Municipales
Poste
Rue Pasteur
Terrain de Sports Collège
Gymnase Guillaumet
Parc du Ritouret
Terrain de Grand Jeu
Chemin de Bélisaire
Avenue du Parc
Rue Malard
Rue Delpont
Square Saint Exupère
Allée du Canalet
vers l'Aéroport International de Toulouse-Blagnac
Rue de Guyenne
Chemin des Sœurs
Rue du Docteur Guimbaud
Monastère
LA GARONNE
Rue du Groupe d'Or
Rue des Corbières
Avenue Claude Gonin
Route de Grenade
Rue de Bourgogne
Place d'Armagnac
Place d'Aquitaine
Rue des Pyrénées
Rue Jean Moulin
Avenue du Onze Novembre 1918
Avenue du Général Compans
Avenue Didier Daurat
Avenue du Parc
Rond Point Maurice Bellonte
Rue du Périgord
Rond Point Dewoitine
Airbus
Rue Ginestet
Allée Pierre Nadot
Avenue Claude Gonin
Avenue Lucien Servanty
Groupe Scolaire Aérogare
vers Toulouse